JN414372

헬라어 신약 주석 안내서

야고보서

Εἰ δέ τις ὑμῶν λείπεται σοφίας,
αἰτείτω παρὰ τοῦ διδόντος θεοῦ πᾶσιν ἁπλῶς
καὶ μὴ ὀνειδίζοντος καὶ δοθήσεται αὐτῷ.

그래서 너희 중에 누구든지 지혜가 부족하다면,
모든 사람에게 풍성하게 주시고 꾸짖지 아니하시는
하나님께 구하라
그리하면 지혜는 그에게 주어질 것이다.

(저자역 : 야고보서 1:5)

© 2017. Kim, Jae Soo All rights reserved

야고보서

헬라어 신약 주석 안내서

Kim, Jae Soo (2017)
James: A Handbook of Greek New Testament Exegesis
Mokyangbook Publishing Company : Seoul, South Korea

초판 1쇄 발행 2017년 8월 24일

지은이 김재수
펴낸이 정성준
펴낸곳 도서출판 목양

등록 2008년 3월 27일 제 2008호-04호
주소 경기도 용인시 처인구 양지면 양지리 38-2
전화 070-7561-5247 팩스 0505-009-9585
이메일 mokyang-book@hanmail.net
www.mokyangbook.com

ISBN 979-11-86018-49-1 03230

* 본 저작물은 신 저작권법에 의하여 한국 내에서 보호받는 저작물이므로
무단전재와 복제를 엄격히 금합니다.
* 이 책에 사용된 한글 성경은 저자의 것입니다.

헬라어 신약 주석 안내서

야고보서

김재수

목양

Contents

야고보서 주석 안내

부록 227

추천의 글

성경연구의 기본은 문법적 연구이다. 그래서 종교 개혁자들은 이 방법론을 사용하였고 강조했다. 그러나 언어적으로 그리고 문법적으로 원어 성경을 연구하는 데 도우미가 될 한국어 서적이 잘 보이지 않는 것이 아쉽다. 이런 현실에서 신약학자인 김재수 박사가 야고보서 구문론 연구서를 출간한 일은 기쁘고 반갑다. 이 책은 성경을 사랑하는 독자들이 소장해야 할 귀한 참고서이다. 이 책은 독자들에게 헬라어 만이 가지고 있는 독특성을 보여준다. 동사의 강조를 표현하는 현저성과 주어의 역할을 강조하는 중간태 동사 또한 문장 간의 정리된 명제 관계는 하나님의 말씀의 깊은 뜻을 더 분명하게 이해하게 만든다. 이 책에는 연구자와 설교자들이 이용할 수 있는 일차 자료에 해당하는 사전적자료들이 가득하다. 목회자와 성경을 사랑하는 평신도들이 소장할 가치가 있는 책이다.

권오헌 목사 (서울 시민교회 담임목사)

신학자요 목회자로서 오랫동안 성경을 연구하고 가르쳐 온 저자가 이번에 “헬라어 야고보서 주석 안내서”를 저술하므로 하나님 말씀을 보다 정확하고 깊게 이해하려는 목회자와 신학생 그리고 신실한 독자들에게 큰 도움을 줄 것이다.

노영근 교수 (칼빈대학교 신약학)

한 단어, 한 단어, 그 본래의 뜻이 무엇인지 생각하며 꼼꼼히 성경을 읽어갈 때, 우리는 이제껏 알지 못했던 숨겨진 보화들을 찾는 기쁨을 누리게 되기도 한다. 기본적인 문장구조와 단어들을 하나하나 설명하는 이 헬라어 강독서가 말씀의 보화를 찾는데 도움을 주는 도구로 사용되길 바란다.

문세원 박사 (남아공 스텔렌보쉬 대학교 박사연구원 신약학)

종교개혁은 루터의 원어 강독에서 시작되었다. 이제 종교 개혁 500주년에, 다시 제2의 종교개혁이 필요하다면 그 주제는 원어 성경으로 돌아가자는 것이 되어야 한다. 원어 성경은 번역 성경 보다는 더 명확하게 하나님의 뜻을 전하기 때문이다. 야고보서에서 주석에 영향을 미치는 단어들을 구문론으로 분해한 것은 헬라어를 잘 모르는 사람일지라도 헬라어 성경에 접근 할 수 있도록 도와 준다. 명제 관계는 독자로 하여금 하나님의 사상의 흐름을 알도록 하며, 강해 설교 준비에 큰 유익을 줄 것이라 생각한다.

박성수 박사 (광주 두암중앙교회 담임목사, 광신대 신약학).

20여 년 동안 교수 선교사로 신약을 가르치고 있는 저자의 강해서는 헬라어 문장 안에서의 논리적인 연관성을 분석하였으며, 단어의 분해와 문법적인 설명 뿐만 아니라 그에 따른 의미론적이고 신학적이며 용례적인 고려와 해설을 제시함으로 원문을 설교하려는 목회자들에게 유용한 안내서가 될 것이다.

박정식 교수 (광신대학교 신약학)

말씀으로 돌아가라는 종교개혁의 모토처럼, 본문이 말하는 원 뜻에 집중해서 하나님께서 교회에 말씀하시는 의미와 뜻을 온전히 들어 내는게 어느 시대보다 더 절실히 필요한 때다. 이럴 때, 신약을 전공한 후에 선교지에서 오랫동안 가르치면서 원문과 씨름한 땀방울의 결과로 야고보서 주석 안내서가 탄생되었다. 깊이 있게 단어 분해와 문장구조를 파고 있다. 그런 다음 본문을 뜻을 자세히 설명하고 있기에 설교를 위한 주해작업에도 매우 큰 도움을 주는 책이다.

방석진 박사 (말씀전원교회 담임목사, 고려신학대학원 설교학)

저자는 남아공 스텔렌보쉬 대학교에서 신약학을 공부한 후 줄곧 아프리카 선교사로 사역하면서 가르치고 있다. 본서는 저자의 강의의 열매로서 문법적 연구와 성서 해석이 어우러져 만들어진 보배로운 결과이다. 신학생들이나, 목회자 뿐아니라, 헬라어 성경을 원어로 읽기를 바라는 평신도에게도 유용한 자료이기에 일독을 권한다.

배재욱 교수 (영남신학대학 신약학)

본서는 개혁주의 해석방법인 '문법적 역사적 해석'에서 철저하게 문법적인 측면을 야고보서에 적용하고 있다. 본문을 문법으로 분석하고 이에 근거하여 본문의 논리적 흐름을 철저하게 보여준다. 이 흐름은 본문을 이해하는데 큰 도구가 될 것이며 또한 설교의 기초로도 손색이 없어 보인다.

배종열 교수 (개신대학원대학교 신약신학)

추천의 글

"헬라어 신약 주석 안내서: 야고보서"의 출간을 축하하며 독자들에게 추천한다. 이 책은 오랜 기간 동안 신약 헬라어 성경의 번역 및 문법을 연구한 저자의 교수 선교사로서의 실력을 드러낸 작품이다. 무엇보다 야고보서의 단어를 분해함에 있어, 구문론에 근거한 어휘 의미론을 적용한 점은 의미를 정확하게 파악하는데 도움을 준다. 그뿐 아니라 한 문장 안에서 명제 관계 곧 논리 관계를 도표를 통해서 제시한 후, 저자의 사상의 전개 흐름을 따라 세밀한 구조까지 제시한 점은 특히 설교자에게 도움이 된다.

송영목 교수 (고신대 신약학)

영혼을 살리는 귀한 사역을 감당하고 계신 김재수 선교사님이 헬라어 원전 독해를 위한 [야고보서]를 출간하게 되었다. 이 책은 헬라어 원전을 읽고 독해하려는 분들에게는 기초를 다지는 데 큰 도움이 될 뿐 아니라 구문 분석에 관심을 가진 분들에게도 탁월한 교과서 역할을 하리라 믿는다. 본서를 통해 신학도들이 학문적으로 깊은 통찰에 도달하기를 바라며, 목회자들의 강단이 더욱 풍성하게 될 것을 확신한다.

신인철 교수 (침례신학대학교 신학대학원 신약학)

헬라어 신약성경을 잘 해석하지 못하더라도 코이네 헬라어의 독특한 문학적인 특성들을 설교에서 되살려낼 수 있는 길이 열렸다. 이 책은 헬라어 신약성경 본문을 구절과 단어 차원으로 나눈 다음에 각 단어와 문장 전체의 문학적인 상호 관계를 제시함으로써 한 문장의 명제와 그 의미를 쉽게 이해할 수 있도록 안내하고 있다. 헬라어 원문의 의미를 최대한 살려내는 설교를 원하는 설교자들에게 큰 도움이 될 것이다.

이승진 교수 (합동신학대학원 설교학)

모든 것이 근본에 접근할 때 인간은 수긍 한다. 그것이 삶이든 학문이든 관계없이 다 그렇다. 성경이 참 아름다운 책인 것은 근본의 책이기 때문이다. 이번에 김재수 박사께서 야고보서 근본을 이해하기 위해서 쉽게 접근할 수 있는 헬라어 주석안내서를 출간케 되어 기쁘기 그지 없다. 목양과 삶의 적용이 되었으면 한다.

진상선 박사 (서울신학대학교 선교학 겸임교수)

저자 서문

본서는 헬라어 신약 성경을 읽기를 원하는 사람들과 주석을 쓰기를 원하는 사람들과 강해 설교를 하기를 원하는 사람들에게 작은 도움이라도 되었으면 하는 바램으로 준비되었다. 그 이유는 헬라어 원어 성경은 번역된 그 어느 성경보다도 더 구체적이며, 더 풍성하며 그리고 더 명확한 의미를 독자들에게 전해 주기 때문이다. 이를 위해서 본서는 헬라어 야고보서를 중급문법을 적용하여 분해한 것으로서 헬라어 성경 연구에 있어서 일차 자료를 제공하고 있다. 이 책은 하나의 입문서이며 사전과 같은 책이다.

본서의 구성을 간략히 설명하겠다. 구문론 혹은 중급문법 적용은 절단위로 구성되었다. 첫째 헬라어 원문이 나타나며, 둘째 저자의 번역이 있다. 이 번역은 직역을 중심으로 된 것이지만 두 언어 문장의 차이로 완전한 직역이 아닐 수도 있다. 독자들이 번역의 다양성을 볼 수 있도록 개역개정역을 병행으로 배열하였다.

셋째는 한 문장 내에서의 명제 관계를 설정하였고 이에 대한 명제 제목이 나타난다. 명제란 주어와 동사로 구성된 간단한 문장이다. 한 구절이 명제 단위로 구분되어서 그 명제들 사이의 관계가 설정되었다. 이 명제 관계는 "성경 논리" 라고도 불리운다. 독자는 이 명제 관계를 이해함으로써 성경 구절에 포함되어 있는 하나님의 뜻을 더 구체적으로 잘 이해할 수 있다. 이 명제 관계를 읽는 독자는 일반적으로 논리적 분석 능력을 향상시키고 또한 성경을 구체적으로 더 분명하게 이해하고 그리고 강해설교를 위해서 성경 본문을 분해할 수 있는 능력을 더 증진시킬 것이다. 여기에 필요한 부분에 28 판을 표시하였다 (예로서 NA28).

넷째는 설명이다. 여기서는 문장에 나타나는 언어적인 특성들을 간략히 설명하였다. 단어 분해에서 언어적인 특성들이 나타나기 때문에 중복되는 서술은 피하였다. 명제관계도 간단히 언급하였다.

다섯째는 본서 구성의 마지막 부분으로서 단어분해이다. 파싱이란 부분에서는 각 문장에 나타나는 모든 단어들이 중복에 관계없이 분해되었다. 그리고 번역에 영향을 줄 수 있는 단어들이 구문론이라 불리우는 중급문법에 따라서 분해되었다. 이 분해는 한 단어에 하나의 파싱을 가지는 것과는 다르다, 한 단어에 대한 구문론적 분해의 결과는 다양하다. 번역을 위해서는 이 다양한 분해의 결과 가운데서 어느 하나의 분해만을 독자는 선택해야 한다. 이 선택은 저자의 신학에 의존한다.

이 책이 가지는 한계도 있다. 파싱은 객관적이고 절대적이라고 할 수 있다. 그러나 구문론 분석은 다양한 결과들을 가져온다. 이 가운데서 번역을 위해서 하나의 결과를 저자가 보는 문맥과 신학에 따라서 선택해야 한다. 이 책에 나타난 구문론 분해는 하나의 방법이므로, 독자의 분해와는 다를 수도 있다. 명제 관계를 설명하는데 있어서도 독자의 이해에 따라서 서로 달라 질 수 있다. 그러므로 독자가 분해의 다양한 결과들을 선택하는데 있어서는 그 선택 목적을 분명히 해야 한다.

이 책과 관련하여 필자가 감사를 표해야 할 사람들이 너무나 많다. 저의 사역을 위해서 사랑을 보 내 주는 모든 교회에 더욱 감사드린다.

책을 저술하도록 오래전에 격려해 주신 정민철 목사님, 교정을 위해서 수고하신 권영광, 송재영, 이종수, 정규동 목사님들, 아주 유용한 조언을 주신 박영호 목사님, 추천서를 보내 주신 모든 분들, 디자인을 하신 서동수 목사님과 개역개정 사용을 허락해 준 대한성서공회, 목양 출판사 정인수 사장님과 관련된 분들에게도 감사드린다.

헬라어 강의를 듣는다고 엄청난 수고를 한 남아공의 칼빈교단총회 신학교 그리고 연합신학교의 학생들에게 감사드린다. 이들에 대한 저자의 바램은 아프리카의 인재들이 아프리카 교회를 위한 주석을 집필하는 것이다.

연합신학교 설립을 위한 준비부터 지금까지 격려와 사랑을 베풀어주신 주신 모든 동역자님들 그리고 특히 김준성 목사님에게 감사드린다. 동역자인 아내와 자녀들에게도 항상 고마움을 표한다. 아내 김순희는 이 책의 교정을 보았다.

왈레이스의 책이 출판된 그해부터 그 책을 이용한 세미나에 참석하고 그리고 그 결과로서 헬라어 문법적 주석을 강의할 수 있도록 기회를 주시며 또 이 책이 출판되도록 인도해 주신 나의 주님이신 성부 하나님, 성자 그리스도 예수님 그리고 성령님께 감사드린다. 오직 성경만! 오직 삼위 하나님께만 영광!

2017 년 8월 2일

아프리카의 최남단 희망봉이 있는 곳에서

김재수

[용어 해설]

1. 일인칭 명사

2. 이인칭 명사

3. 삼인칭 명사

Maimonides. 그의 이름은 Moses Ben Maimon 이며 Rambam 으로 잘 알려져 있다. 그는 1135 (혹은 1138) 년도에 태어나서 1205 년도 사망한 유대 랍비이다. 토라 선생으로 그리고 613계명을 편집한 것으로 유명하다.

간접 목적어 여격 Dative Indirect Object. 여격 실명사가 타동사의 간접 목적어로 사용된다.

간접 중간태. Indirect Middle. 주어가 주어 자신을 위해서 혹은 주어 자신의 유익을 위해서 행동하는 것을 서술한다.

감정동사 Emotioanal Verb. 희로애락과 같은 감정을 표현하는 동사.

강대. 강조 대명사 Intensive Pronoun.

강조적 완료 Intensive Perfect (or Resultative Perfect). 과거의 행동에 의해서 발생된 결과나 현재의 상태를 강조한다.

격언적 미래 Gnomic Future. 미래에 일어날 특수한 사건이 아니라 총칭적인 사건을 서술한다.

격언적 부정과거 Gnomic Aorist. 시간에 영향을 받지 않는 사건이나 일반적인 사실을 서술한다. 이는 어느 특수한 사건을 서술 하는 것이 아니라 총칭적인 사건을 서술한다. 반복적이거나 습관적인 사건을 서술한다. 이는 현재동사처럼 번역된다.

격언적 완료 Gnomic Perfect. 총칭적 혹은 잠언적 발생을 서술하는 완료이다.

격언적 현재 Gnomic Present. 삼위 하나님의 활동이나 자연으로 발생되는 사실 (예를 들면 해가 뜬다) 을 서술 할 때 혹은 모든 사람들 (총칭) 의 일반적인 행동 (예를 들면 사람들은 밥을 먹는다) 을 서술한다.

결과 분사 Result Participle. 본 동사의 동작의 결과를 표현한다.

결과절 Apodosis, Result Sentence. 만약으로 시작되는 조건절에 대하여 결과를 표현하는 주절을 결과절이라고 한다.

계. 계사 Particle.

관. 관사 Article.

관계 대명사적 관사 Relative Pronoun. 관계 대명사 용법으로 사용된 관사.

그란빌 샤프 규칙 Granville Sharp's Rule. 하나의 관사를 가진 두 개의 명사들이 접속사 καί 로 연결된 경우에는 이 두 명사는 동일임을 표시한다.

근원 속격 Genitive of Source (or Origin). 속격 명사가 머리명사의 근원을 표현한다: 너희는 그리스도로부터 온 편지이다 (고후 3:3).

남. 남성 Male.

녀. 여성 Female.

능. 능동태 Active.

단. 단수 Single.

단순 동격 속격 Genitive in Simple Apposition. 두 개의 명사들이 하나의 같은 것을 지칭하며, 두 번째 명사가 속격일 때 이 속격이 단순 동격 속격이다.

단순 호격 Simple Address. ὦ 가 없는 호격.

대. 대격 Accusative.

대격 주어 Accusative Subject of the Infinitive. 대격은 부정사의 주어로 사용된다.

대격 직접 목적어 Accusative Direct Object. 타동사의 목적어로 사용된 대격.

대행 여격 Dative of Agency. 여격 실명사가 동사의 행동을 수행하는 사람을 지칭한다.

대행자 속격 Genitive of Agency. 동사의 행위를 수행하는 사람을 지칭하는 속격 실명사.

돈호법 Apostrophe. 참석하지 않는 사람에게 말하는 수사학적 기법이다.

동. 동사 Verb.

동격 Apposition. 두 개의 단어들이 문법적으로 병행위치에 있으며 같은 것은 지칭할 때 이를 동격관계라고 한다.

동격 주격 Nominative in Simple Apposition. 두 개의 주격들이 같은 사람이라 사물을 지칭한다.

등접. 등위 접속사 Coordinate (Paratactic) Conjunction.

디포넌트 동사 Deponent Verbs. 형태는 중간태 혹은 수동태이지만 능동태의를 가진다.

령. 명령법 Imperative.

매너 분사 Manner Participle. 한정 동사의 행동이 어떻게 일어나고 있는지를 표현한다.

머리명사 Head Noun. 수식되어지는 명사.

명. 명사 Noun.

명령 부정사 Imperatival infinitive. 명령으로 사용된 부정사.

명제. Proposition. 하나의 주어와 동사를 가진 문장을 지칭한다.

목적어적 속격 Objective Genitive. 머리 명사가 분명하게 가지는 동사의 개념의 목적어로 사용된 속격.

무관사 Anarthrous. 관사가 없는 실명사를 칭한다.

무관사 특성명사. Anarthrous Qualitative Noun. 이는 특성, 본질, 특질 등을 강조하는 명사이다.

미. 미래 Future.

미래적 부정과거 Futuristic Aorist. 아직 일어나지 않았지만 일어났던 것 처럼 서술한다. 사건의 확실성을 강조할 목적으로 사용된다.

미래적 완료 Proleptic (Futuristic) Perfect. 미래에 있을 사건의 결과를 완료 시제로 미리 서술한다.

미래적 현재 Futuristic Present. 미래의 사건을 서술하며, 즉각성과 확실성을 강조한다.

미완. Imperfect. 미완료. 이는 일반적으로 과거의 사건이나 과거로부터 발생된 진행중인 사건을 서술한다.

반복적 현재 Iterative Present. 반복적으로 일어나는 사건을 서술한다. 습관적 현재 보다는 더 짧을 시간 간격을 가진다.

반의 접속사 Contrastive Conjunctions (Adversative). 이전의 사상과 반대 혹은 대조되는 것을 제의한다.

배분 단수 Distributive Singular. 배분적인 의미를 가지는 단수이다. 갈 6:18 의 "너희 심령" 에서 너희는 복수이며 심령은 배분단수이다. 이는 너희 각자가 가지고 있는 심령을 의미한다.

보충 부정사 Complementary (Supplementary) Infinitive. 본동사의 사상을 완성하기 위해서 사용된 부정사.

보충 여격 Dative Complement. 이중 대격 구조에서 대격이 보충으로 사용되었다.

보형. 보통형용사 Common Adjective.

복. 복수 Plural.

부. 부사 Adverb.

부과. 부정과거 Aorist Tense.

부대. 부정대명사 Indefinite Pronoun.

부대상황 분사 Attendant Circumstance Participle. 본동사 함께 사용되지만 독립적 의미를 가진다. 일반적으로 분사의 시제는 부정과거, 본동사의 시제 역시 부정과거, 본동사의 서법은 직설법 혹은 명령법, 어순상 분사는 항상 본동사 앞에 위치한다, 서신서 보다는 복음서에 잘 나타난다. 예로써 마 28:19 가서 제자를 만들어라 라는 문장에서 가서가 부대상황분사이며, 명령으로 번역되었다.

부분 속격 Partitive Genitive. 머리 명사는 속격 명사의 한 부분임을 서술한다.

부사적 대격 Adverbial Accusative (Accusative of Manner). 대격 실명사가 부사적으로 사용된 경우이다.

부사적 분사 Adverbial (or Circumstantial) Participle. 부사처럼 사용된 분사.

부정 관계절 Indefinite Relative Clause. 부정관계 대명사를 가진 관계절.

부정과거 명령 Aorist Command. 단일 행동을 하라는 명령이다. 매일 매일 결정해야 하는 것과 같은 특수한 상황에서 발생하는 명령이나 일반적인 경고가 이에 속한다. 긴급한 명령이며 무조건적인 명령이다.

부정과거 배경 현저성 Background Prominence of Aorist Tense. 강조되지 않는 일반적인 사실을 서술하는 데 사용된다.

분 Participle. 분사.

비교 접속사 Comparative Conjunctions (Manner). 유추나 비교를 위해서 사용된 접속사.

비시간적 현재 Timeless Present. 신학적, 수학적 혹은 일반적인 사실을 서술한다.

사역 능동태 Causative Active. 주어가 행동에 직접 행동을 하는 것이 아니라 그 행동을 하도록 하는 주 원인임을 서술한다.

사회적 관계 속격 Genitive of Social Relationship. 속격 실명사가 머리명사와의 사회적 관계를 설명한다.

상관 보정 접속사 Correlation with Correction. ἀλλά 로 시작되는 문장이 앞 문장의 내용에 대하여 다른 내용을 소개함으로써, 앞의 문장을 더 구체적으로 설명한다.

생산 속격 Genitive of Production. 속격 실명사가 머리명사를 생산한다.

서술 속격 Descriptive Genitive. 속격 실명사는 머리명사를 서술한다.

가장 보편적인 속격이다.

선행 조응 관사 Anaphoric (Previous Reference). 이전에 나타난 것을 지칭하는 관사. 이는 전방조응 관사라고도 번역되어진다.

설명적 속격 Genitive of Apposition (Epexegetical Genitive, Genitive of Definition). 속격 실명사는 머리명사와 같은 것을 지칭한다.

소유 속격 Possessive Genitive. 속격 명사는 머리명사를 소유한다.

속. 속격 Genitive.

속격 목적어 Genitive Direct Object. 어떤 동사는 속격을 목적어로 취한다.

손해 여격 Dative of Disadvantage. 여격 실명사가 사람이나 사물이 동사의 행위에 반대하는 의미를 가진다.

수. 수동태 Passive.

수단 분사 Means Participle. 한정 동사의 행위가 완성하는데 필요한 수단을 서술한다.

수단 여격 Dative of Means/Instrument.. 여격 실명사가 동사가 수행하는 행위의 수단 혹은 도구로 사용된다.

수동태 Passive Voice. 주어가 동사에 의해서 표현된 행동을 받는다.

수사학적 질문 Rhetorical Question. 대답을 얻기 위한 것이 아니라 '필자의 의견이나 명제를 강조하기 위해 사용하는 질문이다.

순간적 현재. Instantaneous Present (a.k.a. Aoristic or Punctiliar Present). 말하는 순간에 완료되는 행동을 서술한다.

술어 대격 Predicate Accusative. 두 개의 대격들이 등식 동사로 연결되었고 하나의 대격이 다른 하나의 술어로 사용된 대격.

습관적 현재 Customary (Habitual or General) Present. 정기적으로 일어나는 사건을 서술한다. 이는 반복적 현재 보다 사건과 사건 사이의 기간이 길다.

습관적 현재 명령 Command in Habitual Present. 명령으로 사용된 습관적 현재 시제.

시간 분사 Temporal Participle. 이후에, 하는 동안에, 그 이전에 라는 시간을 표시하는 분사.

신적 수동태 Divine or Theological Passive. 행동을 하는 주체가 하나님을 경우에는 수동태로 표시한다. 이는 하나님의 이름을 사용하기를 주저하는 히브리어 영향을 받았으며, 이 신적수동태 표현은 일어난 사건을 강조한다.

실명사적 명사 Substantive. 한정 동사의 주어가 되는 명사 역할을 한다.

실명사적 분사 Substantival (Independent). 실명사로 사용된 분사.

아폴로니우스 규칙 Apollonius' Canon. 속격 명사와 머리 명사로 구성된 속격 구에서 이 두 명사들 모두가 관사를 가지거나 가지지 않는다. Apollonius' Corollary 는 위의 두 명사들이 관사를 가지지 않는 경우에도 관사가 있는 것과 같은 의미를 가진다.

양보 분사 Concessive Participle. 양보로 사용된 분사.

여. 여격 Dative.

여격 Dative. 누구에게, 누구를 위해서, 어떻게, 어디에서 등의 질문에 답변하기 위하여 사용된 격이다.

여격 간접 목적어 Dative Indirect Objective. 타동사에 사용된 목적어로서 주로 사람을 지칭한다.

여격 직접 목적어 Dative Direct Object. 어떤 동사들은 여격을 가진다. 이런 동사들은 주로 신뢰하나, 순종하다, 봉사하다, 경배하다, 감사하다, 따르다의 의미를 가진다.

역한정 속격 Attributed Genitive. 한정 속격과는 반대의 개념을 가진다. 속격 실명사가 아니라 머리명사가 형용사 역할을 한다.

열두 지파. 이스라엘의 조상인 야곱의 열두 아들을 족장으로 하는 열두 가문을 말한다.

영역 여격 Dative of Sphere. 대격 실명사는 이 대격과 관련된 단어가 활동하는 혹은 존재하는 영역을 지칭한다.

영적 관계 속격 Genitive of Spiritual Relationship. 영적관계를서술하는속격.

예상적 부정과거 Proleptic Aorist. 미래적 부정과거를 보라

예상적 완료 Proleptic Perfect. 미래적 완료를 보라.

완. 완료 시제 Perfect Tense.

완료 최전면 현저성 Front Ground Prominence of Perfect Tense. 현저성이란 벽에 튀어나오도록 부각된 것을 의미한다. 주석에 있어서는 이는 학자에 따라서 개념이 약간씩을 다르지만 여기서는 강조를 의미한다. 부정과거로 서술되는 사건 보다 더 중요한 사건을 서술하기 위해서 사용되는 완료시제이다.

우언적 분사 Periphrastic Participle. "이다" (εἰμί 와 ὑπάρχω) 동사 와 같이 사용된 분사.

원. 원급 Positive.

원인 분사 Causal Participle. 한정 동사의 원인, 이유, 근거가 되는 분사.

유명 관사 Well-Known ("Celebrity" or "Familiar" Article). 너무나 잘 알려진 것을 지칭하는 관사.

유익 여격 Dative of Advantage. 동사의 행위가 어떤 사람이나 사물을 위하여 일어날 때 그 사람이나 사물은 대격 실명사로 표현된다.

유일 관사 Monadic ("One of a Kind" or "Unique" Article). 하나 밖에 없는 것을 지칭하는 관사.

윤리 여격 Ethical Dative (Dative of Feeling). 대격 실명사가 동사와 아주 밀접한 관계에 있는 사람의 감정이나 관점에 관련되었을 때 그 사람이 대격으로 표현된다.

인대. 인칭대명사 Personal Pronoun.

인지동사 Verb of Perception. 듣다, 보다, 주목하다와 같은 동사.

전. 전치사 Preposition.

전방조응 관사 Anaphoric (Previous Reference). 이전에 나타난 것을 지칭하는 관사. 선행 조응 관사를 보라

전투적 인내 Militant Patience. 단순한 수동적이며 순종적인 인내가 아니라 능동적으로 행동할 때를 기다리는 이미지를 연상하도록 하는 인내를 의미한다.

절대 주격 Nominative Absolute. 제목, 인사, 혹은 호칭에 사용된 주격. 이는 문장의 구성 요소가 아니라 독립적으로 사용된다.

정. 부정사 Infinitive.

제삼 조건절 Third Class Condition. 성취가 불확실하지만 있을 것 같은 조건을 표현한다.

제삼 한정 분사 Third Attributive Participle. 명사 + 관사 + 분사의 구조를 가진다.

제삼인칭 명령 Third Person Imperative. 제이인칭 혹은 제삼자에게 주어지는 간접적인 명령이다.

제이 한정 분사 Second Attributive Participle. 관사 + 명사 + 관사 + 분사의 구조를 가진다.

제일 조건절 First Class Condition. 사실로 여겨지는 행동이나 상태를 조건으로 표현한다.

제일 한정 분사 용법 First Attributive Participle. 관사+분사+명사 의 구조를 가진다.

조건절 Protasis, Conditional Sentence. 조건을 표현하는 종속절이다.

종속 속격 Genitive of Subordination. 속격 실명사가 머리 명사의 통치하에 있음을 표현한다.

종접. 종속 접속사 Subordinate (Hypotactic) Conjunction.

주. 주격 Nominative.

주격 동격 Nominative in Simple Apposition. 하나의 주격 실명사가 다른 주격 명사와 동격 관계에 있는 것을 지칭한다.

주격 술어 Predicate Nominative. 술어 혹은 술부에 사용된 주격.

주어 주격 Subject Nominative. 한정동사의 주어로 사용된 주격.

주어적 속격 Subjective Genitive. 동사의 개념을 가진 속격 실명사가 주어 역할을 한다.

중. 중성 Neuter.

중간. 중간태 Middle Voice.

중언법 Hendiadys. 한가지 의미를 가진 다른 단어들을 중복으로 사용하거나 나열하는 수사학적 기법.

지속적 현재 Durative Present. 과거에 시작된 행위가 현재까지 지속될 때 사용된 현재시제이다.

직. 직설법 Indicative.

직접 중간태 Direct Middle. 주어가 자신에게 행도을 한다.

진술 부정과거 Constative Aorist. 요약적으로 서술하는 부정과거. 확인적 부정과거를 보라.

진입적 부정과거 Ingressive (Inceptive, Inchoative) Aorist.. 행동의 시작 혹은 어떤 상태로의 진입을 서술한다.

진입적 현재 Ingressive Present (Mostly Futuristic or Ingressive-Futuristic Present). 미래에 완성될 사건을 서술하는 현재 시제.

참조 속격 Genitive of Reference. 머리 명사가 속격 명사와 관련하여서는 사실임을 서술한다.

참조 여격 Dative of Reference/Respect. 대격 실명사가 이와 관련된 사실을 사실임을 표현하는 여격이다.

총칭 관사 Generic Article. 전부를 한데 모아 두루 일컬는 부류 혹은 종류를 지칭하는 관사

총칭 명사 Generic Noun. 한 부류에 소속한 모든 구성원을 지칭하는 명사.

최. 최상급 Superlative.

최전면 현저성 Front Ground Prominence. 완료 최전면 현저성을 보라.

최종 대행 Ultimate Agent. 행동에 대하여 최종적으로 책임을 가지는 사람.

추상 명사 관사 Article with Abstract Noun. 추상명사와 함께 사용된 관사.

특급 관사 Par Excellence. 이는 하나만으로 한 종류를 구성할 때 그 하나만을 지칭하는 관사이다.

한정 분사 Attributive Participle. 형용사 역할을 하는 분사. 형용사적 분사를 보라.

한정 속격 Attributive Genitive (Hebrew Genitive, Genitive of Quality). 속격 실명사가 머리 명상를 수식한다.

허가 수동태 Permissive Passive. 주어가 수동태 동사의 행위를 허가하는 경우이다.

현. 현재 Present Tense.

현수 주격 Nominativus Pendens (Pendent Nominative). 이는 절대 주격과 비슷하다. 절대 주격은 문장의 요소가 아니지만 현수 주격은 문장의 구성요소로서 사용된다.

현재 금지 Prohibition in Present Tense. 이미 시작된 행동을 중단하라 혹은 시작하지 하지 않는 사건은 항상 금지하라는 의미도 가지고 있다.

현재 명령 Present Imperative. 이는 지속적, 지속적, 반복적, 습관적은 행동을 하라는 명령이다.

현재 전면 현저성 Foreground Prominence of Present Tense. 중요한 부분을 서술할 때 현재 시제 동사가 사용된다.

현재 진행 명령 Present Progessive Command. 특수한 상황에서 주어진 진행과정을 강조하는 현재 시제로 된 명령.

현재적 완료 Perfect with a Present Force. 알다와 같은 어떤 동사들은 일반적으로 완료시제로 표현된다.

형용사적 분사 Attributive Participle. 형용사 역할을 하는 분사.

형용사적 한정 분사 Adjectival Attributive Participle. 형용사 역할을 하는 분사.

호. 호격 Vocative.

확인적 부정과거 Constative (Complexive, Punctiliar, Comprehensive, Global) Aorist. 가장 보편적인 부정과거 용법이다. 이는 일어난 사건을 하나로 간주하여 요약적으로 서술한다.

히브리 완료적 부정과거 Hebrew Perfect Aorist. 완성된 행위를 서술하는 부정과거.

히브리어 절대적 부정사 Hebrew Absolute Infinitive. 이는 히브리어의 영향을 받은 문장 구조이다. 동사+부정사의 구조를 가지며 강조용법으로 사용된다.

히브리적 완료 Hebrew Perfect. 히브리 동사의 시제는 과거, 현재, 미래를 표시하는 것이 아니라 동작의 종류나 상태를 서술한다. 완성된 행위를 서술한다.

헬라어 신약 주석 안내서

야고보서

1장

1:1 Ἰάκωβος θεοῦ καὶ κυρίου Ἰησοῦ Χριστοῦ δοῦλος ταῖς δώδεκα φυλαῖς ταῖς ἐν τῇ διασπορᾷ χαίρειν.

하나님과 주 예수 그리스도의 종인 야고보는 흩어져서 사는 열두 지파들에게 인사한다.

개역개정 : 하나님과 주 예수 그리스도의 종 야고보는 흩어져 있는 열두 지파에게 문안하노라

[명제 관계]

1a 발신자 **Ἰάκωβος**
야고보는

1b 동격(a) **θεοῦ καὶ κυρίου Ἰησοῦ Χριστοῦ δοῦλος**
하나님과 주 예수 그리스도의 종

1c 수신자 **ταῖς δώδεκα φυλαῖς**
열두 지파들에게

1d 동격(c) **ταῖς ἐν τῇ διασπορᾷ**
흩어져 사는 사람들에게

1e 인사 **χαίρειν**
인사한다

[설명]

1. 이 문장은 서신의 인사 부분에 해당되며, 동사를 가지지 않는다.

2. 종 : 사도(갈 1:1) 혹은 예수의 형제라고 서술하는 대신에 종이라고 자신을 소개하는 것은 자신은 그의 독자들과 같은 부류의 사람이라고 자신을 낮춘 것이다.

3. 하나님과 주(예수 그리스도)는 그란빌 샤프 규칙에 적용되지 않기 때문에 하나님과 주님은 서로 다른 분이다. 그런데 초대 교회에서는 관사 없이 이런 구조로 하나님과 주님(예수 그리스도)이 동일하신 분으로 사용되었다 (ZECNT 47).

4. 야고보 : 이는 절대 주격으로 기록되어서 강조의 위치에 있다. 초대 교회 당시 서신에서는 발신자를 서두에 두었다.

5. 강조의 내용 : 야고보는 예수님의 동생이며, 예루살렘 교회의 장로이지만 이런 직함 대신에 자신을 종으로 소개한다 (사 52:13 – 53:12).

6. 하나님과 주 예수 그리스도의 종에서 강조 부분은 '하나님과 주' 이다. 로마서에서는 종-그리스도 예수의 순서를 가지지만 여기서는 하나님과 주-종의 순서를 가진다. 1:17, 3:3도 이와 같은 구조를 가지는데 속격 즉 하나님과 주가 강조된다.

7. 디아스포라에 사는 열두 지파들이란 누구인가?
   가. 열두 지파들은 이스라엘의 야곱의 열두 아들들로서 이들이 나중에 이스라엘의 열두 부족이 된다. 그래서 열두 지파란 이스라엘의 전 부족을 말한다.
   나. 이 문맥에서 열두 지파들이란 이스라엘 그리스도인들과 이방 그리스도인들 (ICC 119), 혹은 유대 기독교인들만 (NIGTC 63) 을 지칭한다.

[단어 분해]

Ἰάκωβος (명, 주, 남, 단, 고명) Ἰάκωβος 야고보. 절대 주격.

θεοῦ καὶ κυρίου Ἰησοῦ Χριστοῦ δοῦλος 일반적으로 속격 구는 속격이 뒤에 나타나는 주격 (혹은 대격) + 속격의 구조를 가지는데 여기서는 속격 (θεοῦ καὶ κυρίου Ἰησοῦ Χριστοῦ) + 주격 (δοῦλος) 의 구조를 가진다. 이 구조에서는 속격에 해당하는 하나님과 주가 강조되어진다. 이런 구조는 1:1, 17; 3:3에서 나타난다.

θεοῦ καὶ κυρίου Ἰησοῦ Χριστοῦ 이는 초대교회 시대에 그리스도와 하나님은 동등하신 분이심을 표현하는 관용어이기도 하다.

θεοῦ (명, 속, 남, 단) θεός 하나님. 소유 속격.

καὶ (등접) καί 그리고.

κυρίου (명, 속, 남, 단) κύριος 주, 소유주. 소유 속격.

Ἰησοῦ (명, 속, 남, 단, 고명) Ἰησοῦς 예수. Ἰησοῦ Χριστου 는 κυρίου 와 단순 동격 속격.

Χριστοῦ (명, 속, 남, 단, 고명) Χριστός 그리스도, 기름 부음 받은 자, 메시야. Ἰησοῦ 의 단순 동격 속격.

δοῦλος (명, 주, 남, 단) δοῦλος 노예. Ἰάκωβος 의 단순 동격 주격. 무관사 특성명사 Anarthrous Qualitative Noun. 총칭 명사의 일종으로서 전체가 아니라 개별성을 강조한다 (Wallace 244). 관사를 가지지 않는 이유는 머리 명사 (δοῦλος) 와 속격 명사 (θεοῦ καὶ κυρίου Ἰησοῦ Χριστοῦ) 가 관사를 가지지 않는 아폴로니우스 규칙 Apollonius' Canon 에 의한 것이다. 이 문장에서는 속격 + 머리 명사 순으로 된 것을 기억해라.

ταῖς δώδεκα φυλαῖς ταῖς ἐν τῇ διασπορᾷ 뒤에 나오는 ταῖς 는 앞의 ταῖς 와 동격 여격이다. 열두 지파들이 디아스포라 (세상의 각 지역) 에서 살고 있는 사람들이다. 뒤에 나타나는 관사는 형용사화하는 기능을 가지고 있다. 그래서 ταῖς ἐν τῇ διασπορᾷ 는 ταῖς δώδεκα φυλαῖς 를 수식하는 한정 형용사 역할을 한다 : 디아스포라에서 살고 있는 열두 지파들에게.

ταῖς δώδεκα φυλαῖς 수신자 여격 : 열두 지파들에게.

ταῖς (관, 여, 녀, 복) ὁ 그. 유명 관사.

δώδεκα (기형, 여, 녀, 복, 원) δώδεκα 12.

φυλαῖς (명, 여, 녀, 복) φυλή 부족. 아무런 수식어를 가지지 않는 이 단어는 팔레스타인 외의 지역에 살고 있는 유대 기독교인들을 지칭한다 (NIGTC 64). USBH (8) 와 WBC (8) 등은 기독교인들을 칭한다고 주장한다.

ταῖς ἐν τῇ διασπορᾷ 관사+전치사구. 여기서 관사는 전치사구를 명사화한다 : 디아스포라에 살고 있는 사람들.

ταῖς (관, 여, 녀, 복) ὁ 그. 선행 조응 관사.

ἐν (여, 전) ἐν (장소) 안에.

τῇ διασπορᾷ 전치사후 여격.

τῇ (관, 여, 녀, 단) ὁ 그.

διασπορᾷ (명, 여, 녀, 단) διασπορά 디아스포라 (유대인들이 흩어져서 살고 있는 지역).

χαίρειν (정, 현, 능) χαίρω 기뻐하다, 안녕. 절대 부정사 : 내가 인사드립니다. 헬라 서신의 서두에 인사를 위해서 가장 보편적으로 사용되어진다. 현재 전면 현저성.

1:2 Πᾶσαν χαρὰν ἡγήσασθε, ἀδελφοί μου, ὅταν πειρασμοῖς περιπέσητε ποικίλοις,

나의 형제들아, 너희가 여러 가지 시험을 만날 때 그것을 온전한 기쁨이라고 간주하여라.

개역개정 : 내 형제들아 너희가 여러 가지 시험을 만나거든 온전히 기쁘게 여기라

[명제 관계]

2a	결과(2b)	**Πᾶσαν χαρὰν ἡγήσασθε, ἀδελφοί μου,** 나의 형제들아 (그것을) 온전한 기쁨이라고 간주하여라
2b	상황(2a)	**ὅταν πειρασμοῖς περιπέσητε ποικίλοις,** 너희가 여러 가지 시험을 만날 때

[설명]

1. 2a는 명령 명제에 해당한다.

2. 또한 2a는 반전. 2b는 양보 명제 (만날 때 일지라도) 혹은 조건 명제 (한글성경)로도 간주된다.

3. 번역에 나타나는 "그것만"은 번역을 위해서 삽입하였다.

4. "간주하라"는 명령은 3절과 관련이 있다. 또한 이 명령은 이 구절 후반부에 나타나는 시간절 (2b)에 의해서 언제 간주해야 하는 지가 구체적으로 표현되었다. 그리고 간주해야 하는 근거 혹은 이유가 3절에 표현되었다.

5. "간주하라" ἡγήσασθε 는 디포넌트 중간태 부정과거 명령이다. 중간태는 주어의 적극적인 개입을 설명하고 부정과거 명령은 긴급성을 가지고 있다.

6. "빠지다" περιπέσητε 의 가정법은 우발적 사건을 의미한다.

7. "모든" Πᾶσαν 이란 "순수한" 을 의미한다.

8. "시련들" πειρασμοῖς 은 내부로부터 오는 유혹과 외부로부터 오는 어려움들을 의미한다.

9. 2b를 "여러분들이 다양한 시련들을 만나는 것을" 이라고 번역가능하다. 이는 이 시상절을 동사의 주목적어로 번역한 경우이다.

[단어 분해]

Πᾶσαν χαρὰν 모든 기쁨, 전적인 기쁨, 완전한 기쁨, 혹은 순수한 기쁨 (BDF §275.3). ἡγήσασθε 의 대격-보어 이다 (영어의 목적보어와 같은 역할을 한다). "모든"은 다른 것이 아닌 단지 시험만으로 오는 기쁨을 의미한다 (Adam 4). 기쁨의 요인에는 여러가지가 있다. 이 본문은 시험을 가지는 것만이 기쁨의 유일한 요인이란 의미이다. 서두에 위치한 것은 강조를 위해서이다.

Πᾶσαν (부형, 대, 녀, 단, 원) πᾶς 모두, 각각. 이 형용사는 순수한 혹은 완전한이란 의미를 가지는 강조적인 용법으로 사용되었다 (Vlachos 19; ZECNT 48). 순수함이란 어려움이 올 때 발생하는 슬픔과 혼합된 것이 아님을 의미한다. NRSV 는 "오직 기쁨 nothing but joy" 라고 번역함으로써 기쁨 이외는 어떤 것도 포함하지 않는 배타적인 용법으로 사용되었다.

χαρὰν (명, 대, 녀, 단) χαρά 기쁨, 환희.

ἡγήσασθε (동, 령, 부과, 중간, 2, 복) ἡγέομαι 고려하다, 간주하다. 이 동사는 항상 중간태로 사용되는 인지동사로서 주어의 좀 더 적극적인 개입을 의미한다. 디포넌트 동사. 이 절에서의 부정과거 명령은 1) 시험을 당하는 특수한 경우에 해당하는 명령으로서 행동을 요구하며, 2) 진입

적 부정과거로서 "간주하기 시작하였다" 라는 의미를 가지며 (Wallace 720), 3) 진술 부정과거 (Constative Aorist) 로서 긴급한 명령을 표현한다. 이 부정과거는 각각의 시련이 기쁨을 주는 하나 하나의 사건임을 서술한다. 부정과거 배경 현저성.

이 동사는 이중 대격 목적어들과 함께 사용되는데, 이 본문에서는 Πᾶσαν χαρὰν 은 대격 술어로 사용되었고, ὅταν 절은 대격 목적절로 사용되었다. 따라서 1:2는 시험 속에서 기뻐하라는 격려가 아니라 고난을 기쁨 그 자체 혹은 기쁨의 기회로 간주하라는 것이다 (WBC 14): "all joy" (ESV), "nothing but joy" (NET), "pure joy" (NIV), "occasion of joy" (ICC 131) ; "occasion for joy" (Adamson 52); "a matter of joy" (Laws 50; WBC 14); "ground of rejoicing" (Mayor 33); "an opportunity for great joy," (NLT).

ἀδελφοί (명, 호, 남, 복) ἀδελφός 형제. 단순 호격.

μου (인대, 속, 단) ἐγώ 나. 영적 관계 속격.

ὅταν (종접) ὅταν 때마다, ~때에. 이 본문에서 이 절은 본동사의 목적어 역할을 한다. 이 절이 번역에서는 "그것을" 이라고 번역되었다.

πειρασμοῖς .... ποικίλοις περιπέσητε 다음에 오는 여격 직접 목적어.

πειρασμοῖς (명, 여, 남, 복) πειρασμός 시련, 시험. 이 단어는 죄의 결과를 가져오는 마음속에서 일어나는 유혹 혹은 외부로부터 오는 압박 혹은 어려움을 의미한다. 여기서는 외부의 압박이 더 타당하다. 이 명사는 동사 περιπέσητε 이전에 위치함으로써 형용사 ποικίλοις 와 분리되어 강조된다.

περιπέσητε (동, 가, 부과, 능, 2, 복) περιπίπτω 빠지다 (+여격), 만나다. 여기서 부정과거는 일반적으로 오는 시련을 의미하는 것이 아니라 특수한 경우의 시련을 말한다 (Adam 5). LN (90.71)은 갑작스러운 시련이라고 주장하고, BDAG (2.b)는 계획이나 목적이 좌절되었든지 혹은 실패된 상황에 빠져든 것을 말한다. 부정과거는 각각 사건을 표현한다. 시간절의 가정법은 미래의 우발적 사건을 서술한다. 부정과거 배경 현저성.

ποικίλοις (보형, 여, 남, 복, 원) ποικίλος 다양한.

1:3 γινώσκοντες ὅτι τὸ δοκίμιον ὑμῶν τῆς πίστεως κατεργάζεται ὑπομονήν·

왜냐하면, 너희 믿음을 위한 시험이 인내를 생산하는 줄을 너희가 알기 때문이다.

개역개정 : 이는 너희 믿음의 시련이 인내를 만들어 내는 줄 너희가 앎이라

[명제 관계]

3a	근거 (2a)	**γινώσκοντες** 왜냐하면, 너희가 알기 때문이다
3b	내용 (3a)	**ὅτι** 접속사
3c	수단	**ὅτι τὸ δοκίμιον** 시험은
3d	목적	**ὑμῶν τῆς πίστεως** 너희 믿음을 위한
3e	결과	**κατεργάζεται ὑπομονήν·** 인내를 생산한다

[설명]

1. 3b-e는 2a의 내용이다.

2. 이 구절은 2절의 "간주해라"는 명령의 근거를 설명한다.

3. "단련" τὸ δοκίμιον 의 결과는 가치를 입증하는 것이다. "시련" πειρασμοῖς 은 선과 악을 발견할 목적으로 사용된다.

4. "낳는다" κατεργάζεται 의 중간태는 믿음의 적극적이며 효과적인 활동을 서술한다.

5. "인내" ὑπομονήν 는 전투적 인내이며, 이 단어를 사용하여 야고보는 그의 독자들이 자유를 주는 법을 지키기를 바라고 있다. 그러므로 "인내는 확장된 믿음이다" (ZECNT 49).

[단어 분해]

γινώσκοντες (분, 현, 능, 주, 남, 복) γινώσκω 안다. 원인 분사. 부사적 분사의 주격. 현재 전면 현저성.

ὅτι (종접) ὅτι 목적절을 인도한다. 이 절은 시련의 결과를 서술한다.

τὸ δοκίμιον κατεργάζεται 의 주어 주격.

τὸ (관, 주, 중, 단) ὁ 그.

δοκίμιον (명, 주, 중, 단) δοκίμιον 입증, 단련, 시험, 시련. 불에 의해서 쇠를 단련하는 것을 의미하며 이 단련의 결과는 가치를 입증한다. 이 단어는 사탄과 함께는 사용되지 않는다. 이와는 달리 2절의 시련은 정확히 경험하여 선과 악을 구별할 목적으로 사용된다 (Trench 280).

ὑμῶν (인대, 속, 복) σύ 너, 당신. 주어적 속격. 강조 위치. 일반적으

로 이 단어는 머리 명사 (여기서는 τῆς πίστεως) 다음에 오는데, 여기서는 머리 명사 앞에 위치한다.

τῆς πίστεως 목적어 속격 : 믿음을 위한.

τῆς (관, 속, 녀, 단) ὁ 그.

πίστεως (명, 속, 녀, 단) πίστις 믿음.

κατεργάζεται (동, 직, 현, 중간, 3, 단) κατεργάζομαι 생산하다. 디포넌트 중간태 동사로서 단순한 능동태 보다는 주어의 효과적인 활동을 서술한다. 진행적 현재. 현재 전면 현저성.

ὑπομονήν (명, 대, 녀, 단) ὑπομονή 인내. 이 단어는 군사적 용어로서, 버티다, 견디다, 저항하다, 일정하다, 깨뜨릴 수 없다, 움직일 수 없다는 의미를 가지는 단어로서, Tamez는 이를 Militant Patience라고 주장한다 (ZECNT 49 에서 재인용). 이는 비폭력 저항 Non-Violance Resistance이라고도 번역된다. 일반적으로 인내는 수동적이며 복종적 태도로서 아무것도 하지 않고 기다리면서 참는 것을 의미한다. 이와는 달리 여기서 이 단어는 능동적이며 과감하며 대담한 인내를 의미한다. 이 단어를 사용하여 야고보는 "비참한 수동적 태도가 아닌 예약된 기다림"을 시사하고 있다 (ZECNT 49). 이는 κατεργάζεται 의 대격 직접 목적어.

1:4 ἡ δὲ ὑπομονὴ ἔργον τέλειον ἐχέτω, ἵνα ἦτε τέλειοι καὶ ὁλόκληροι ἐν μηδενὶ λειπόμενοι.

그래서 (인내가 완전한 효과를) 가지도록 해라. 그 목적은 너희가 완전하며 그리고 완벽하여, 부족함이 결코 없도록 하기 위함이다.

개역개정 : 인내를 온전히 이루라 이는 너희로 온전하고 구비하여 조금도 부족함이 없게 하려 함이라

[명제 관계]

4a	수단	**ἡ δὲ ὑπομονὴ** 그래서 인내가
4b	결과	**ἔργον τέλειον ἐχέτω,** 완전한 효과를 가지도록 해라
4c	동격 (4b)	**ἵνα ἦτε τέλειοι καὶ ὁλόκληροι** 그 목적은 너희가 완전하며 그리고 완벽하여,
4d	동격 (4c)	**ἐν μηδενὶ λειπόμενοι.** 부족함이 결코 없는

[설명]

1. 1:4 절은 두 번째 명령과 그 목적을 포함한다. 인내가 최종 목적이 아니라 이 세상에서는 성도는 성숙하여 완전하며 마지막 때에는 완벽하도록 해야 한다. 그리하여 이들은 부족함이 없도록 해야 한다.

2. δὲ 는 "더 나아가서" 라는 의미를 가지는 점층법적 접속사로서 간주되어진다.

3. 명령 "가지도록 하여라" ἐχέτω 는 진행중인 행위가 계속되게 하라, 혹은 행위를 습관으로 만들어라는 의미이다.

4. 전반부에서는 인내가 강조된다. 이는 동사 앞에 위치하고 있기 때문이다.

5. 후반부에서는 ἐν μηδενὶ 가 강조된다. 이의 문자적 의미는 "없음" 이다. 이를 강조하면 "결코 없음"이라고 번역될 수 있다.

6. 4b는 본문 2-11 절에서 두 번째 명령이다.

[단어 분해]

ἡ ὑπομονὴ 동사 ἐχέτω 의 주어 주격. 강조를 위해서 동사 앞에 문장 첫머리에 위치되었다 (1:13).

ἡ (관, 주, 녀, 단) ὁ 그. 선행 조응 관사.

δὲ (등접) δέ 그리고, 그때, 그래서, 더 나아가서. 반의 접속사가 아니라 점층법적인 기능을 가진다.

ὑπομονὴ (명, 주, 녀, 단) ὑπομονή 인내.

ἔργον τέλειον 동사 ἐχέτω 의 대격 직접목적어. 완전한 효과 (NET) 혹은 충만한 효과 (ESV)

ἔργον (명, 대, 중, 단) ἔργον 행위, 활동. 강조의 위치에 있음.

τέλειον (보형, 대, 중, 단, 원) τέλειος 완성한, 성숙한, (높은 도덕성에 맞는 의미로서) 완전한 (BDAG). 이 단어는 세 종류의 의미를 가지고 있다. 1) 부분이나 제한에 반대되는 전체. 2) 미성숙이 아니라 완전한 성숙. 3) 완전히 준비된 상태. 이 단어는 성취해야 할 목적을 포함하고 있다 (Friberg). 하나님의 말씀에 순종함으로써 도덕적인 관점에서 성숙하여 부족함이 없는 상태를 표현한다. 이는 완전한 무결점을 말하는 것이 아니다.

ἐχέτω (동, 령, 현, 능, 3, 단) ἔχω 가지다. 제삼인칭 명령. 사역능동태. 지속적 현재. 현재 전면 현저성.

ἵνα ἦτε ἵνα + 가정법 = 목적 ἵνα 절.

ἵνα (종접) ἵνα (목적) 하기 위하여.

ἦτε (동, 가, 현, 능, 2, 복) εἰμί 이다.

τέλειοι καὶ ὁλόκληροι 주격 술어. 두 단어가 함께 사용되어서 완전함을 강조한다. 전자는 성숙함을, 후자는 결점이 없음을 표현한다.

τέλειοι (보형, 주, 남, 복, 원) τέλειος 완성한, 성숙한. (높은 도덕성에 맞는 의미) 완전한 (BDAG), 성숙한. 이 단어는 성취해야 할 목적을 포함하고 있다 (Friberg). 하나님의 말씀에 순종함으로써 도덕적인 관점에서 성숙하여 부족함이 없는 상태를 표현한다.

καὶ (등접) καί 그리고.

ὁλόκληροι (보형, 주, 남, 복, 원) ὁλόκληρος 완벽한. (요세푸스에 의하면 제사에 사용된 제물에) 흠이 없는. 이 단어는 각 부분에 있어서 물리적으로 부족함이 없는 상태를 표현한다. 이는 각 부분마다 완전함을 의미한다.

ἐν μηδενὶ λειπόμενοι 결코 부족함이 없이 (lacking in not one thing). ἐν μηδενὶ 는 분사 λειπόμενοι 앞에 있기 때문에 강조 용법으로 사용되었다. 이는 τέλειοι καὶ ὁλόκληροι 를 강조 설명한다 (Lenski 526, WBC 17, USBH 14). 이와는 달리 이 전치사 구는 ὁλόκληροι 만을 다시 설명할 수도 있다 (ESJ 18, NIGTC 70).

ἐν μηδενὶ 결코 없음. 강조 위치를 차지함.

ἐν (여, 전) ἐν (장소) 사이에.

μηδενὶ (부대, 여, 중, 단) μηδείς 없음. ἐν 다음에 오는 여격.

λειπόμενοι (분, 현, 중/수, 주, 남, 복) λείπω (기준에) 부족하다. 진행적 현재. τέλειοι καὶ ὁλόκληροι 와 단순 동격, 혹은 ὁλόκληροι 와 동격이라고 주장되기도 한다. 주격 현재 전면 현저성.

1:5 Εἰ δέ τις ὑμῶν λείπεται σοφίας, αἰτείτω παρὰ τοῦ διδόντος θεοῦ πᾶσιν ἁπλῶς καὶ μὴ ὀνειδίζοντος καὶ δοθήσεται αὐτῷ.

그래서 너희 중에 누구든지 지혜가 부족하다면, 모든 사람에게 풍성하게 주시고 꾸짖지 아니하시는 하나님께 구하라 그리하면 지혜는 그에게 주어질 것이다.

개역개정 : 너희 중에 누구든지 지혜가 부족하거든 모든 사람에게 후히 주시고 꾸짖지 아니하시는 하나님께 구하라 그리하면 주시리라

[명제 관계]

5a	조건 (5b)	**Εἰ δέ τις ὑμῶν λείπεται σοφίας,** 그래서 너희 중에 누구든지 지혜가 부족하다면
5b	명령	**αἰτείτω παρὰ........θεοῦ** 하나님께 구하라
5c	근거 (5b)	**τοῦ διδόντος......πᾶσιν ἁπλῶς καὶ μὴ ὀνειδίζοντος** 모든 사람에게 풍성하게 주시고 꾸짖지 아니하시는
5d	결과	**καὶ δοθήσεται αὐτῷ.** 그리하면 지혜는 그에게 주어질 것이다

[설명]

1. 5c는 5b의 수식 명제이기도 히다.

2. "구하십시오" αἰτείτω 는 현재 명령으로서 지속적으로 기도하라는 명령이다.

3. "주시며" διδόντος 는 반복적 혹은 지속적 현재이며 꾸짖지 않으시는 μὴ ὀνειδίζοντος 는 격언적 현재로서 언제나 꾸짖지 않으시는 것을 서술한다. 이는 하나님께서는 기도에 응답하심을 서술한다.

4. 주저함이 없이 모든 사람에게 주시며 꾸짖지 않으시는 구절은 하나님께서 지혜 주심을 사중으로 강조한 구문이다.

5. 왜 지혜가 필요한가? 시련을 이해하고 극복하기 위해서 (1:2-3) 지혜를 요구하며, 완전하고 완벽한 사람이 되기 위하여 (1:4) 역시 지혜가 필요하다. 그리고 하나님의 계획을 알고 이에 반응하는 성도의 일상생활을 위해서 지혜가 필요하다.

6. 지혜를 주시는 분은 누구이며 이를 받는 자는 누구인가? (하나님과 간구하는 자).

[단어 분해]

Εἰ (종접) εἰ 만약. 제일 조건절.

δέ (등접) δέ 그래서. 5a는 4절에서 사용된 단어 λειπόμενοι 에 속하는 λείπεται 를 가지지만 이 접속사는 4절과는 다른 새롭지만 관련된 주제를 소개하는 접속사이다.

τις (부대, 주, 남, 단) τὶς 어떤사람. λείπεται 의 주어 주격.

ὑμῶν (인대, 속, 복) σύ 너, 당신. 부분 속격.

λείπεται (동, 직, 현, 중간, 3, 단) λείπω (속격과 함께) 부족하다. 지속적 현재. 현재 전면 현저성.

σοφίας (명, 속, 녀, 단) σοφία 지혜. λείπεται + 속격.

αἰτείτω (동, 령, 현, 능, 3, 단) αἰτέω 요구하다, 청구하다, 구하다, 신청하다. 간구. 현재 명령법은 지속적 혹은 반복적인 간구. 긴급한 간구 (LN) 을 말한다. 현재 전면 현저성.

παρὰ (속, 전) παρά (+속격) ~로부터 (근원).

τοῦ διδόντος θεοῦ ... καὶ μὴ ὀνειδίζοντος 주시며 꾸짖지 않으시는 하나님 : 이 구조는 그란빌 샤프 규칙에 의하면 같으신 분이다.

τοῦ διδόντος θεοῦ πᾶσιν ἁπλῶς καὶ μὴ ὀνειδίζοντος 사중 강조 구조를 가진다. τοῦ διδόντος ....καὶ μὴ ὀνειδίζοντος 주시며 꾸짖지 않으시는, πᾶσιν 모든 분에게, ἁπλῶς 풍성하게, 계속적으로, 전심으로. 이 구조에서는 διδόντος 가 강조되었다.

τοῦ διδόντος θεοῦ 제일한정분사용법, 관사+분사+명사 : 주시는하나님.

τοῦ (관, 속, 남, 단) ὁ 그.

διδόντος (분, 현, 능, 속, 남, 단) δίδωμι 기증하다, 주다. 격언적 현재에 해당하지만 반복적 현재가 문맥상 더 타당하다. 현재 전면 현저성.

θεοῦ (명, 속, 남, 단) θεός 하나님.

πᾶσιν (부형, 여, 남, 복, 원) πᾶς 모두, 각각. διδόντος 의 여격, 직접 목적어.

ἁπλῶς (부) ἁπλῶς 단순히, 절대적으로, 정말, 풍성하게, 주저없이, 계속적으로, 전심으로.

καὶ (등접) καί 그리고, 또한, 게다가.

μὴ (계) μή 아닌.

ὀνειδίζοντος (분, 현, 능, 속, 남, 단) ὀνειδίζω 비난하다. 형용사적 한정 분사로서 θεοῦ 를 수식한다. 격언적 현재. 현재 전면 현저성.

καὶ (등접) καί 그리고, 게다가, 또한.

δοθήσεται (동, 직, 미, 수, 3, 단) δίδωμι 주다. 이 동사의 주어는 σοφίας 이다. 신적 수동태.

αὐτῷ (인대, 여, 남, 단) αὐτός 그. 지혜를 구하는 자를 칭한다. 이는 δοθήσεται 의 간접 목적어 여격.

1:6 αἰτείτω δὲ ἐν πίστει μηδὲν διακρινόμενος· ὁ γὰρ διακρινόμενος ἔοικεν κλύδωνι θαλάσσης ἀνεμιζομένῳ καὶ ῥιπιζομένῳ.

그래서 결코 의심하지 않으면서 믿음으로 구하라. 왜냐하면, 의심하는 자는 바람에 움직여 흔들리는 바다 물결과 같기 때문이다.

개역개정 : 오직 믿음으로 구하고 조금도 의심하지 말라 의심하는 자는 마치 바람에 밀려 요동하는 바다 물결 같으니

[명제 관계]

6a 명령 **αἰτείτω δὲ**
그래서 구하라.

6b 매너 **ἐν πίστει**
믿음으로

6c 매너 **μηδὲν διακρινόμενος**
결코 의심하지 않으면서

6d 이유 **ὁ γὰρ διακρινόμενος**
왜냐하면, 의심하는 자는

6e 비교 **ἔοικεν κλύδωνι θαλάσσης ἀνεμιζομένῳ καὶ ῥιπιζομένῳ.**
바람에 움직여 흔들리는 바다 물결과 같기 때문이다.

[설명]

1. 6b는 수단 명제로도 간주되어질 수 있다.

2. 본문 6-8절은 하나님께서 주실 것을 의심하지 않는 믿음으로 기도할 것을 서술한다. 6절에서 의심하는 자는 바람에 흔들리는 물결과 같이 불안정하기 때문에 믿음으로 구해야 한다. 의심하는 자는 하나님을 믿었다가 믿지 않았다 하는 자이다. 이런 자의 기도는 응답받지 못한다.

3. 응답받는 기도와 응답받지 못하는 기도를 설명한다. 의심하는 기도는 응반받지 못한다.

4. 동사 "~와 같다" ἔοικεν 은 완료형으로서 가장 강조되는 시상이다.

[단어 분해]

αἰτείτω (동, 령, 현, 능, 3, 단) αἰτέω 청구하다, 구한다. 제삼인칭 명령. 현재 전면 현저성.

δὲ (등접) δέ 그래서 (ESV, NET, NIV).

ἐν (여, 전) ἐν (매너) ~함께, (수단) 의해서, (영역) 안에서. 그런데 바로 다음에 나타나는 μηδὲν διακρινόμενος 가 부사구로 사용되기 때문에 이 전치사는 매너 용법으로 간주하여진다.

πίστει (명, 여, 녀, 단) πίστις 믿음. ἐν 다음에 오는 여격.

μηδὲν διακρινόμενος 결코 의심하지 않으면서

μηδὲν (부대, 대, 중, 단) μηδείς 아무 것 (아무 일) 도 아님. διακρινόμενος 의 대격 직접 목적어.

διακρινόμενος (분, 현, 중간, 주, 남, 단) διακρίνω 의심하다. 격언적 현재. 매너 분사로 사용된 주격. 현재 전면 현저성.

ὁ ..... διακρινόμενος ἔοικεν 의 주어 주격.

ὁ (관, 주, 남, 단) ὁ 그.

γὰρ (등접) γάρ (설명) 왜냐하면. 의심하지 말라고 말한 이유는. 7절과 비교하면 첫째 이유에 해당한다.

διακρινόμενος (분, 현, 중간, 주, 남, 단) διακρίνω 의심하다. 격언적 현재. 현재 전면 현저성.

ἔοικεν (동, 직, 완, 능, 3, 단) ἔοικα ~와 같다. 현재적 완료. 완료 최전면 현저성. 일반적으로 여격 분사를 가진다.

κλύδωνι...ἀνεμιζομένῳ καὶ ῥιπιζομένῳ ἔοικα 의 여격 직접 목적어.

κλύδωνι θαλάσσης 아폴로니우스 규칙 구조이다. 이 구조가 질적 명사-한정 명사 (I-D) 로 간주되어질 경우에는 "그 바다의 하나의 물결" (ESV, NET, NIV) 로 번역되고, 한정 명사-한정 명사 (D-D) 의 구조로 간주되어지면 "그 바다의 그 물결" 이란 의미를 가진다. 여기서는 D-D 구조를 가진다.

κλύδωνι (명, 여, 남, 단) κλύδων 거친 물결. ἔοικεν 의 직접 대격 목적어. 닮음과 신분을 표현하는 동사는 여격 직접 목적어를 취한다 (R530).

θαλάσσης (명, 속, 녀, 단) θάλασσα 바다. 근원 속격.

ἀνεμιζομένῳ (분, 현, 수, 여, 남, 단) ἀνεμίζω 바람에 움직여진다. 지속적 현재. 현재 전면 현저성. 여격 분사는 형용사 역할을 한다. 따라서 이는 한정 분사이다.

καὶ (등접) καί 그리고.

ῥιπιζομένῳ (분, 현, 수, 여, 남, 단) ῥιπίζω 이리저리 움직인다. 지속적 현재. 현재 전면 현저성. 여격 분사는 형용사 역할을 한다. 따라서 이는 한정 분사이다.

1:7 μὴ γὰρ οἰέσθω ὁ ἄνθρωπος ἐκεῖνος ὅτι λήμψεταί τι παρὰ τοῦ κυρίου,

왜냐하면, 저 사람은 주께로부터 어떤 것을 그 자신을 위해서 받을 것으로 생각하지 말아야 하기 때문이다.

개역개정 : 이런 사람은 무엇이든지 주께 얻기를 생각하지 말라

[명제 관계]

7a 이유 **μὴ γὰρ οἰέσθω ὁ ἄνθρωπος ἐκεῖνος**
왜냐하면, 저 사람은 생각하지 말아야 하기 때문이다.

7b 내용 **ὅτι λήμψεταί τι παρὰ τοῦ κυρίου,**
저 사람은 주께로부터 어떤 것을 자신을 위해서 받을 것을

[설명]

1. 왜냐하면, 1:6과 관련하여 두 번째 이유이다.

2. 저 사람이란 의심하는 사람을 칭한다.

3. 동사 οἰέσθω 의 의미는 뻔뻔스럽게 생각하다 혹은 안하무인격으로 생각하다. 이 동사의 디포넌트 중간태 의미는 주어의 적극적인 개입을 강조한다. 이는 자신을 위해서 받는다는 것을 의미한다.

4. 부정어 μὴ 가 강조의 위치에 있다..

[단어 분해]

μὴ ..... οἰέσθω 현재 금지 : 이미 시작된 행동을 중단하라 (주께로부터 받을 것으로 생각하고 있다면 이제 이 생각을 중단하라). 혹은 현재 금지는 "시작하지 하지 않는 사건은 항상 금지하라"는 의미도 가지고 있다 (Burton 165).

μὴ (계) μή 아닌.

γὰρ (등접) γάρ (설명) 왜냐하면. 의심하지말라고 말한 것에 대해서 내가 둘째로 설명하면. 이는 6절에서 믿음으로 구해야 하는 두 번째 이유에 해당되어질 수도 있다. 첫째 이유는 6절 후반의 γάρ 절이다. 혹은 틀림없이.

οἰέσθω (동, 령, 현, 중간, 3, 단) οἴομαι 생각하다. 기대하다, 상상하다. 이 단어는 항상 부정적인 개념 (뻔뻔 스러움, 무례, 안하무인) 을 포함하고 있다. 여기서는 잘못된 판단에 대한 생각을 서술하고 있다. 디포넌트 중간태 동사로서 주어의 적극적인 참여를 서술한다. 제삼인칭 명령. 현재 전면 현저성.

ὁ ἄνθρωπος ἐκεῖνος οἰέσθω 의 주어 주격.

ὁ (관, 주, 남, 단) ὁ 그.

ἄνθρωπος (명, 주, 남, 단) ἄνθρωπος 사람, 인간.

ἐκεῖνος (지대, 주, 남, 단) ἐκεῖνος 저 사람, 즉 의심하는 사람.

ὅτι (종접) ὅτι (내용절).

λήμψεταί (동, 직, 미, 중간, 3, 단) λαμβάνω 받다, 얻다. 간접 중간태로서 자신을 위해서 받다.

τι (부대, 대, 중, 단) τὶς 아무것도, 무엇이든, 어떤. λήμψεταί 의 대격 직접 목적어.

παρὰ τοῦ κυρίου (근원) 주로부터. 5절의 παρὰ τοῦ διδόντος θεοῦ 와 비교하라.

παρὰ (속, 전) παρά (+속격), ~로부터 (근원).

τοῦ (관, 속, 남, 단) ὁ 그.

κυρίου (명, 속, 남, 단) κύριος 주, 주인. "주" 는 바울 서신에서는 주로 그리스도를 지칭하지만, 야고보 서신에서는 여섯 번 (3:9; 4:10, 15; 5:4, 10, 11) 이나 하나님을 지칭한다.

1:8 ἀνὴρ δίψυχος, ἀκατάστατος ἐν πάσαις ταῖς ὁδοῖς αὐτοῦ.

그는 두 마음을 품은 사람이며 그의 모든 행동과 관련하여서는 불안정하다.

개역개정 : 두 마음을 품어 모든 일에 정함이 없는 자로다

[명제 관계]

8a	근거 (7ab)	**ἀνὴρ δίψυχος,** (그는) 두 마음을 품은 사람이며,
8b	동격	**ἀκατάστατος ἐν πάσαις ταῖς ὁδοῖς αὐτοῦ.** 그의 모든 행동과 관련하여서는 불안정한.

[설명]

1. 8b는 8a와 동격 혹은 8a를 설명한다.

2. ἀνὴρ δίψυχος 는 7절의 ὁ ἄνθρωπος ἐκεῖνος 와 동격 관계에 있든지 혹은 하나의 독립 문장을 이룬다. ἀκατάστατος 는 δίψυχος 와 동격 주격으로서 "두 마음을 품은" 은 "불안정한" 이란 형용사 의미를 가진다. 전자의 경우에는 8절 전체가 하나의 구가 되어서 "두 마음을 품은, 그의 행위와 관련하여 불안정한 사람" 이라고 번역된다. 후자의 경우에는

ἀνὴρ 은 주어 주격이며, δίψυχος 은 술어 주격으로 간주되어서 "그 사람은 두 마음을 가진, 그의 행위와 관련하여, 불안정한 사람이다" 고 번역된다.

3. 7절의 "이런 사람" 대해 8절이 설명하고 있다. 그래서 8절이 7절의 원인 이유를 설명하는 절로 간주되어질 수 있다 : 왜냐하면, 그는 두 마음을 품은 사람이요, 그의 모든 행동에는 안정이 없기 때문이다 (NET 참조).

[단어 분해]

ἀνὴρ (명, 주, 남, 단) ἀνήρ 남편, 남자. 1:6에서 사용된 ἄνθρωπος 는 일반적인 사람을 의미하고, 여기서 이 단어의 사용에 대해서 한편으로는 일부의 학자들은 이 두 단어들이 같은 의미로 사용되었다고 주장하고 다른 학자들은 특수한 사람이라고 주장한다.

δίψυχος (보형, 주, 남, 단, 원) δίψυχος 이중 마음의, 의심하는.

ἀκατάστατος (보형, 주, 남, 단, 원) ἀκατάστατος 불안정한. δίψυχος 의 동격 주격. 하나님에게 전적으로 순종하지 못하는 사람 (NIGTC 73-74).

ἐν (여, 전) ἐν (참조) ~ 관련하여.

πάσαις ταῖς ὁδοῖς ἐν 다음에 오는 여격.

πάσαις (부형, 여, 녀, 복, 원) πᾶς 모두.

ταῖς (관, 여, 녀, 복) ὁ 그.

ὁδοῖς (명, 여, 녀, 복) ὁδός 길, 도로. 행위. 생활태도.

αὐτοῦ (인대, 속, 남, 단) αὐτός 그. 소유 속격 혹은 주격적 속격.

1:9 Καυχάσθω δὲ ὁ ἀδελφὸς ὁ ταπεινὸς ἐν τῷ ὕψει αὐτοῦ,

그러나 낮은 형제는 자기의 높음과 관련하여 자랑하라.

개역개정 : 낮은 형제는 자기의 높음을 자랑하고

[명제 관계]

9a	결과	**Καυχάσθω δὲ** 그러나 자랑하라.
9b	이유 (9a)	**ὁ ἀδελφὸς ὁ ταπεινὸς** 낮은 형제는
9c	이유 (9a)	**ἐν τῷ ὕψει αὐτοῦ,** 자기의 높음과 관련하여

[설명]

1. 이 구절은 1:8의 두 마음을 품은 자들과 대조 관계에 있다.

2. 자랑하라는 현재 중간태 명령이다. 현재 시제는 이런 태도와 자세를 가지라는 의미이며 중간태는 주어의 직접적인 참여를 강조한다.

[단어 분해]

Καυχάσθω (동, 령, 현, 중간, 3, 단) καυχάομαι 자랑하다. 종말론적인 관점에서는 이는 특수한 상황의 명령이므로 현재 진행 명령에 해당한다. 제삼인칭 명령. 현재 전면 현저성.

δὲ (등접) δέ 그리고, 그러나. 반의 접속사.

ὁ ἀδελφὸς ὁ ταπεινὸς 제이 한정 형용사. Καυχάσθω 의 주어 주격.

ὁ (관, 주, 남, 단) ὁ 그.

ἀδελφὸς (명, 주, 남, 단) ἀδελφός 형제.

ὁ (관, 주, 남, 단) ὁ 그.

ταπεινὸς (보형, 주, 남, 단, 원) ταπεινός 가난한, 겸손한. 사회적 신분에서 약자를 언급한다 (ZECNT 55).

ἐν (여, 전) ἐν (참조) ~ 참조하여. 자랑하다의 목적어를 소개하는 전치사이다. 그러나 역시 원인 이유 (때문에) 을 소개하는 전치사이기도 하다 (Vlachos 33).

τῷ ὕψει ἐν 다음에 오는 여격.

τῷ (관, 여, 중, 단) ὁ 그.

ὕψει (명, 여, 중, 단) ὕψος 높은 위치. 영적인 상태를 시사한다.

αὐτοῦ (인대, 속, 남, 단) αὐτός 그. 목적어적 속격 (그는 높아짐의 대상) 혹은 주어적 속격 (그가 높이는 사람), 혹은 소유 속격 (그가 차지한 높은 위치). 1:10과 비교해서 목적어적 속격이 더 타당하다.

1:10 ὁ δὲ πλούσιος ἐν τῇ ταπεινώσει αὐτοῦ, ὅτι ὡς ἄνθος χόρτου παρελεύσεται.

그리고 부자는 자신의 낮아짐과 관련하여 자랑하여라 왜냐하면, 풀의 꽃과 같이 부자는 사라질 것이기 때문이다.

개역개정 : 부한 자는 자기의 낮아짐을 자랑할지니 이는 그가 풀의 꽃과 같이 지나감이라

[명제 관계]

10a	대조 (9)	**ὁ δὲ πλούσιος ἐν τῇ ταπεινώσει αὐτοῦ,** 그리고 부자는 자신의 낮아짐과 관련하여 (자랑하라)
10b	근거	**ὅτι ὡς ἄνθος χόρτου παρελεύσεται.** 왜냐하면, 풀의 꽃과 같이 부자는 사라질 것이기 때문이다.

[설명]

1. 10a는 명령 명제에 해당하기도 한다. 그리고 10a에서는 동사 Καυχάσθω 가 생략되었다 (9절 참조).

2. 부자에 대한 경고를 서술하고 있다. 1:10-11은 부자는 낮아짐과 관련하여 자랑해야 한다. 부유한 자가 교회의 교인이라면 자랑하라 그 이유는 부유한 자가 자신의 소유물을 자랑하지 않고 하나님 앞에서 자신을 겸손히 하기 때문이다. 이와는 달리 부유한 자가 교회의 교인이 아니라면 마지막 때에 당할 굴욕을 자랑하라는 것이다. 이는 역설적이다.

3. 부자는 형제라는 수식어를 가지고 있지 않다.

[단어 분해]

ὁ ….. πλούσιος 는 생략된 동사 Καυχάσθω 의 주어 주격.

ὁ ….. πλούσιος 이는 9절과 평행관계에 있으므로 ὁ ἀδελφὸς ὁ πλούσιος 부유한 형제로 간주되어지는 것이 더 타당하다 (Vlachos 32).

ὁ (관, 주, 남, 단) ὁ 그.

δὲ (등접) δέ 그리고, 그러나.

πλούσιος (보형, 주, 남, 단, 원) πλούσιος 부유한.

ἐν (여, 전) ἐν (참조) ~ 참조하여, ~ 관련하여. (원인 이유) 때문에.

τῇ ταπεινώσει αὐτοῦ ἐν 다음에 오는 여격. 자신의 낮아짐 : 이는 자신이 낮아지는 것을 말함.

τῇ (관, 여, 녀, 단) ὁ 그.

ταπεινώσει (명, 여, 녀, 단) ταπείνωσις 창피줌, 굴욕, 수치, 낮아짐.

αὐτοῦ (인대, 속, 남, 단) αὐτός 그. 목적어 속격. 부자는 굴욕 (창피)의 대상이다.

ὅτι (종접) ὅτι 때문에.

ὡς ἄνθος χόρτου 동사 앞에 위치하였기에 강조되어진다.

ὡς (종접) wj 처럼.

ἄνθος (명, 주, 중, 단) ἄνθος 꽃. παρελεύσεται 의 주어 주격.

χόρτου (명, 속, 남, 단) χόρτος 풀밭, 초원, 목초지. 근원 속격, 혹은 서술 속격.

παρελεύσεται (동, 직, 미, 중간, 3,단) παρέρχομαι 사라지다. 격언적 미래.

1:11 ἀνέτειλεν γὰρ ὁ ἥλιος σὺν τῷ καύσωνι καὶ ἐξήρανεν τὸν χόρτον καὶ τὸ ἄνθος αὐτοῦ ἐξέπεσεν καὶ ἡ εὐπρέπεια τοῦ προσώπου αὐτοῦ ἀπώλετο· οὕτως καὶ ὁ πλούσιος ἐν ταῖς πορείαις αὐτοῦ μαρανθήσεται.

꽃이 시드는 것을 말한데 대해서 설명한다면 불타는 해가 떠오르며 그리고 풀을 말리고, 그리고 풀의 꽃이 떨어지고 그 모양의 아름다움이 사라지기 때문입니다. 이와 같이 역시 자기가 사업을 하다가 부자는 망할 것이다.

개역개정 : 해가 돋고 뜨거운 바람이 불어 풀을 말리면 꽃이 떨어져 그 모양의 아름다움이 없어지나니 부한 자도 그 행하는 일에 이와 같이 쇠잔하리라

[명제 관계]

11a	이유	**ἀνέτειλεν γὰρ ὁ ἥλιος σὺν τῷ καύσωνι** 꽃이 시드는 것에 대해서 설명하면, 열을 가진 태양이 떠오르고
11b	결과	**καὶ ἐξήρανεν τὸν χόρτον** 그리고 그 태양은 풀을 말린다.
11c	확장	**καὶ τὸ ἄνθος αὐτοῦ ἐξέπεσεν** 그리고 풀의 꽃이 떨어진다
11d	확장	**καὶ ἡ εὐπρέπεια τοῦ προσώπου αὐτοῦ ἀπώλετο·** 그리고 그의 모양의 아름다움이 사라진다.
11e	비교	**οὕτως καὶ ὁ πλούσιος ἐν ταῖς πορείαις αὐτοῦ μαρανθήσεται.** 이와 같이 역시 자신의 사업을 하다가 부자는 망할 것이다.

[설명]

1. 뜨고, 태우고, 꽃이 떨어지고 그리고 사라지다는 격언적 부정과거 혹은 예상적 부정과거, 혹은 히브리적 완료 부정과거이다. 특히 히브리적

완료는 갑작스러움과 완전성을 서술한다.

2. 전자의 세 동사는 능동태이고 마지막 사라지다는 중간태이다. 중간태는 주어 자신에 대한 주어의 행동을 강조한다.

3. "이와 같은" οὕτως 는 갑작스러움과 완전함을 내포하고 있다.

[단어 분해]

ἀνέτειλεν (동, 직, 부과, 능, 3, 단) ἀνατέλλω 나타나다, 날이 새다. 격언적 부정과거 (일반적 사실), 혹은 예상적 부정과거 (확실한 사건) 혹은 히브리 완료적 부정과거로서 갑작스러움과 완성을 서술한다 : 불타는 해가 떠오르자 마자 풀은 말랐다 (WBC 27). 부정과거 배경 현저성.

γὰρ (등접) γάρ (설명) 왜냐하면, 이렇게 말한 것에 대해서 설명하면, 꽃이 시드는 것을 말한데 대해서 설명한다면.

ὁ ἥλιος 는 동사 ἀνέτειλεν 의 주어 주격.

ὁ (관, 주, 남, 단) ὁ 그. 유일 관사.

ἥλιος (명, 주, 남, 단) ἥλιος 해, 태양.

σὺν (여, 전) σύν 함께.

τῷ καύσωνι σὺν 후에 오는 전치사.

τῷ (관, 여, 남, 단) ὁ 그.

καύσωνι (명, 여, 남, 단) καύσων 열, 더위.

καὶ (등접) καί 그리고.

ἐξήρανεν (동, 직, 부과, 능, 3, 단) ξηραίνω 마르다, 바싹 마른다. 격언적 부정과거. 부정과거 배경 현저성.

τὸν χόρτον ἐξήρανεν 의 대격 직접 목적어.

τὸν (관, 대, 남, 단) ὁ 그.

χόρτον (명, 대, 남, 단) χόρτος 풀, 잔디.

καὶ (등접) καί 그리고.

τὸ ἄνθος ἐξέπεσεν 의 주어 주격.

τὸ (관, 주, 중, 단) ὁ 그.

ἄνθος (명, 주, 중, 단) ἄνθος 꽃.

αὐτοῦ (인대, 속, 남, 단) αὐτός 그. 소유 속격.

ἐξέπεσεν (동, 직, 부과, 능, 3, 단) ἐκπίπτω 떨어진다. 격언적 부정과거. 부정과거 배경 현저성.

καὶ (등접) καί 그리고.

ἡ εὐπρέπεια ἀπώλετο 의 주어 주격.

ἡ (관, 주, 녀, 단) ὁ 그.

εὐπρέπεια (명, 주, 녀, 단) εὐπρέπεια 아름다움.

τοῦ προσώπου 역한정 속격 : 아름다운 모양. ἡ εὐπρέπεια τοῦ προσώπου 아름다운 모양. 문자적 번역은 "모양의 아름다움" 인데 속격 구조를 가진 헬라어 구가 형용사로 된 '아름다운 모양" 보다는 '아름다움' 을 더 강조하고 있다.

τοῦ (관, 속, 중, 단) ὁ 그.

προσώπου (명, 속, 중, 단) πρόσωπον 모양.

αὐτοῦ (인대, 속, 중, 단) αὐτός 그. 소유 속격.

ἀπώλετο (동, 직, 부과, 중간, 3, 단) ἀπόλλυμι 파괴하다, 사라지다. 격언적 부정과거. 부정과거 배경 현저성.

οὕτως (부) οὕτω 이와 같은 양식으로.

καὶ (부) καί 또한.

ὁ πλούσιος μαρανθήσεται 의 주어 주격.

ὁ (관, 주, 남, 단) ὁ 그.

πλούσιος (보형, 주, 남, 단, 원) πλούσιος 부자의, 부유한.

ἐν ταῖς πορείαις αὐτοῦ 자신의 사업을 하는 중에, 혹은 히브리어 관용구로서 자신의 생활을 영위하다가 동사 앞에 위치하여 강조 역할을 한다.

ἐν (여, 전) ἐν (상황, 상태, 조건) 안에.

ταῖς πορείαις ἐν 다음에 오는 여격.

ταῖς (관, 여, 녀, 복) ὁ 그.

πορείαις (명, 여, 녀, 복) πορεία 일 (사업).

αὐτοῦ (인대, 속, 남, 단) αὐτός 그. 주어적 속격.

μαρανθήσεται (동, 직, 미, 수, 3, 단) μαραίνω 사라지다, 망한다. 격언적 미래.

1:12 **Μακάριος ἀνὴρ ὃς ὑπομένει πειρασμόν, ὅτι δόκιμος γενόμενος λήμψεται τὸν στέφανον τῆς ζωῆς ὃν ἐπηγγείλατο τοῖς ἀγαπῶσιν αὐτόν.**

시험 (혹은 시련) 을 견디는 사람은 복이 있다. 왜냐하면, 그 사람은 시험에 의해서 그의 진실함이 입증된 후에 그는 생명의 면류관을 받을 것이기 때문이다. 그 면류관은 하나님께서 하나님을 사랑하는 사람들에게 약속하신 것이다.

개역개정 : 시험을 참는 자는 복이 있나니 이는 시련을 견디어 낸 자가 주께서 자기를 사랑하는 자들에게 약속하신 생명의 면류관을 얻을 것이기 때문이라

[명제 관계]

12a	일반화	**Μακάριος ἀνὴρ** 사람은 복이 있다.
12b	확인	**ὃς ὑπομένει πειρασμόν,** 시험을 견디는
12c	이유 (12a)	**ὅτι δόκιμος γενόμενος** 왜냐하면,(그 사람은 시험에 의해서 그의 진실함이) 입증된 후에
12d	특수화	**λήμψεται τὸν στέφανον τῆς ζωῆς** 그는 생명의 면류관을 받을 것이기 때문이다.
12e	확장	**ὃν ἐπηγγείλατο τοῖς ἀγαπῶσιν αὐτόν.** (그 생명의 면류관은) 그 분께서 하나님을 사랑하는 사람들에게 약속하신 것이다.

[설명]

1. 12절은 시험을 통과한 이후의 복을 서술한다.

2. 12b는 조건 명제이기도 하다.

3. "시련을 견디는 사람은 존경스런 분이다" 혹은 "시험을 견디는 사람은 행복하다" 라고도 번역될 수 있다.

4. "생명의 면류관" τὸν στέφανον τῆς ζωῆς 이란 설명적 속격 구조를 가졌기에 면류관이 생명이다.

[단어 분해]

Μακάριος (보형, 주, 남, 단, 원) μακάριος 행복한, 행운의, 축복받

은, 존경스런. 동사가 없는 절에서 사용된 주격 술어.

ἀνὴρ (명, 주, 남, 단) ἀνήρ 사람. 생략된 동사 ἐστὶν 의 주어 주격.

ὃς (관대, 주, 남, 단) ὅς 누구. 동사 ὑπομένει 의 주어 주격.

ὑπομένει (동, 직, 현, 능, 3, 단) ὑπομένω 인내하다. 지속적 현재. 현재 전면 현저성.

πειρασμόν (명, 대, 남, 단) πειρασμός 시험, 시련. 동사 ὑπομένει 의 대격 직접 목적어.

ὅτι (종접) ὅτι 때문에 (원인 이유절).

δόκιμος (보형, 주, 남, 단, 원) δόκιμος (시험에 의해서 그의 진실성이) 입증된. 주격 술어.

γενόμενος (분, 부과, 중간, 주, 남, 단) γίνομαι 되다. (시간 분사) 후에 (ESV, PNTC 69), 혹은 (원인 분사) 때문에 (NET). 부정과거 배경 현저성.

λήμψεται (동, 직, 미, 중간, 3, 단) λαμβάνω 받는다. 종말론적 상을 언급한다.

τὸν στέφανον τῆς ζωῆς 승리의 관 (면류관) 인 생명.

τὸν στέφανον λήμψεται 의 대격 직접 목적어.

τὸν (관, 대, 남, 단) ὁ 그. 유명 관사.

στέφανον (명, 대, 남, 단) στέφανος (승리의) 관, (머리에 띠는 명예를 상징하는) 띠. 달리기 승자에게 주어지는 월계관을 의미한다.

τῆς ζωῆς 설명적 속격 (Adam 14). 승리의 관, 즉 생명.

τῆς (관, 속, 녀, 단) ὁ 그. 특급 관사.

ζωῆς (명, 속, 녀, 단) ζωή 생명. 영원한 생명.

ὃν (관대, 대, 남, 단) ὅς 어느 것 (which). ἐπηγγείλατο 의 대격 직접 목적어.

ἐπηγγείλατο (동, 직, 부과, 중간, 3, 단) ἐπαγγέλλομαι 약속하다. 부정과거 배경 현저성.

τοῖς ἀγαπῶσιν ἐπηγγείλατο 의 여격 간접 목적어.

τοῖς (관, 여, 남, 복) ὁ 그.

ἀγαπῶσιν (분, 현, 능, 여, 남, 복) ἀγαπάω 사랑하다. 실명사적 분사. 지속적 현재. 현재 전면 현저성.

αὐτόν (인대, 대, 남, 단) αὐτός 그. ἀγαπῶσιν 의 대격 직접 목적어.

1:13 **Μηδεὶς πειραζόμενος λεγέτω ὅτι ἀπὸ θεοῦ πειράζομαι· ὁ γὰρ θεὸς ἀπείραστός ἐστιν κακῶν, πειράζει δὲ αὐτὸς οὐδένα.**

시험을 당할 때 아무도 (이렇게) 말하지 말라: "내가 하나님께 시험 (유혹) 을 받고 있다." 왜냐하면, 하나님께서는 악한 자들에 의해서 시험을 받지도 않으시고, 그분 스스로 아무도 시험을 하지도 않으시기 때문이다.

개역개정 : 사람이 시험을 받을 때에 내가 하나님께 시험을 받는다 하지 말지니 하나님은 악에게 시험을 받지도 아니하시고 친히 아무도 시험하지 아니하시느니라

[명제 관계]

13a	금지	**Μηδεὶς....... λεγέτω** (이렇게) 아무도 말하지 않도록 해라
13b	상황	**πειραζόμενος** 시험을 당할 때
13c	결과	**ὅτι ἀπὸ θεοῦ πειράζομαι·** 내가 하나님으로부터 시험을 받고 있다는 것을
13d	이유 (13a-c)	**ὁ γὰρ θεὸς ἀπείραστός ἐστιν κακῶν,** 왜냐하면, 하나님께서는 악한 자들에 의해서 시험을 받지도 않으시고
13e	대조	**πειράζει δὲ αὐτὸς οὐδένα.** 그분 스스로 아무도 시험하지 않으시기 때문이다.

[설명]

1. 번역에서, (이렇게) 는 ὅτι 절을 직접화법으로 번역하기 위해서 삽입되었다.

2. 하나님으로부터 시험을 당한다고 말하지 말아야 할 두 이유들은 다음과 같다.

가. 하나님께서는 악에 의해서 시험당하지 않으심

나. 하나님께서는 아무도 시험하지 않으심.

다. "아무도 (말하지 마라)" Μηδεὶς 가 강조의 위치에 있다.

[단어 분해]

Μηδεὶς (부대, 주, 남, 단) μηδείς 아무도 않다. λεγέτω 의 주어 주격. 강조.

πειραζόμενος (분, 현, 수, 주, 남, 단) πειράζω 시험하다, 유혹하다.

반복적 현재. 부사적 분사 주격. 시간 분사 : 유혹을 받을 때 (ESV, NET, NIV), 혹은 한정 형용사적 분사: 유혹받는 (Adam 14). 현재 전면 현저성.

λεγέτω (동, 령, 현, 능, 3, 단) λέγω 말하다. 제삼인칭 명령. 현재 전면 현저성.

ὅτι (종접) ὅτι (직접인용구를 인도함).

ἀπὸ (속, 전) ἀπό (책임 있는 행위자) ~의해서, 로 부터(BDAG 5.e.β.). 행동의 행위자를 서술하기 위해서 ὑπὸ 대신에 ἀπὸ 가 사용된 것은 표준 문법은 아니지만 일반적으로 사용된다. 여기서 ἀπὸ 는 "하나님께서 원인이 되신 유혹이지만 실제로는 하나님께서 그 시험을 주시지 않았다는 것을 설명하기 위해서 사용되었다" (BDAG 4). 이 때문에 이 전치사는 근원을 표현하기도 한다 (Adam 15).

θεοῦ (명, 속, 남, 단) θεός 하나님.

πειράζομαι (동, 직, 현, 수, 1, 단) πειράζω 시험하다. 현재 전면 현저성.

ὁ.... θεὸς ἀπείραστός ἐστιν κακῶν ἀπείραστός 는 수동태의 의미로 간주되어진다. 그 이유는 13e에서 능동태 서술이 나타나기 때문이다. 따라서 이 문장은 다음과 같이 번역될 수 있다 (WBC 33-35).

1. 하나님은 악한 것과 관련하여서는 경험이 없으신 분이시다 :
이는 κακῶν 이 참조 속격으로 간주된 경우이다. 혹은 주격 형용사 ἀπείραστός 와 속격 κακῶν 이 하나의 구를 구성하여서 술어로 사용되어 그 번역은 "하나님은 악한 것과는 전혀 접촉이 없으신 분이시다" 가 된다.

2. 하나님은 악한 일을 행하도록 시험당하시지 않으신다 (악한 것들에 의해서 유혹당하지 않으신다). κακῶν 이 목적어적 속격으로 간주된 경우이다.

3. 하나님은 악한 자들에 의해서 시험당하지 않아야만 한다 (신 6:16). 이는 κακῶν 이 수단 속격으로 간주된 경우이다.

ὁ (관, 주, 남, 단) ὁ 그.

γὰρ (등접) γάρ (원인, 이유) 왜냐하면. 하나님을 원망하지 말아야 하는 이유를 설명한다.

θεὸς (명, 주, 남, 단) θεός 하나님. ὁ...θεὸς 는 ἐστιν 의 주어 주격.

ἀπείραστός (보형, 주, 남, 단, 원) ἀπείραστος 시험이 없는. 주격 술어. 이 단어는 능동태 (시험하지 않는) 혹은 수동태 (시험당할 수 없는) 의 의미를 가진다. 여기서는 수동태의 의미가 타당하다 (BDAG).

ἐστιν (동, 직, 현, 능, 3, 단) εἰμί 이다.

κακῶν (보형, 속, 남, 복, 원) 혹은 (보형, 속, 중, 복, 원) κακός 악한. 대행자 속격 : 악에 의해서 (WBC 35, NIV, NET), 혹은 참조 속격 : 악과 관련하여 (Adam 16). NET 주석은 '악한 사람들' 로 기록하고 있다.

πειράζει …… αὐτὸς 그 스스로 시험하다.

πειράζει (동, 직, 현, 능, 3, 단) πειράζω 시험하다. 격언적 현재. 현재 전면 현저성.

δὲ (등접) δέ 그리고. 하나님께서는 사람을 시험하지 않으시는 이유를 설명.

αὐτὸς (강대, 주, 남, 단) αὐτός 그, 스스로. πειράζει 의 주어 주격. 강조.

οὐδένα (부대, 대, 남, 단) οὐδείς 아무도…않다. πειράζει 의 대격 직접 목적어.

1:14 ἕκαστος δὲ πειράζεται ὑπὸ τῆς ἰδίας ἐπιθυμίας ἐξελκόμενος καὶ δελεαζόμενος·

그러나 자기의 욕심에 의해서 이끌려서 다닐 때 그리고 유혹당할 때 각 사람은 시험당한다.

개역개정 : 오직 각 사람이 시험을 받는 것은 자기 욕심에 끌려 미혹됨이니

[명제 관계]

14a	결과 (14b)	**ἕκαστος δὲ πειράζεται** 그러나 각 사람은 시험당한다.
14b	도구	**ὑπὸ τῆς ἰδίας ἐπιθυμίας** 자기의 욕심에 의해서
14c	상황	**ἐξελκόμενος** 이끌려서 다닐 때
14d	상황	**καὶ δελεαζόμενος·** 그리고 유혹당할 때

[설명]

1. 명제 14b는 명제 13d-e에 대하여 대조 명제이다.
2. 명제들 14c와 14d는 수단 혹은 매너 명제가 될 수도 있다.
3. 이 구절은 시험(유혹) 의 근원을 설명한다. 유혹은 원인은 하나님이

아니라 (1:13), 자기 자신이다.

4. 자기 욕심에 의해서 안전한 곳에서 나와서 (끌려나와서) 미끼에 끌려 다닌다. 혹은 미끼에 의해서 잡혀서 끌려다닌다 (NIGTC 84).

5. "이끌려 다니며" ἐξελκόμενος 는 낚시줄에 고기를 걸어 당기는 것을 말하면 "유혹당할 때" δελεαζόμενος 는 사냥꾼이 놓은 먹이를 보고 잡혀가는 것을 의미한다.

6. τῆς ἰδίας 자신의. 유혹은 개인 자신으로부터 옴을 강조한다.

[단어 분해]

ἕκαστος (부형, 주, 남, 단, 원) ἕκαστος 각각의, 각자의. πειράζεται 의 주어 주격.

δὲ (등접) δέ 그러나, 오히려.

πειράζεται (동, 직, 현, 수, 3, 단) πειράζω 시험하다. 격언적 현재. 현재 전면 현저성.

ὑπὸ (속, 전) ὑπό (최종 대행) ~ 의해서.

τῆς (관, 속, 녀, 단) ὁ 그.

ἰδίας (보형, 속, 녀, 단, 원) ἴδιος 자기 자신의. 강조.

ἐπιθυμίας (명, 속, 녀, 단) ἐπιθυμία 바라는 것, 욕구, 동경, (강한) 욕망, 갈망, 육욕, 색욕. 악의 원천적인 요인 (Adam 16).

ἐξελκόμενος καὶ δελεαζόμενος 시간 분사 : 끌려다닐때 그리고 유혹당할 때 (ESV, NET, NIV) 혹은 매너 (ZECNT 71), 수단 분사 : 끌려 다님으로써 그리고 유혹당함으로써 (Adams 16).

ἐξελκόμενος (분, 현, 수, 주, 남, 단) ἐξέλκω 끌다. 낚싯줄로 고기를 물에서 끌어내다. 부사적 분사 주격. 격언적 현재, 혹은 반복적 현재. 현재 전면 현저성.

καὶ (등접) καί 그리고, 또한.

δελεαζόμενος (분, 현, 수, 주, 남, 단) δελεάζω 유혹하다. (사냥) 미끼로 유혹하다. 혹은 반복적 현재. 부사적 분사 주격. 격언적 현재. 현재 전면 현저성.

1:15 **εἶτα ἡ ἐπιθυμία συλλαβοῦσα τίκτει ἁμαρτίαν, ἡ δὲ ἁμαρτία ἀποτελεσθεῖσα ἀποκύει θάνατον.**

그 다음에, 욕심이 잉태한 이후에 죄를 낳고, 죄가 장성한 이후에 죽음을 낳는다.

개역개정 : 욕심이 잉태한즉 죄를 낳고 죄가 장성한즉 사망을 낳느니라

[명제 관계]

15a 원인 **εἶτα ἡ ἐπιθυμία συλλαβοῦσα**
그 다음에 욕심이 잉태한 이후에

15b 효과 **τίκτει ἁμαρτίαν,**
그 욕심이 죄를 낳는다

15d 원인 **ἡ δὲ ἁμαρτία ἀποτελεσθεῖσα**
그리고 그 죄가 장성한 이후에

15e 효과 **ἀποκύει θάνατον.**
그 죄는 죽음을 낳는다.

[설명]

1. 15a는 14a의 결과 명제에 해당한다.

2. 15b 는 원인 명제, 그리고 이와 관련하여 15d 는 효과 명제이기도 하다.

3. 이절은 욕심이 잉태되기 시작하면 중단하기 어려운 재생산의 과정(욕심-죄-죽음)을 서술한다.

4. 이전에는 사냥꾼의 비유를 이용하였고 이 구절에서는 유혹하는 여자의 비유를 이용한다 (잠언 5-9).

5. 삼 대로 이루어지는 재생산 과정 (욕심 잉태-죄가 태어남-죽음) 은 1:12의 시련-인내-생명과 대조된다.

[단어 분해]

εἶτα (부) εἶτα 그때, 그 다음에. 유혹의 진보와 마지막 결과를 설명한다.

ἡ ἐπιθυμία τίκτει 의 주어 주격.

ἡ (관, 주, 녀, 단) ὁ 그. 선행 조응 관사.

ἐπιθυμία (명, 주, 녀, 단) ἐπιθυμία 바라는 것, 욕구, 욕망, 갈망, 육욕, 색욕.

συλλαβοῦσα (분, 부과, 능, 주, 녀, 단) συλλαμβάνω 임신하다, 잉태하다. 부사적 분사 주격. 시간 분사. 부정과거 배경 현저성.

τίκτει (동, 직, 현, 능, 3, 단) τίκτω 낳다, 생산하다. 격언적 현재. 현

재 전면 현저성.

ἁμαρτίαν (명, 대, 녀, 단) ἁμαρτία 죄. τίκτει 의 대격 직접 목적어.

ἡ δὲ ἁμαρτία ἀποτελεσθεῖσα 그리고 죄가 가득찰 때

ἡ …… ἁμαρτία ἀποκύει 의 주어 주격.

ἡ (관, 주, 녀, 단) ὁ 그.

δὲ (등접) δέ 그리고.

ἁμαρτία (명, 주, 녀, 단) ἁμαρτία 죄.

ἀποτελεσθεῖσα (분, 부과, 수, 주, 녀, 단) ἀποτελέω 완성되다. 부사적 분사 주격. 시간 분사. 부정과거 배경 현저성.

ἀποκύει (동, 직, 현, 능, 3, 단) ἀποκυέω 낳다 (이 동사는 여자들에게만 한정된 단어가 아니다). 격언적 현재. 현재 전면 현저성.

θάνατον (명,대,남,단) θάνατος 죽음. ἀποκύει 의 대격 직접 목적어.

1:16 Μὴ πλανᾶσθε, ἀδελφοί μου ἀγαπητοί.

나의 사랑하는 형제들이여! 속임을 당하도록 자신을 허락하지 마라.

개역개정 : 내 사랑하는 형제들아 속지 말라

[명제 관계]

16a 금지 **Μὴ πλανᾶσθε,**
속임을 당하도록 자신을 허락하지 마라.

16b 경청자 **ἀδελφοί μου ἀγαπητοί.**
나의 사랑하는 형제들이여

[설명]

1. 1:16-18은 하나님으로부터 오는 것 그리고 오지 않는 것을 더 자세히 서술한다. 이런 상황에서 16절은 기독교인들은 속임수에 대항하여 항상 경계해야 한다고 표현한다.

2. 현재 금지는 계속적이며 부단한 경계 혹은 습관을 만들라는 명령과도 같다.

3. 야고보에서는 호격 (예 : ἀδελφοί μου ἀγαπητοί) 이 새로운 주제를 소개한다 (1:2; 2:1; 3:1; 5:7).

4. 속이는 자는 누구인가? 바벨론 포로 이후 시대를 제2 성전시대라고 불린다. 이 시대에서 유대사회는 타락한 천사들이 속이는 자로 인식되어

왔다. 그런데 여기서는 자신을 가리킬 수도 있다. 그 이유는 사람들은 자신의 악한 욕망에 의해서 유혹당하기 때문이다.

5. 속이는 내용은 무엇인가? "하나님은 유혹하시는 분이시다" 라는 것이다. 이 속임에 대해서 1:13에 의하면 하나님은 유혹과는 절대로 무관하신 분이시다.

[단어 분해]

Μὴ πλανᾶσθε 현재 금지. 현재 금지 : 이미 시작된 행동을 중단하라(더 이상 속지 않도록 해라). 혹은 현재 금지는 "시작하지 하지 않는 사건은 항상 금지하라"는 의미도 가지고 있다 (Burton 165).

Μὴ (계) μή 아닌.

πλανᾶσθε (동, 령, 현, 수, 2, 복) πλανάω 속이다, 기만하다, 잘못된 곳으로 인도되다. 허가 수동태 : 주어의 허가를 의미한다. 일부 학자들은 이를 단순 수동태의 의미, "속임을 당하지 마라" 라고 이해한다. 그러나 야고보는 자신의 욕심에 의해서 유혹받는다고 주장한다 (1:14, 참조 렘 17:9). 그러므로 항상 자신을 경계하지 않으면 우리는 자신을 속이기 쉽다. 따라서 이 본문은 허가 수동태 혹은 중간태 "자신을 속이지 마라"로 번역되어야 한다 (ZECNT 73). 현재 전면 현저성.

ἀδελφοί ..... ἀγαπητοί 단순 호격.

ἀδελφοί (명, 호, 남, 복) ἀδελφός 형제.

μου (인대, 속, 단) ἐγώ 나. 영적 관계 속격.

ἀγαπητοί (보형, 호, 남, 복, 원) ἀγαπητός 사랑하는.

1:17 πᾶσα δόσις ἀγαθὴ καὶ πᾶν δώρημα τέλειον ἄνωθέν ἐστιν καταβαῖνον ἀπὸ τοῦ πατρὸς τῶν φώτων, παρ' ᾧ οὐκ ἔνι παραλλαγὴ ἢ τροπῆς ἀποσκίασμα.

모든 좋은 은사와 모든 완전한 선물은 위로부터, 빛들을 지으신 아버지로부터 내려오는 것이다. 그리고 아버지와 함께하는 거기에는 변하는 것이나 회전의 그림자가 없다.

개역개정 : 온갖 좋은 은사와 온전한 선물이 다 위로부터 빛들의 아버지께로부터 내려오나니 그는 변함도 없으시고 회전하는 그림자도 없으시니라

[명제 관계]

17a	이유 (16a)	**πᾶσα δόσις ἀγαθὴ καὶ πᾶν δώρημα τέλειον** 모든 좋은 은사와 모든 완전한 선물은
17b	근원	**ἄνωθέν ἐστιν** 위로부터 온다
17c	설명 (17b)	**καταβαῖνον ἀπὸ τοῦ πατρὸς τῶν φώτων,** 빛들을 지으신 아버지로부터 내려오는
17d	설명 (17c)	**παρ' ᾧ οὐκ ἔνι παραλλαγὴ ἢ τροπῆς ἀποσκίασμα.** 아버지와 함께하는 거기에는 변하는 것이나 회전의 그림자가 없다.

[설명]

1. 본문 1:16-18은 하나님에게서 오는 것 그리고 오지 않는 것을 더 자세히 서술한다. 이런 상황에서 17절은 창세 이후 모든 좋은 선물들은 하나님으로부터 온다라고 기록하고 있다.

2. "없다" οὐκ ἔνι 의 주어는 하나님이 아니라 "변화나 회전의 그림자" παραλλαγὴ ἢ τροπῆς ἀποσκίασμα 이다 (ESV, NET). 그런데 대부분의 한글 성경과 NIV 는 하나님을 주어로 번역하였다 : 하나님은 움직이는 그림자처럼 변하지 않습니다 (NIV).

3. "모든" πᾶσα 와 "모든" πᾶν 이 반복적으로 사용되어서 하나님에게서 온 것은 악한 것이 없다는 것을 강조한다.

4. 변하지 않으신 하나님 : 이 본문의 핵심은 자연은 변하지만 하나님은 백성을 대하는 데 있어서 변하지 않으신다.

[단어 분해]

πᾶσα δόσις ἀγαθὴ καὶ πᾶν δώρημα τέλειον ἐστιν 의 주어 주격.

πᾶσα (부형, 주, 녀, 단, 원) πᾶς 모두. 모든 종류의. 한정 형용사. 강조.

δόσις (명, 주, 녀, 단) δόσις 선물, 은사.

ἀγαθὴ (보형, 주, 녀, 단, 원) ἀγαθός 좋은. 한정 형용사.

καὶ (등접) καί 그리고.

πᾶν (부형, 주, 중, 단, 원) πᾶς 모두, 각각. 한정 형용사.

δώρημα (명, 주, 중, 단) δώρημα 선물.

τέλειον (보형, 주, 중, 단, 원) τέλειος 완전한. 한정 형용사.

ἄνωθέν (부) ἄνωθεν 위로 부터. ἐστιν 의 술어 부사.

ἐστιν καταβαῖνον 우언적 분사구문 : 내려오고 있다.

ἐστιν (동, 직, 현, 능, 3, 단) εἰμί 이다.

καταβαῖνον (분, 현, 능, 주, 중, 단) καταβαίνω 내려오다. 지속적 혹은 반복적 현재. 술어 주격으로서 ἄνωθέν 을 설명한다. 현재 전면 현저성.

ἀπὸ (속, 전) ἀπό (근원) ~부터.

τοῦ (관, 속, 남, 단) ὁ 그.

πατρὸς (명, 속, 남, 단) πατήρ 아버지.

τῶν φώτων 목적어적 속격

τῶν (관, 속, 중, 복) ὁ 그.

φώτων (명, 속, 중, 복) φῶς 빛.

παρ' ᾧ 함께 (Adam 19). 하나님의 속성에는 그의 백성들을 대하는 데 있어서 변함이 없음을 표현한다 (WBC 39).

παρ' (여, 전) παρά (연합) 함께. 하나님의 속성을 표현하는 전치사이다 (NIGTC 87).

ᾧ (관대, 여, 남, 단) ὅς 누구. παρ' 다음에 오는 여격. 이 관계 대명사의 선행사는 πατρὸς 이다.

οὐκ (부) οὐ 아닌.

ἔνι (동, 직, 현, 능, 3, 단) ἔνειμι (비인칭 동사) 있다. 현재 전면 현저성.

παραλλαγὴ (명, 주, 녀, 단) παραλλαγή 변화. 이 단어는 태양이나 달과 같은 천체들의 움직임을 의미한다 (BDAG)

ἤ (등접) ἤ 혹은.

τροπῆς ἀποσκίασμα 일반적으로 속격 구는 속격이 뒤에 나타나는 구조 즉 주격 (혹은 대격) +속격의 구조를 가진다. 그런데 여기서는 속격 (τροπῆς) + 주격 (ἀποσκίασμα) 의 구조를 가진다. 이 구조에는 속격에 해당하는 "변화"가 강조된다. 이런 구조는 1:1, 17; 3:3에서 나타난다.

이는 속격-주격의 구조이며, τροπῆς (회전, 변화) 가 강조되었고 이 속격은 한정 속격 (변화하는 그림자), 근원 속격 (회전로부터 오는 그림자), 주어적 속격 (변화가 가져오는 그림자), 설명적 속격 (그림자 즉 변화) 으로 간주되어질 수 있다. 이 가운데서 근원 속격이 더 타당하다 (Adam 20).

τροπῆς (명, 속, 녀, 단) τροπή 회전, 변화.

ἀποσκίασμα (명, 주, 중, 단) ἀποσκίασμα 그림자.

1:18 βουληθεὶς ἀπεκύησεν ἡμᾶς λόγῳ ἀληθείας εἰς τὸ εἶναι ἡμᾶς ἀπαρχήν τινα τῶν αὐτοῦ κτισμάτων.

심사숙고하셨기 때문에 아버지께서는 진리의 말씀으로 우리를 낳으셨다. 그 목적은 우리가 그 분이 창조하신 피조물 가운데서 일종의 첫 열매가 되게 하기 위함이다.

개역개정 : 그가 그 피조물 중에 우리로 한 첫 열매가 되게 하시려고 자기의 뜻을 따라 진리의 말씀으로 우리를 낳으셨느니라

[명제 관계]

18a	원인 (18b)	**βουληθεὶς** 심사숙고 하셨기 때문에
18b	효과(18a),	**ἀπεκύησεν ἡμᾶς** 아버지께서는 우리를 낳으셨다.
18c	도구	**λόγῳ ἀληθείας** 진리의 말씀으로
18d	목적 (18b)	**εἰς τὸ εἶναι ἡμᾶς ἀπαρχήν τινα τῶν αὐτοῦ κτισμάτων.** 그 목적은 우리가 우리가 그 분히 창조하신 피조물들 가운데서 일종의 첫 열매가 되게 하기 위함이다.

[설명]

1. 본문 1:16-18은 하나님으로부터 오는 것 그리고 오지 않는 것을 더 자세히 서술한다. 18절은 하나님의 가장 좋은 선물은 중생임을 서술한다. 아버지께서 우리를 낳으셨다는 것은 성도의 새로운 탄생을 의미한다. 죄는 죽음을 낳지만 하나님께서는 영생을 주신다.

2. "심사숙고하셨기 때문에" βουληθεὶς 는 강조 된다.

3. 진리의 말씀은 복음을 의미한다.

[단어 분해]

βουληθεὶς (분, 부과, 수, 주, 남, 단) βούλομαι 바라다, 의도하다, 계획하다. 디포넌트 수동태로서 능동태 의미를 가진다. 이 분사는 다양하게 이해되어질 수 있다 : 매너 (혹은 수단) 분사 : 신중히 (Adam 20, Vlachos 49); 시간 분사 : 숙고한 이후에; 원인 분사 : 숙고하였기 때문에 (ZECNT 75). 부사적 분사 주격. 강조 위치. 부정과거 배경 현저성.

ἀπεκύησεν (동, 직, 부과, 능, 3, 단) ἀποκυέω 낳다. 주어는 하나님이

시다. 신약 전체에서 이절과 15절에서만 총 두 번 나타난다. 부정과거 배경 현저성.

ἡμᾶς (인대, 대, 복) ἐγώ 나. ἀπεκύησεν 의 대격 직접 목적어.

λόγῳ ἀληθείας 진리의 말씀을 이용하여 (아래를 보라). 수단 여격.

λόγῳ (명, 여, 남, 단) λόγος 말씀. 수단 여격.

ἀληθείας (명, 속, 녀, 단) ἀλήθεια 진리. λόγῳ ἀληθείας 한정 속격 (진리의 말씀), 혹은 설명적 속격 (하나님의 말씀 즉 진리), 혹은 목적어적 속격 (진리를 선포하는 말씀) 으로 이해되어질 수 있다. 이는 복음, 창조시에 하신 말씀, 혹은 토라일수도 있지만 이 문맥에서는 복음이 더 타당하다. 아폴로니우스 규칙에 의해서 관사 생략.

εἰς τὸ εἶναι 목적 부정사 (~하도록 하기 위하여).

εἰς (대,전) εἰς 목적 ~을 위하여, ~을 하러, ~을 위해서.

τὸ (관, 대, 중, 단) ὁ 그.

εἶναι (정, 현, 능) εἰμί 이다.

ἡμᾶς (인대, 대, 복) ἐγώ 나. 부정사 εἶναι 의 대격 주어.

ἀπαρχήν τινα 일종의 첫 태생. 대격 술어.

ἀπαρχήν (명, 대, 녀, 단) ἀπαρχή 첫 태생. 첫 열매는 하나님에게 속한 것이다.

τινα (부형, 대, 녀, 단, 원) τὶς 일종의 (a kind of).

τῶν ..... κτισμάτων 부분 속격.

τῶν (관, 속, 중, 복) ὁ 그.

αὐτοῦ (인대, 속, 남, 단) αὐτός 그. 주어적 속격 : 그 분이 창조하신. 소유 속격 : 그 분에게 소속된.

κτισμάτων (명, 속, 중, 복) κτίσμα 피조물.

1:19 Ἴστε, ἀδελφοί μου ἀγαπητοί· ἔστω δὲ πᾶς ἄνθρωπος ταχὺς εἰς τὸ ἀκοῦσαι, βραδὺς εἰς τὸ λαλῆσαι, βραδὺς εἰς ὀργήν·

나의 사랑하는 형제들아, (이것을) 알아라 : 각 사람마다 듣기 시작하는 데는 빨리하라, 말하기 시작하는 데는 더디 하라, 노하기도 더디 하라.

개역개정 : 내 사랑하는 형제들아 너희가 알지니 사람마다 듣기는 속히 하고 말하기는 더디 하며 성내기도 더디 하라

[명제 관계]

19a	명령	**"Ιστε,** (이것을) 알아라
19b	경청자	**ἀδελφοί μου ἀγαπητοί** 나의 사랑하는 형제들아
19c	명령	**ἔστω δὲ πᾶς ἄνθρωπος** 각 사람마다 되어라
19d	첫째 명령	**ταχὺς εἰς τὸ ἀκοῦσαι,** 듣기 시작하는 데는 빨리하라
19e	둘째 명령	**βραδὺς εἰς τὸ λαλῆσαι,** 말하기 시작하는 더디 하라
19f	셋째 명령	**βραδὺς εἰς ὀργήν·** 노하기도 더디 하라.

[설명]

1. 본문 19-26은 언어사용과 순종에 있어서 지혜를 서술한다.

2. 이 구절에서는 세 개의 명령이 나타난다 : 듣기를 빨리하라, 말하기를 더디 하라, 노하기를 더디 하라.

3. 알아라 "Ιστε 는 강조의 위치에 있다. 최전면 현저성.

4. "이것을 알아두라" 는 간청명령에 있어서 알아야 할 그 내용은 무엇인가?

가. 이전의 주제

나. 이 절에 나타나는 주제.

다. 복음에 대한 일반적인 내용.

[단어 분해]

"Ιστε (동, 령, 완, 능, 2, 복) 혹은 (동, 직, 완, 능, 2, 복) οἶδα 알다. 명령 (ESV, NET, NIV). 완료 명령 : 영원히 알고 있어라. 이 동사는 직설법이기도 하지만 (NASB), 명령 동사 (NIGTC 91, WBC 38, NIV, NET, ESV). 명령동사는 직접 목적어를 필요로 하며, 이전 문장 혹은 앞으로 오는 문장이 목적어이다 (ESV, NIV, NJB, NRSV). 완료 최전면 현저성.

ἀδελφοί …… ἀγαπητοί 단순 호격.

ἀδελφοί (명, 호, 남, 복) ἀδελφός 형제.

μου (인대, 속, 단) ἐγώ 나. 영적 관계 속격.

ἀγαπητοί (보형, 호, 남, 복, 원) ἀγαπητός 사랑하는.

ἔστω (동, 령, 현, 능, 3, 단) εἰμί 이다. 제삼인칭 명령. 비시간적 현재.

δὲ (등접) δέ 그래서.

πᾶς ἄνθρωπος ἔστω 의 주어 주격.

πᾶς (부형, 주, 남, 단, 원) πᾶς 모두, 각각.

ἄνθρωπος (명, 주, 남, 단) ἄνθρωπος 사람.

ταχὺς (보형, 주, 남, 단, 원) ταχύς 빠른, 날랜, 빠른, 신속한. 주격 술어.

εἰς τὸ ἀκοῦσαι 듣는 것에 관하여 (Adam 23). 이 부정사 구는 단순 부정사 보다 더 강한 의미를 가진다.

εἰς (대, 전) εἰς (참조) 관하여.

τὸ (관, 대, 중, 단) ὁ 그.

ἀκοῦσαι (정, 부과, 능) ἀκούω 듣다. 진입적 부정과거. 부정과거 배경 현서성.

βραδὺς (보형, 주, 남, 단, 원) βραδύς 늦은. 주격 술어.

εἰς τὸ λαλῆσαι 말하는 것에 관하여 (Adam 23). 이 부정사 구는 단순 부정사 보다 더 강한 의미를 가진다.

εἰς (대, 전) εἰς (참조) 관하여.

τὸ (관, 대, 중, 단) ὁ 그.

λαλῆσαι (정, 부과, 능) λαλέω 말하다. 진입적 부정과거. 부정과거 배경 현저성.

βραδὺς (보형, 주, 남, 단, 원) βραδύς 늦은. 주격 술어.

εἰς ὀργήν· (참조) 것에 관하여. 이전에 나타나는 두 전치사구들은 εἰς + 부정사 이지만 여기서는 εἰς + 명사이다. 이는 명사가 다음절에 나타나는 문장의 주제이기 때문이다 (Vlachos 53).

εἰς (대, 전) εἰς (참조) 관하여.

ὀργήν (명, 대, 녀, 단) ὀργή 분노, 격노, 심판, 처벌. εἰς 다음에 오는 대격.

1:20 ὀργὴ γὰρ ἀνδρὸς δικαιοσύνην θεοῦ οὐ κατεργάζεται.

왜냐하면, 사람의 분노는 하나님의 의를 이루지 못하기 때문이다.

개역개정 : 사람이 성내는 것이 하나님의 의를 이루지 못함이라

[명제 관계]

20a 이유 (19f) **ὀργὴ γὰρ ἀνδρὸς**
왜냐하면, 사람의 분노는

20b 효과 (20a) **δικαιοσύνην θεοῦ οὐ κατεργάζεται.**
하나님의 의를 이루지 못하기 때문이다.

[설명]

1. 20a는 명제 20b에 대하여 원인 혹은 조건 명제에 해당하기도 하다.

2. 분노를 더디 하라고 말한 이유는 분노는 하나님의 기준대로 생활하는 것을 허락하지 않기 때문이다.

3. "이루지 못하다" οὐ κατεργάζεται 의 중간태는 분노의 역할을 강조하는데 이는 분노가 조금이라도 있어서는 안된다는 의미이다.

[단어 분해]

ὀργὴ (명, 주, 녀, 단) ὀργή 분노, 격노. ἐργάζεται 의 주어 주격. 강조.

γὰρ (등접) γάρ (원인, 이유) 왜냐하면. 노하는데 더디해야 하는 이유.

ἀνδρὸς (명, 속, 남, 단) ἀνήρ 사람. 한정 속격 (인간의 분노), 주어적 속격 (인간에 의해서 표현된 분노), 소유 속격 (인간이 소유한 분노).

δικαιοσύνην (명, 대, 녀, 단) δικαιοσύνη 정의, 의로움. ἐργάζεται 의 대격 직접 목적어.

θεοῦ (명, 속, 남, 단) θεός 하나님. 목적어적 속격 : 하나님을 위한 의, 혹은 하나님께서 요구하시는 의 (WBC 96). 또는 주어적 속격 : 하나님께서 주시는 의. 근원 속격 : 하나님께로부터 나오는 의.

οὐ (부) οὐ 아닌.

κατεργάζεται (동, 직, 현, 중간, 3, 단) κατεργάζομαι 이루다, 성취하다, 완성하다. 지속적 현재 혹은 진입적 현재 : 이루기 시작하다, 완성을 시작하다. 현재 전면 현저성. 간접 중간태.

1:21 διὸ ἀποθέμενοι πᾶσαν ῥυπαρίαν καὶ περισσείαν κακίας ἐν πραΰτητι, δέξασθε τὸν ἔμφυτον λόγον τὸν δυνάμενον σῶσαι τὰς ψυχὰς ὑμῶν.

그러므로 모든 더러움과 넘치는 악을 버려라, 그리고 온유한 마음으로, 너희 속에 심겨진 말씀을 받아라. 그 말씀에는 너희 영혼을 구원할 능력이 있다.

개역개정 : 그러므로 모든 더러운 것과 넘치는 악을 내버리고 너희 영혼을 능히 구원할 바 마음에 심어진 말씀을 온유함으로 받으라

[명제 관계]

21a	추론	**διὸ ἀποθέμενοι** 그러므로 버려라
21b	보충	**πᾶσαν ῥυπαρίαν καὶ περισσείαν κακίας** 모든 더러움과 넘치는 악을
21c	명령	**ἐν πραΰτητι, δέξασθε τὸν ἔμφυτον λόγον** 온유한 마음으로, 너희 속에 심겨진 말씀을 받아라.
21d	목적	**τὸν δυνάμενον σῶσαι τὰς ψυχὰς ὑμῶν.** 너희 영혼을 구원할 능력을.

[설명]

1. 21a는 명령 명제에 해당하기도 한다.

2. 21b는 내용 명제라고도 간주된다.

3. 21d가 목적 명제인 것은 말씀을 받아야 할 목적은 영혼을 구하기 위함이기 때문이다.

4. 21d는 이유 명제에 해당하기도 하다.

5. 이 21절은 하나님의 말씀에 겸손하게 순종하라라고 서술한다.

6. "받으라" δέξασθε 디포넌트 중간태이다. 이는 주어의 역할을 강조한다. 또한 이 동사는 부정과거 명령으로서 무조건적인 긴급 명령임을 서술한다.

7. "할 수 있는" δυνάμενον 이란 이 동사는 디포넌트 중간태이다. 그 의미는 주어의 역할을 강조하며, 이 동사의 현재 시제는 행위의 지속성을 포함하고 있다.

[단어 분해]

διὸ (등접) διό 그러므로, 이 이유로.

ἀποθέμενοι (분, 부과, 중간, 주, 남, 복) ἀποτίθημι 제거하다, 치우

다. (옷을) 벗다. 그리스도인 이전의 생활을 버리다란 의미도 가진다. 부대 상황 분사로서 명령의 역할을 한다. 직접 중간태. 부정과거 배경 현저성.

πᾶσαν ῥυπαρίαν καὶ περισσείαν κακίας ἀποθέμενοι 의 대격 직접 목적어.

πᾶσαν (부형, 대, 녀, 단, 원) πᾶς 모두.

ῥυπαρίαν (명, 대, 녀, 단) ῥυπαρία 더러운 것.

καὶ (등접) καί 그리고.

περισσείαν κακίας 역한정 속격 (넘치는 악).

περισσείαν (명, 대, 녀, 단) περισσεία 나머지, 풍부.

κακίας (명, 속, 녀, 단) κακία 악덕, 악. 역한정 속격 : 넘치는 악, 혹은 내용 (혹은 척도) 속격 : 악으로 가득채워진 풍부.

ἐν πραΰτητι 겸손하게. 전치사+명사+명령법 구조는 2:2에 다시 나타난다. 이를 고려하면 여기서 이 전치사구는 후반부와 함께 연결되며, 절에서 앞부분에 둠으로써 강조역할을 한다.

ἐν (여, 전) ἐν (매너) ~와 함께.

πραΰτητι (명, 여, 녀, 단) πραΰτης 온유, 겸손. ἐν 다음에 오는 여격.

δέξασθε (동, 령, 부과, 중간, 2, 복) δέχομαι 가지다, 받다. 순종하다 (UBSH 46). 디포넌트 중간태. 부정과거는 부대상황 분사에 사용된 부정과거와 일치된다. 부정과거 명령은 단호한 결정적인 행동을 요구하는 명령이며 긴급한 명령이다. 부정과거 배경 현저성.

τὸν ἔμφυτον λόγον δέξασθε 의 대격 직접 목적어.

τὸν (관, 대, 남, 단) ὁ 그.

ἔμφυτον (보형, 대, 남, 단, 원) ἔμφυτος (마음에) 심겨진. 이는 회심을 언급하는 것이 아니라 야고보서의 독자들이 이미 들은 말씀에 대한 적용이 그들의 생활의 한 부분이 되도록 영향을 미치라는 의미이다 (PNTC 28).

λόγον (명, 대, 남, 단) λόγος 말씀.

τὸν ἔμφυτον λόγον 과 **τὸν δυνάμενον** 은 동격 대격이다.

τὸν (관, 대, 남, 단) ὁ 그.

δυνάμενον (분, 현, 중간, 대, 남, 단) δύναμαι 할수 있다. 디포너트 중간태. 한정 분사. 지속적 현재. 현재 전면 현저성.

σῶσαι (정, 부과, 능) σῴζω 구하다. 보충 부정사. 부정과거 배경 현저성.

τὰς ψυχὰς σῶσαι 의 대격 직접 목적어.

τὰς (관, 대, 녀, 복) ὁ 그.

ψυχὰς (명, 대, 녀, 복) ψυχή 영혼, 생명.

ὑμῶν (인대, 속, 복) σύ 너, 당신. 소유 속격.

1:22 Γίνεσθε δὲ ποιηταὶ λόγου καὶ μὴ μόνον ἀκροαταὶ παραλογιζόμενοι ἑαυτούς.

그러나 너희는 말씀을 실천하는 사람이 되라. 그리고 너희 자신들을 속이면서 단지 듣는 자가 되지 마라.

개역개정 : 너희는 말씀을 행하는 자가 되고 듣기만 하여 자신을 속이는 자가 되지 말라

[명제 관계]

22a 명령 **Γίνεσθε δὲ ποιηταὶ λόγου**
그러나 너희는 말씀을 실천하는 사람이 되라.

22b 금지 **καὶ μὴ μόνον ἀκροαταὶ**
단지 듣는 자가 아니라

22c 매너 **παραλογιζόμενοι ἑαυτούς.**
너희 자신들을 속이면서

[설명]

1. 본문 22-25의 주제는 듣기만이 아니라 순종하라이다. 22절은 두번째 명령으로서 긍정적인 명령인 듣기를 빨리하라에 대해서 서술한다. 이 문장은 듣기를 빨리 하여라 (1:19) 와 관련이 있다.

2. 22b는 22a와 관련하여 대조 명제에 해당한다.

3. 22c는 22b와 관련하여 결과 명제에 해당한다.

4. "(실천하는 사람이) 되라" Γίνεσθε 는 디포넌트 중간태인데 이는 주어의 역할을 강조하며, 현재 시제는 반복적 혹은 습관적인 행동을 서술한다.

5. "속이다" παραλογιζόμενοι 는 디포넌트 중간태로서 주어의 역할을 강조하며, 문장내에서는 부정어와 함께 사용되었음을 주의하여라. 이 동사의 현재 시제의 의미는 반복적 혹은 습관적 행동을 서술한다.

[단어 분해]

Γίνεσθε (동, 령, 현, 중간, 2, 복) γίνομαι 되다. 디포넌트 중간태.

반복적 혹은 습관적 현재 명령. 현재 전면 현저성.

δὲ (등접) δέ 반의 접속사 : 그러나, 혹은 연속 접속사 : 그리고.

ποιηταὶ (명, 주, 남, 복) ποιητής 행하는 자. 주격 술어.

λόγου (명, 속, 남, 단) λόγος 말씀. 목적어적 속격.

καὶ (등접) καί 그리고.

μὴ (계) μή 아닌.

μόνον (부) μόνος 다만, 홀로. 부사적 대격.

ἀκροαταὶ (명, 주, 남, 복) ἀκροατής 듣는 자. 주격 술어.

παραλογιζόμενοι (분, 현, 중간, 주, 남, 복) παραλογίζομαι 속이다. 자신의 구원에 대해서 스스로 속이다 (NIGTC 97). 습관적 현재. 디포넌트 중간태. 한정 속격. 부사적 분사 주격. 현재 전면 현저성. 결과 분사 (NIV) : 그래서 자신들을 속이는 자가 되지 마라.

ἑαυτούς (재대, 대, 남, 복) ἑαυτοῦ 그 자신을. 문맥에서는 ἀκροαταὶ과 관련하여, 그들 자신들을 (NICNT 148, NIGTC 97, ZECNT 89) 혹은 Γίνεσθε 와 관련하여, 너희 자신들을 (ESV, NET, NIV). παραλογιζόμενοι 의 대격 직접 목적어.

1:23 ὅτι εἴ τις ἀκροατὴς λόγου ἐστὶν καὶ οὐ ποιητής, οὗτος ἔοικεν ἀνδρὶ κατανοοῦντι τὸ πρόσωπον τῆς γενέσεως αὐτοῦ ἐν ἐσόπτρῳ·

왜냐하면, 만약 어떤 사람이 말씀을 듣는 자이고 그리고 행하는 자가 아니라면, 이 사람은 자신의 생긴 얼굴을 거울으르 이용하여 들여다보는 사람과 같기 때문이다.

개역개정 : 누구든지 말씀을 듣고 행하지 아니하면 그는 거울로 자기의 생긴 얼굴을 보는 사람과 같아서

[명제 관계]

23a 이유 **ὅτι**
왜냐하면…때문이다.

23b 조건 **εἴ τις ἀκροατὴς λόγου ἐστὶν**
만약 어떤 사람이 말씀을 듣는 자이고

23c 대조 **καὶ οὐ ποιητής,**
그리고 행하는 자가 아니라면,

23d 결과 **οὗτος ἔοικεν ἀνδρὶ κατανοοῦντι τὸ πρόσωπον τῆς γενέσεως αὐτοῦ ἐν ἐσόπτρῳ·**
이 사람은 자신의 생긴 얼굴을 거울을 이용하여 들여다보는 사람과 같기 때문이다.

[설명]

1. 23절은 22절의 이유를 설명하는 절로서 단순히 듣기만 하는 자들의 문제점을 부정적인 예를 들어서 서술한다.

2. 22절은 긍정적인 명령을 서술하지만 이 문장은 행함이 없는 듣는 사람만에 대한 부정적인 이미지를 서술한다.

3. 동사 ἔοικεν "~와 같다" 는 최전면 현저성을 가진다.

[단어 분해]

ὅτι (종접) ὅτι (원인 이유절) 때문에. 단순히 듣는 자만 되지말라고 명령한 이유를 설명한다.

εἴ (종접) εἰ 만약. 제일 조건절.

τις (부대, 주, 남, 단) τὶς 누구, 어떤. ἐστὶν 의 주어 주격.

ἀκροατὴς (명, 주, 남, 단) ἀκροατής 듣는 자. 주격 술어.

λόγου (명, 속, 남, 단) λόγος 말씀. 목적어적 속격.

ἐστὶν (동, 직, 현, 능, 3, 단) εἰμί 이다.

καὶ (등접) καί 그리고.

οὐ (부) οὐ 아닌.

ποιητής (명, 주, 남, 단) ποιητής 행하는 자. 주격 술어.

οὗτος (지대, 주, 남, 단) οὗτος 이것. ἔοικεν 의 주어 주격. 강조 (참조 1:25; 3:2).

ἔοικεν (동, 직, 완, 능, 3, 단) ἔοικα ~와 같다. 완료 최전면 현저성.

ἀνδρὶ κατανοοῦντι ἔοικεν 의 여격 직접 목적어.

ἀνδρὶ (명, 여, 남, 단) ἀνήρ 사람.

κατανοοῦντι (분, 현, 능, 여, 남, 단) κατανοέω 진지하며 심사숙고하게 보다, 주의 깊게 보다. 습관적 현재. 한정 분사. 현재 전면 현저성.

τὸ πρόσωπον τῆς γενέσεως αὐτοῦ 그의 출생의 얼굴 즉 그의 자연 그대로의 얼굴 (γενέσεως BDAG 2.a를 보라)

τὸ πρόσωπον κατανοοῦντι 의 대격 직접 목적어.

τὸ (관, 대, 중, 단) ὁ 그.

πρόσωπον (명, 대, 중, 단) πρόσωπον 얼굴.

τῆς (관, 속, 녀, 단) ὁ 그.

γενέσεως (명, 속, 녀, 단) γένεσις 존재.

αὐτοῦ (인대, 속, 남, 단) αὐτός 그. 소유 속격.

ἐν (여, 전) ἐν (장소) 안에. (도구) 이용하여.

ἐσόπτρῳ (명, 여, 중, 단) ἔσοπτρον 거울. ἐν 다음에 오는 전치사.

1:24 κατενόησεν γὰρ ἑαυτὸν καὶ ἀπελήλυθεν καὶ εὐθέως ἐπελάθετο ὁποῖος ἦν.

왜냐하면, 이런 사람은 자기의 모습을 보고 그리고 가서 그리고 그가 어떤 모습의 사람이었던가를 즉시 잊어버리는 사람이기 때문이다.

개역개정 : 제 자신을 보고 가서 그 모습이 어떠한 것을 곧 잊어버리거니와

[명제 관계]

24a	양보(24b)	**κατενόησεν γὰρ ἑαυτὸν** 왜냐하면, 이런 사람은 자기의 모습을 보고
24b	반전	**καὶ ἀπελήλυθεν καὶ εὐθέως ἐπελάθετο ὁποῖος ἦν.** 그리고 가서 그리고 그가 어떤 모습의 사람이었던가를 즉시 잊어버리는 사람이기 때문이다

[설명]

1. 24절은 23절에 이어서 추가로 단순히 듣기만 하는 자들의 문제점을 예를 들어서 서술한다.

2. "왜냐하면"은 22절의 근거 혹은 이유를 설명한다.

3. "떠나가다" ἀπελήλυθεν 는 최전면 현저성을 가졌고 이 동사는 디포넌트 중간태로서 주어를 강조하며, 히브리적 완료이다. 이 완료는 사람들이 거울을 세밀히 보고 난 후에 아무것도 하는 것 없이 떠나는 것을 강조한다. 그리고서는 순간적으로 본 것인지에 대해서 잊어버린다

[단어 분해]

κατενόησεν (동, 직, 부과, 능, 3, 단) κατανοέω 주의 깊게 집중적으로 관찰하다. 격언적 부정과거. 부정과거 배경 현저성.

γὰρ (등접) γάρ (원인, 이유) 왜냐하면. 1:23을 확증하는 접속사 : 틀림없이 . 혹은 1:23을 말한 이유를 설명하는 접속사 : 왜냐하면 혹은 이렇게 말한 이유에 대해서 설명하면.

ἑαυτὸν (재대, 대, 남, 단) ἑαυτοῦ 그 자신을. κατενόησεν 의 대격 직접 목적어.

καὶ (등접) καί 그리고.

ἀπελήλυθεν (동, 직, 완, 능, 3, 단) ἀπέρχομαι 가다. 격언적 완료. 히브리적 완료로서 이는 행동의 완료성을 서술한다. 최전면 현저성.

καὶ (등접) καί 그리고.

εὐθέως (부) εὐθέως 즉시.

ἐπελάθετο (동, 직, 부과, 중간, 3, 단) ἐπιλανθάνομαι 잊다, 망각하다. 디포넌트 중간태. 격언적 부정과거. 부정과거 배경 현저성.

ὁποῖος ἦν 그가 어떠한 모습의 사람이었다. 이는 거울에 나타난 자신의 모습을 지칭한다.

ὁποῖος (관형, 주, 남, 단, 원) ὁποῖος 어떤 종류의 사람. 이 형용사는 등위 상관 대명사 (Correlative Pronoun) 로 사용됨. 주격 술어.

ἦν (동, 직, 미완, 능, 3, 단) εἰμί 이다. 지속적 미완료.

1:25 ὁ δὲ παρακύψας εἰς νόμον τέλειον τὸν τῆς ἐλευθερίας καὶ παραμείνας, οὐκ ἀκροατὴς ἐπιλησμονῆς γενόμενος ἀλλὰ ποιητὴς ἔργου, οὗτος μακάριος ἐν τῇ ποιήσει αὐτοῦ ἔσται.

그러나 완전한 율법인 자유를 주는 율법을 살피며 지키는 사람은, 잊기를 위해서 듣는 자가 아니라, 일을 실천하는 사람이다. 이런 사람은 그의 행위에 의해서 복이 있을 것이다.

개역개정 : 자유롭게 하는 온전한 율법을 들여다보고 있는 자는 듣고 잊어버리는 자가 아니요 실천하는 자니 이 사람은 그 행하는 일에 복을 받으리라

[명제 관계]

25a	대조	**ὁ δὲ παρακύψας εἰς νόμον τέλειον** 그러나 완전한 율법을 살피는 사람은
25b	설명 (25a)	**τὸν τῆς ἐλευθερίας** 자유를 주는 율법을
25c	동인 (25a)	**καὶ παραμείνας,** 그리고 지키는 사람은,
25d	부정	**οὐκ ἀκροατὴς ἐπιλησμονῆς γενόμενος** 잊기를 위해서 듣는 자가 아니라
25e	긍정	**ἀλλὰ ποιητὴς ἔργου,** 그러나 일을 실천하는 자
25f	결과	**οὗτος μακάριος ἐν τῇ ποιήσει αὐτοῦ ἔσται.** 이런 사람은 그의 행위에 의해서 복이 있을 것이다

[설명]

1. 25a와 25c는 동일 한 사람을 지칭하며 이는 또한 수단의 역할을 하며, 25f 는 이에 대한 결과이다.

2. 25a와 25c는 또한 단축 명제이며, 25f는 확장 명제에 해당한다.

3. 25d 와 25e는 조건 명제이며, 25f는 결과 명제에 해당한다.

4. 25절은 하나님의 말씀을 연구하고 순종하는 사람은 복 받은 사람임을 서술한다.

5. 이 문장은 행하는 자의 예를 설명한다.

6. "복 있는" 으로 번역되는 μακάριος 의 의미는 "존경받을 만한" 이란 의미도 가지고 있다.

[단어 분해]

ὁ ... παρακύψας ... καὶ παραμείνας 살피며 동시에 지키는 자. 그란빌 샤프 규칙에 의해서한사람을지칭한다

ὁ (관, 주, 남, 단) ὁ 그. 주어 주격.

δὲ (등접) δέ 반의 접속사 : 그러나.

παρακύψας εἰς νόμον τέλειον 완전한 율법을 살피다.

παρακύψας (분, 부과, 능, 주, 남, 단) παρακύπτω 보다. 이 동사는 책을 읽기 위해서 허리를 굽혀 보는 것을 의미한다. 따라서 이 동사는 받아들이는 자세에서 어떤 것을 보는 것을 시사한다. 격언적 부정과거이며 분사는 주어 주격역할을 한다. 부정과거 배경 현저성.

εἰς νόμον τέλειον 완전한 율법, 토라.

εἰς (대,전) εἰς (방향) 으로, (장소) 에서.

νόμον τέλειον εἰς 다음에 오는 대격.

νόμον (명, 대, 남, 단) νόμος 율법, 토라와 그리스도, 복음 (ZECNT 91). 여기서는 21-23 에 나타나는 로고스를 말한다.

τέλειον (보형, 대, 남, 단, 원) τέλειος 완전한,

τὸν τῆς ἐλευθερίας 자유로 특징되는 율법 (서술 속격), 자유를 생산하는 율법 (생산 속격) 등의 의미를 가진다.

τὸν (관, 대, 남, 단) ὁ 그. 속격 τῆς ἐλευθερίας 와 함께 사용되어 이 관사는 νόμον τέλειον 을 지칭한다.

τῆς (관, 속, 녀, 단) ὁ 그.

ἐλευθερίας (명, 속, 녀, 단) ἐλευθερία 자유. 서술 속격.

καὶ (등접) καί 그리고.

παραμείνας (분, 부과, 능, 주, 남, 단) παραμένω 거주하다, 여기서는 지키다란 의미가 더 적당하다. 주어 주격. 부정과거 배경 현저성.

οὐκ (부) οὐ 아닌.

ἀκροατὴς ἐπιλησμονῆς 잊어버리는 듣는 자 (한정 속격), 듣고 잊어버리는 자, 잊기 위해서 듣는 자.

ἀκροατὴς (명,주,남,단) ἀκροατής 듣는 자. γενόμενος 의 주어 주격.

ἐπιλησμονῆς (명, 속, 녀, 단) ἐπιλησμονή 잊음.

γενόμενος (분, 부과, 중간, 주, 남, 단) γίνομαι 되다. 한정 분사 주격. 부정과거 배경 현저성.

ἀλλὰ (등접) ἀλλά 강한 반의 접속사 : 그러나.

ποιητὴς (명,주,남,단) ποιητής 행하는 자. γενόμενος 의 주어 주격.

ἔργου (명, 속, 중, 단) ἔργον 행위. 목적어적 속격.

οὗτος (지대, 주, 남, 단) οὗτος 이것.

μακάριος (보형, 주, 남, 단, 원) μακάριος 은총 입은, 행복한, 행운의, 축복받은, 존경스러운. 주격 술어.

ἐν τῇ ποιήσει αὐτοῦ 일하는 상황에서 (상태, 조건), 혹은 일을 함으로써 (수단). 혹은 일하기 때문에 (원인). 이 전치사구는 복을 발견할 수 있는 요소이다.

ἐν (여, 전) ἐν (상태, 조건) 안에, (수단) 의해서. (원인) 때문에.

τῇ ποιήσει ἐν 다음에 오는 전치사.

τῇ (관, 여, 녀, 단) ὁ 그.

ποιήσει (명, 여, 녀, 단) ποίησις (행위) 일함, (산물) 일.

αὐτοῦ (인대, 속, 남, 단) αὐτός 그. 주어적 속격.

ἔσται (동, 직, 미, 중간, 3, 단) εἰμί 이다.

1:26 Εἴ τις δοκεῖ θρησκὸς εἶναι μὴ χαλιναγωγῶν γλῶσσαν αὐτοῦ ἀλλὰ ἀπατῶν καρδίαν αὐτοῦ, τούτου μάταιος ἡ θρησκεία.

누가 스스로 경건하다고 생각하면서 자신의 혀를 제어하지 않는다면 그러나 단지 자기 마음을 속이면, 이 사람의 경건은 헛된 것이다.

개역개정 : 누구든지 스스로 경건하다 생각하며 자기 혀를 재갈 물리지 아니하고 자기 마음을 속이면 이 사람의 경건은 헛것이라

[명제 관계]

26a	양보	**Εἴ τις δοκεῖ θρησκὸς εἶναι** 누가 스스로 경건하다고 생각한다면
26b	반전	**μὴ χαλιναγωγῶν γλῶσσαν αὐτοῦ** 자신의 혀를 제어하지 않는다면
26c	조건	**ἀλλὰ ἀπατῶν καρδίαν αὐτοῦ,** 그러나 단지 자기 마음을 속이면
26d	결과	**τούτου μάταιος ἡ θρησκεία.** 이 사람의 경건은 헛된 것이다.

[설명]

1. 이 구절은 1장의 결론 부분이다.

2. 이 문장은 조건 (26a-b) 과 결과 (26c-d) 명제로도 간주되어진다. 조건절은 동사 "생각하다" δοκεῖ 와 두 개의 분사들, "굴레 씌우다" χαλιναγωγῶν 와 "속이다" ἀπατῶν 을 가지고 있으며, αὐτοῦ 다음에 쉼표가 있기 때문에 조건절은 αὐτοῦ 에서 끝이 나며, 결과절은 τούτου 로 시작되며 동사를 가지고 있지 않다.

3. 마지막 문장의 어순에 의하면 τούτου 는 주된 강조 부분이며 μάταιος 두번째 강조 부분이다.

4. 이 문장에서 분사의 용법에 따라서 문장의 번역에 차이가 있다.

가. 시간 분사 : 어떤 사람이, 자신의 혀를 통제하지 않을 동안에 그러나 자신을 속이는 동안에, 스스로 경건하다고 생각한다면 이 사람의 경건은 헛된 것입니다.

나. 양보 분사 : 어떤 사람이, 자신의 혀를 통제하지 않지만 그러나 자신을 속이지만, 스스로 경건하다고 생각한다면 이 사람의 경건은 헛된 것입니다.

다. 한정 분사 : 자신의 혀를 통제하지 않고 그러나 자신을 속이는 어떤 사람이 스스로 경건하다고 생각한다면 이 사람의 경건은 헛된 것입니다. 이는 두 개의 분사들이 경건하다고 생각하는 사람을 수식한다.

라. 수단 (혹은 매너) 분사 : 자신의 혀를 통제하지 않고 그러나 자신을 속임으로 누가 스스로 경건하다고 생각한다면 이 사람의 경건은 헛된 것입니다.

마. 대부분의 영어 성경 : 만약 어떤 사람이 자신이 경건하다고 생각하고 자신의 혀에 굴레를 씌우지 않고 오히려 그의 마음을 속인다면, 이 사람의 경건은 헛것이다 (ESV).

[단어 분해]

Eἴ (종접) εἰ 만약. 제일 조건절. 이와 같은 구조는 1:5, 23, 26에 나타나며 이와 비슷한 구조는 5:19에 등장한다.

τις (부대, 주, 남, 단) τὶς 누군가, 누구. δοκεῖ의 주어 주격..

δοκεῖ (동, 직, 현, 능, 3, 단) δοκέω 생각하다. 습관적 현재. 부정사를 가진다. 현재 전면 현저성.

θρησκὸς (보형, 주, 남, 단, 원) θρησκός 경건한. εἶναι 의 주격 술어.

εἶναι (정, 현, 능) εἰμί 이다. 보충부정사. 주로 인지 동사와 함께 사용된다.

μὴ (계) μή 아닌.

χαλιναγωγῶν (분, 현, 능, 주, 남, 단) χαλιναγωγέω 억제하다, 굴레를 씌우다. 반복적 현재. 양보 분사 : 그가 그의 혀에 굴레를 씌우지 않았지만; 혹은 시간 분사 : 그가 그의 혀에 굴레를 씌우지 않는 동안에. 부사적 분사 주격. 현재 전면 현저성.

γλῶσσαν (명, 대, 녀, 단) γλῶσσα 혀. χαλιναγωγῶν 의 대격 직접 목적어.

αὐτοῦ (인대, 속, 남, 단) αὐτός 그. 소유 속격.

ἀλλὰ (등접) ἀλλά 그러나. 상관 보정 접속사[1] : ἀλλά로 시작되는 문장이 앞 문장의 내용과는 다른 내용으로 앞의 문장을 더 구체적으로 설명한다 (Winer 551). Adam (31) 에 의하면 여기서 이 접속사는 재갈 물린 혀에 대한 설명을 자기기만이란 문장으로 대체하였다. 이 단어는 부정문 다음에서 "그러나 단지" 라고도 번역되어진다 (NIGTC 102).

ἀπατῶν (분, 현, 능, 주, 남, 단) ἀπατάω 속이다. 반복적 현재. 양보 분사 : 그가 자신의 마음을 속이지만; 혹은 시간 분사 : 그가 자신의 마음을 속이는 동안에. 부사적 분사 주격. 현재 전면 현저성.

καρδίαν (명, 대, 녀, 단) καρδία 마음. ἀπατῶν 의 대격 직접 목적어.

αὐτοῦ (인대, 속, 남, 단) αὐτός 그. 강조.

τούτου (지대, 속, 남, 단) οὗτος 이것. 강조를 위해서 앞에 옴.

μάταιος (보형, 주, 녀, 단, 원) μάταιος 열매없는, 가치가 없는. 주격 술어. 주어 앞에 위치하여 강조된다.

ἡ θρησκεία. 동사없는 문장의 주어 주격 : 그 경건은.

ἡ (관, 주, 녀, 단) ὁ 그.

θρησκεία (명, 주, 녀, 단) θρησκεία 경건함, 예배.

---

1. 이 명칭은 Adam (31) 의 ἀλλά 접속사의 Correlation with Correction 을 번역한 것이다.

1:27 θρησκεία καθαρὰ καὶ ἀμίαντος παρὰ τῷ θεῷ καὶ πατρὶ αὕτη ἐστίν, ἐπισκέπτεσθαι ὀρφανοὺς καὶ χήρας ἐν τῇ θλίψει αὐτῶν, ἄσπιλον ἑαυτὸν τηρεῖν ἀπὸ τοῦ κόσμου.

이것은 하나님 아버지 앞에서 깨끗하고 흠이 없는 경건이다. 이 경건은 그들의 환란 가운데 있는 고아들과 과부들을 돌보아 주는 것이며, 세속으로부터 자기를 흠이 없도록 지키기는 것이다.

개역개정 : 하나님 아버지 앞에서 정결하고 더러움이 없는 경건은 곧 고아와 과부를 그 환난 중에 돌아보고 또 자기를 지켜 세속에 물들지 아니하는 그것이니라

[명제 관계]

27a	축약	**θρησκεία καθαρὰ καὶ ἀμίαντος παρὰ τῷ θεῷ καὶ πατρὶ αὕτη ἐστίν,** 이것은 하나님 아버지 앞에서 깨끗하고 흠이 없는 경건이다
27b	확장 (27a)	**ἐπισκέπτεσθαι ὀρφανοὺς καὶ χήρας ἐν τῇ θλίψει αὐτῶν,** 그들의 환난 가운데 있는 고아와 과부들을 돌보아 주기
27c	확장 (27a)	**ἄσπιλον ἑαυτὸν** 자신이 흠이 없도록
27d	설명 (27a)	**τηρεῖν ἀπὸ τοῦ κόσμου.** 세상으로부터 지키기

[설명]

1. 27d는 27c와 관련하여 목적 명제이다.

2. 27절의 주제는 1:9-11에서 소개된 가난과 부와 관련된 것으로서 부자의 책임에 대해서 서술한다. 1:26의 가치없는 경건에 대한 일반적인 서술에 대조하여 이 문장은 순수하고 흠이 없는 경건이란 특수한 경우에 대해서 서술한다.

3. 경건의 두 조건들은 1) 고아와 과부를 돌보는 것과 2) 자신을 물들지 않게 지키는 것이다.

4. "물들지 않게" ἄσπιλον 는 순수해야 함을 강조한다.

5. "자신" ἑαυτὸν 은 자신의 책임을 강조한다.

[단어 분해]

θρησκεία (명, 주, 녀, 단) θρησκεία 경건, 예배. ἐστίν 의 주격 술어. 강조를 위해서 앞에 위치한다.

καθαρὰ καὶ ἀμίαντος 중언법 : 순수하고 흠이 없는.

καθαρὰ (보형, 주, 녀, 단, 원) καθαρός 순수한, 깨끗한. 주격 술어.

καὶ (등접) καί 그리고.

ἀμίαντος (보형, 주, 녀, 단, 원) ἀμίαντος 더러움이 없는. 주격 술어.

παρὰ τῷ θεῷ 하나님 앞에서..

παρὰ (여, 전) παρά 장소, 영역 : 앞에.

τῷ θεῷ καὶ πατρὶ παρὰ 다음에 오는 여격. 그란빌 샤퓨 규칙.

τῷ (관, 여, 남, 단) ὁ 그.

θεῷ (명, 여, 남, 단) θεός 하나님.

καὶ (등접) καί 그리고.

πατρὶ (명, 여, 남, 단) πατήρ 아버지.

αὕτη (지대, 주, 녀, 단) οὗτος 이것. ἐστίν 의 주어 주격..

ἐστίν (동, 직, 현, 능, 3, 단) εἰμί 이다.

ἐπισκέπτεσθαι (정, 현, 중간) ἐπισκέπτομαι 돌보다. αὕτη 의 설명적 부정사. 습관적 현재. 현재 전면 현저성.

ὀρφανοὺς καὶ χήρας ἐπισκέπτεσθαι 의 대격 직접 목적어.

ὀρφανοὺς (보형, 대, 남, 복, 원) ὀρφανός 고아의.

καὶ (등접) καί 그리고.

χήρας (명, 대, 녀, 복) χήρα 과부.

ἐν (여, 전) ἐν (시간) ~때에, 동안에 (원인 이유) 때문에.

τῇ θλίψει ἐν 다음에 오는 전치사.

τῇ (관, 여, 녀, 단) ὁ 그.

θλίψει (명, 여, 녀, 단) θλῖψις 압박, 고난, 고생, 시련; 재난.

αὐτῶν (인대, 속, 남, 복) αὐτός 그. 주어적 속격.

ἄσπιλον (보형, 대, 남, 단, 원) ἄσπιλος 흠이 없는, 순수한. ἑαυτὸν 과 함께 하는 이중 대격 구조에서 대격 목적 보어. 부정사 앞에 위치하여 강조됨.

ἑαυτὸν (재대, 대, 남, 단) ἑαυτοῦ 그 자신을. τηρεῖν 의 대격 직접 목

적어. 부정사 앞에 위치하여 강조됨.

τηρεῖν (정, 현, 능) τηρέω 지키다, 준수하다. αὕτη 의 설명적 부정사. 진입적 혹은 지속적 현재. 현재 전면 현저성.

ἀπὸ (속, 전) ἀπό 분리: ~부터, 근원 ~부터.

τοῦ (관, 속, 남, 단) ὁ 그. 유일 관사.

κόσμου (명, 속, 남, 단) κόσμος 세상.

야고보서

2장

2:1 Ἀδελφοί μου, μὴ ἐν προσωπολημψίαις ἔχετε τὴν πίστιν τοῦ κυρίου ἡμῶν Ἰησοῦ Χριστοῦ τῆς δόξης.

나의 형제들이여! 영광스러운 우리 주 예수 그리스도를 믿는 믿음을 편파적으로 가지지 마라.

개역개정 : 내 형제들아 영광의 주 곧 우리 주 예수 그리스도에 대한 믿음을 너희가 가졌으니 사람을 차별하여 대하지 말라

[명제 관계]

1a	경청자	**Ἀδελφοί μου,** 나의 형제들이여!
1b	금지	**μὴ ἐν προσωπολημψίαις ἔχετε** 편파적으로 가지지 마라.
1c	내용 (1b)	**τὴν πίστιν τοῦ κυρίου ἡμῶν** 우리 주를 믿는 믿음을
1d	확인 (1c)	**Ἰησοῦ Χριστοῦ τῆς δόξης.** 영광스러운 예수 그리스도

[설명]

1. 2:1-13의 주제는 편애에 대한 경고이다. 1절은 믿음과 편애는 공존할 수 없기에 그리스도인들이 편애를 가지지 않도록 경고한다.

2. 1b는 행위 명제이며 1c는 내용 명제이다.

3. "편파적으로" ἐν προσωπολημψίαις 가 강조된다.

4. τὴν πίστιν τοῦ κυρίου 는 두 개의 번역을 가진다.

가. 목적어적 속격 : 나의 형제들이여! 영광의 우리 주 예수 그리스도를 믿는 믿음을 편파적으로 가지지 마라.

나. 주어적 속격 : 나여 형제들이여! 영광스런 주 예수 그리스도의 믿음을 편파적으로 보지 마라 (이 경우에는 예수님의 믿음이라고 번역하였다).

[단어분해]

Ἀδελφοί (명, 호, 남, 복) ἀδελφός 형제. 단순 호격.

μου (인대, 속, 단) ἐγώ 나. 영적 관계 속격.

μὴ... ἔχετε 현재 금지. 이미 시작된 행동을 중단하든지 아니면 시작되지 않은 행동에 대해서는 항상 "행동하지 않는 습관을 만들어라" 라는 의미이다.

μὴ (계) μή 아닌.

ἐν προσωπολημψίαις 편견으로 (혹은 편견을 가진 태도로). 동사 앞에 위치함으로써 강조.

ἐν (여, 전) ἐν 상태/조건: 안에 혹은 매너/태도: ~와 함께.

προσωπολημψίαις (명, 여, 녀, 복) προσωπολημψία 불공평, 편파. 복수는 여러 종류와 형태의 편파적인 행동들을 의미한다 (Vlachos 67). ἐν 다음에 오는 여격.

ἔχετε (동, 령, 현, 능, 2, 복) ἔχω 가지다. 현재 전면 현저성.

τὴν πίστιν ἔχετε 의 대격 직접 목적어.

τὴν πίστιν τοῦ κυρίου 대부분의 번역 성경들은 이를 목적어적 속격으로 간주하여 '주를 믿는 성도들의 믿음'으로 번역하였다 (ESV, NET, NIV). 이와는 달리 2:19와 2:23 에 의하면 하나님이 믿음의 대상이기 때문에 τοῦ κυρίου 는 주어적 속격으로 간주되어서 '주님의 믿음'을 의미한다 (Adam 35).

τὴν (관, 대, 녀, 단) ὁ 그. 소유 대명사 (니의) 역할.

πίστιν (명, 대, 녀, 단) πίστις 믿음.

τοῦ κυρίου 목적어적 속격.

τοῦ (관, 속, 남, 단) ὁ 그.

κυρίου (명, 속, 남, 단) κύριος 주.

ἡμῶν (인대, 속, 복) ἐγώ 나. 영적 관계 속격, 혹은 종속 속격 (우리위에 계시는 주님이란 의미).

Ἰησοῦ (명, 속, 남, 단, 고명) Ἰησοῦς 예수.

Χριστοῦ (명, 속, 남, 단, 고명) Χριστός 그리스도 , 기름 부음 받은 자, 메시야.

τῆς δόξης 이 속격 명사는 다양하게 이해된다. (1) 영광스러운 믿음 (2) 영광스러운 주님 예수 그리스도 (3) 우리 주 예수 그리스도, 영광 (예수 그리스도 즉 그 영광) (4) 영광스러운 주 예수 그리스도. NET 와 NIV 는 한정 속격 (영광스러운 주 예수 그리스도)으로 번역하였다 (WBC 60).

τῆς (관, 속, 녀, 단) ὁ 그.

δόξης (명, 속, 녀, 단) δόξα 영광. 한정 속격.

2:2 ἐὰν γὰρ εἰσέλθῃ εἰς συναγωγὴν ὑμῶν ἀνὴρ χρυσοδακτύλιος ἐν ἐσθῆτι λαμπρᾷ, εἰσέλθῃ δὲ καὶ πτωχὸς ἐν ῥυπαρᾷ ἐσθῆτι,

편애에 대해서 예를 들어서 설명하겠다. 만약에 너희 모임으로 화려한 옷을 입은 금가락지를 낀, 사람이 들어오고, 또 남루한 옷을 입은 가난한 사람 들어온다면.

개역개정 : 만일 너희 회당에 금 가락지를 끼고 아름다운 옷을 입은 사람이 들어오고 또 남루한 옷을 입은 가난한 사람이 들어올 때에

[명제 관계]

2a	조건	**ἐὰν γὰρ εἰσέλθῃ εἰς συναγωγὴν ὑμῶν ἀνὴρ** 편애에 대해서 예를 들어서 설명하겠다. 만약에 너희 모임으로 어떤 사람이 들어온다면
2b	확인 (2a)	**χρυσοδακτύλιος ἐν ἐσθῆτι λαμπρᾷ,** 금 가락지를 끼고, 화려한 옷을 입은,
2c	조건	**εἰσέλθῃ δὲ καὶ πτωχὸς** 그리고 또 가난한 자가 들어온다면
2d	확인 (2c)	**ἐν ῥυπαρᾷ ἐσθῆτι,** 더러운 옷을 입은

[설명]

1. 2절은 1c의 근거가 된다.
2. 2b와 2c는 서로 대조 관계에 있다.
3. 이 구절은 하나의 예를 이용하여 편애를 금지할 것을 서술한다.

[단어분해]

ἐὰν (종접) ἐάν 만약. 제삼 조건절. 이 접속사와 함께 하는 다섯 개의 가정법 동사들이 2-3절에 나타난다. 4절은 결과절이다.

γὰρ (등접) γάρ (설명) 편애에 대한 가설적인 예를 소개한다. 근거를 설명하기 위한 접속사.

εἰσέλθῃ (동, 가, 부과, 능, 3, 단) εἰσέρχομαι 오다. 부정과거 배경 현저성.

εἰς (대, 전) εἰς (장소, 방향) ~로 향하여.

συναγωγὴν (명, 대, 녀, 단) συναγωγή 모임. εἰς 다음에 오는 대격. 관사가 없는 이유는 회당 건물이 아니라 사람들의 모임을 표현한다 (Vlachos 69). 여기서는 이 단어가 교회의 모임인지 (전통적 해석), 법정을

서술하는 것인지 (최근의 해석) 대한 논의가 있다 (ZECNT 107). συναγωγή 는 2세기까지 기독교인들의 모임이었다 (NIGTC 108).

ὑμῶν (인대, 속, 복) σύ 너, 당신. 소유 속격.

ἀνὴρ χρυσοδακτύλιος 주어 주격.

ἀνὴρ (명, 주, 남, 단) ἀνήρ 남자.

χρυσοδακτύλιος (보형, 주, 남, 단, 원) χρυσοδακτύλιος 금반지를 낀.

ἐν (여, 전) ἐν (상태, 조건) 안에, (매너) 잘 입은.

ἐσθῆτι λαμπρᾷ ἐν 다음에 오는 여격.

ἐσθῆτι (명, 여, 녀, 단) ἐσθής 옷.

λαμπρᾷ (보형, 여, 녀, 단, 원) λαμπρός 좋은 옷, 화려한.

εἰσέλθῃ (동,가,부과,능,3,단) εἰσέρχομαι 오다. 부정과거 배경 현저성.

δὲ (등접) δέ 그리고.

καὶ (부) καί 또한.

πτωχὸς (보형, 주, 남, 단, 원) πτωχός 불쌍한, 초라한, 절대적 가난을 의미한다. 주어 주격.

ἐν (여, 전) ἐν (상태, 조건) 안에.

ῥυπαρᾷ ἐσθῆτι ἐν 다음에 오는 여격.

ῥυπαρᾷ (보형, 여, 너, 단, 원) ῥυπαρός 더러운.

ἐσθῆτι (명, 여, 녀, 단) ἐσθής 옷.

2:3 ἐπιβλέψητε δὲ ἐπὶ τὸν φοροῦντα τὴν ἐσθῆτα τὴν λαμπρὰν καὶ εἴπητε· σὺ κάθου ὧδε καλῶς, καὶ τῷ πτωχῷ εἴπητε· σὺ στῆθι ἢ κάθου ἐκεῖ ὑπὸ τὸ ὑποπόδιόν μου,

그리고 만약 너희가 화려한 옷차림을 한 사람을 본다면. 너희는 "여기 좋은 자리에 앉으십시오." 라고 말한다면. 그리고 너희는 가난한 사람에게 "당신은 서 있든지, 혹은 거기 나의 발 아래에 앉으시오." 라고 말한다면.

개역개정 : 너희가 아름다운 옷을 입은 자를 눈여겨 보고 말하되 여기 좋은 자리에 앉으소서 하고 또 가난한 자에게 말하되 너는 거기 서 있든지 내 발등상 아래에 앉으라 하면

[명제 관계]

3a	조건	**ἐπιβλέψητε δὲ ἐπὶ τὸν φοροῦντα τὴν ἐσθῆτα τὴν λαμπρὰν** 그리고 만약 너희가 화려한 옷차림을 한 사람을 본다면
3b	결과	**καὶ εἴπητε·** 그리고 너희는 (이렇게) 말한다며.
3c	보충	**σὺ κάθου ὧδε καλῶς,** "여기 좋은 자리에 앉으십시오"
3d	결과	**καὶ τῷ πτωχῷ εἴπητε·** (너희는 가난한 사람을 본다면) 너희는 그 가난한 사람에게 말한다
3e	보충	**σὺ στῆθι** 당신은 서 있으시오
3f	대체 (3e)	**ἢ κάθου ἐκεῖ ὑπὸ τὸ ὑποπόδιόν μου,** 혹은 거기 나의 발 아래에 앉으시오 (NA28)

[설명]

1. 2:3절은 조건문 2절의 연속이며, 4절은 결과절이다. 3절은 2절에서 편애 금지를 서술하기 위하여 사용된 예의 연속이다.

2. 3b는 행위 명제이기도 하다.

3. 3e는 3c의 대조 명제이다.

4. 반복적으로 사용된 "너희들이 말한다" εἴπητε 는 강조용법이다.

5. 반복적으로 사용된 "너(부자)"와 "너(가난한 자)"는 강조용법이다.

6. 나의 발치에 앉으라는 것은 복종을 서술하는 하나의 비유이다 (시 110:1).

[단어분해]

ἐπιβλέψητε (동, 가, 부과, 능, 2, 복) ἐπιβλέπω 주의하다, 돌보다, 정성을 들이다. 복수 동사는 단체의 태도를 서술한다. 이 동사는 전치사 ἐπὶ를 가지며 외모에 대한 반응을 강조할 수 있다. 강조. 부정과거 배경 현저성.

δὲ (등접) δέ 그리고 만약. 조건절의 연장이다.

ἐπὶ (대, 전) ἐπί (장소) 위에.

τὸν φοροῦντα ἐπὶ 다음에 오는 대격.

τὸν (관, 대, 남, 단) ὁ 그.

φοροῦντα (분, 현, 능, 대, 남, 단) φορέω 입고 있다. 현재 전면 현저성.
τὴν ἐσθῆτα τὴν λαμπρὰν φοροῦντα 의 대격 직접 목적어.
τὴν (관, 대, 녀, 단) ὁ 그.
ἐσθῆτα (명, 대, 녀, 단) ἐσθής 옷.
τὴν (관, 대, 녀, 단) ὁ 그. 선행 조응 관사.
λαμπρὰν (보형, 대, 녀, 단, 원) λαμπρός 좋은.
καὶ (등접) καί 그리고.
εἴπητε (동, 가, 부과, 능, 2, 복) λέγω 말하다. 조건절의 한 부분이다. 복수 동사는 단체의 태도를 서술한다. 부정과거 배경 현저성.
σὺ (인대, 주, 단) σύ 너, 당신. κάθου의 주어 주격. 강조.
κάθου (동, 령, 현, 중간, 2, 단) κάθημαι 앉다. 현재 전면 현저성.
ὧδε (부) ὧδε 여기에.
καλῶς (부) καλῶς 좋은 자리에 (Friberg), 좋은 의자에.
καὶ (등접) καί 그리고.
τῷ πτωχῷ εἴπητε 의 여격 간접 목적어.
τῷ (관, 여, 남, 단) ὁ 그. 선행 조응 관사.
πτωχῷ (보형, 여, 남, 단, 원) πτωχός 불쌍한, 비참한, 가련한, 불쌍한, 초라한.
εἴπητε (동, 가, 부과, 능, 2, 복) λέγω 말하다. 부정과거 배경 현저성.
σὺ (인대, 주, 단) σύ 너, 당신. στῆθι 의 주어 주격.
στῆθι (동, 령, 부과, 능, 2, 단) ἵστημι 서다. 부정과거 배경 현저성.
ἤ (등접) ἤ 혹은.
κάθου (동, 령, 현, 중간, 2, 단) κάθημαι 앉다. 현재 전면 현저성.
ἐκεῖ (부) ἐκεῖ 거기에.
ὑπὸ (대, 전) ὑπό (장소) 아래에.
τὸ ὑποπόδιόν ὑπὸ 다음에 오는 대격.
τὸ (관, 대, 중, 단) ὁ 그.
ὑποπόδιόν (명, 대, 중, 단) ὑποπόδιον 발판.
μου (인대, 속, 단) ἐγώ 나. 소유 속격.

2:4 καὶ οὐ διεκρίθητε ἐν ἑαυτοῖς καὶ ἐγένεσθε κριταὶ διαλογισμῶν πονηρῶν;

너희 자신들 사이에 나누어지지 않았나? 그리고 너희는 악한 생각들을 가진 심판하는 사람들이 되지 않았나?

개역개정 : 너희끼리 서로 차별하며 악한 생각으로 판단하는 자가 되는 것이 아니냐

[명제 관계]

4a	결과 (2a, 2c, 3a, 3d)	**καὶ οὐ διεκρίθητε ἐν ἑαυτοῖς** 그리고 너희 자신들 사이에 나누어지지 않았나? (NA28)
4b	확장 (4a)	**καὶ ἐγένεσθε κριταὶ διαλογισμῶν πονηρῶν;** 그리고 너희는 악한 생각들을 가진 심판하는 사람들이 되지 않았나?

[설명]

1. 이 구절은 2-3절의 조건절에 대한 결과절로서 긍정적인 대답을 기대하는 수사학적 질문을 가지고 있다.

2. 4a와 4b는 수사학적 질문으로 "예"라는 대답을 기대한다. 즉 부정어 οὐ 로 시작되는 부정 의문문으로서 긍정적인 대답을 요구한다. 부정어 οὐ 는 두 번째 질문에도 적용된다.

3. 이 문장은 야고보서 두 개의 질문으로 시작되는 일종의 기소이다.

가. 너희들은 너희들 사이에 차별을 만든다

나. 너희들은 악한 동기로 심판하는 죄인들이다.

[단어분해]

καὶ ...... καὶ 둘 다 (both … and)

καὶ (등접) καί 그리고.

οὐ (부) οὐ 아닌. 긍정적인 대답을 기대하는 계사.

διεκρίθητε (동, 직, 부과, 수, 2, 복) διακρίνω 분리하다, 조정하다, 구별하다, 구별짓다. 대부분의 영어 한글 성경은 능동태 "구별하다"로 번역되었다. 그러나 이 동사는 수동태이며 그 의미는 "나누어지다" 로 번역되어야 한다 (WBC 63, Johnson 223, Vlachos 71). 예상적 부정과거. 부정과거 배경 현저성.

ἐν (여, 전) ἐν (장소, 영역) 사이에 (among).

ἑαυτοῖς (재대, 여, 남, 복) ἑαυτοῦ 그 자신을. ἐν 다음에 오는 여격.

καὶ (등접) καί 그리고.

ἐγένεσθε (동, 직, 부과, 중간, 2, 복) γίνομαι 어떤 것이 되다. 부정과거 배경 현저성.

κριταὶ (명, 주, 남, 복) κριτής 재판관, 판사. 주격 술어.

διαλογισμῶν (명,속,남,복) διαλογισμός 생각, 추론, 추리. 서술 속격.

πονηρῶν (보형, 속, 남, 복, 원) πονηρός 악한.

2:5 Ἀκούσατε, ἀδελφοί μου ἀγαπητοί· οὐχ ὁ θεὸς ἐξελέξατο τοὺς πτωχοὺς τῷ κόσμῳ πλουσίους ἐν πίστει καὶ κληρονόμους τῆς βασιλείας ἧς ἐπηγγείλατο τοῖς ἀγαπῶσιν αὐτόν;

들어라, 나의 사랑하는 형제들이여! 하나님께서는 세상의 가난한 사람을 믿음과 관련하여 부자들이 되게 하시고, 그리고 하나님을 사랑하는 이들에게 약속하신 그 나라의 상속자들이 되게 하려고 선택하지 않으셨는가?

개역개정 : 내 사랑하는 형제들아 들을지어다 하나님이 세상에서 가난한 자를 택하사 믿음에 부요하게 하시고 또 자기를 사랑하는 자들에게 약속하신 나라를 상속으로 받게 하지 아니하셨느냐

[명제 관계]

5a	명령	**Ἀκούσατε, ἀδελφοί μου ἀγαπητοί·** 들어라 나의 사랑하는 형제들이여!
5b	수단	**οὐχ ὁ θεὸς ἐξελέξατο τοὺς πτωχοὺς τῷ κόσμῳ** 하나님께서는 세상의 가난한 사람을 선택하지 않으셨습니까?
5c	목적	**πλουσίους** 부자들이 되게 하시고 (대격 보어)
5d	근거	**ἐν πίστει** 믿음과 관련하여
5e	목적	**καὶ κληρονόμους τῆς βασιλείας** 그리고 하나님 나라의 상속자들이 되도록 하기 위해서 (대격 보어)
5f	수식 (5e)	**ἧς ἐπηγγείλατο τοῖς ἀγαπῶσιν αὐτόν;** 하나님을 사랑하는 이들에게 약속하신

[설명]

1. 2:5-11은 편애를 반대하는 세 이유들을 서술한다. 첫째 이유는 하나

님께서 가난한 자들을 선택하셨기 때문이다 (2:5-6a).

2. "들어라" (5a)는 부정과거 명령으로서 긴급성을 포함하고 있다.

3. 5b는 긍정적인 대답을 기대하는 수사학적 질문이다.

4. "선택하다" (5b)는 중간태로서 선택자이신 하나님 자신을 위해서 선택하셨다란 의미이다. 이는 격언적 부정과거로서 영원한 선택을 서술한다.

5. "약속하다" (5f)는 중간태로서 하나님 자신을 위해서 혹은 하나님께서 직접 약속하심을 서술한다.

[단어분해]

'Ακούσατε (동, 령, 부과, 능, 2, 복) ἀκούω 듣다. 호격과 함께 사용되어서 다음에 오는 문장을 주의해서 들으라는 의미를 가진다. 긴급 명령. 격언적 부정과거. 부정과거 배경 현저성.

ἀδελφοί ..... ἀγαπητοί 단순 호격.

ἀδελφοί (명, 호, 남, 복) ἀδελφός 형제.

μου (인대, 속, 단) ἐγώ 나. 영적 관계 속격.

ἀγαπητοί (보형, 호, 남, 복, 원) ἀγαπητός 사랑하는.

οὐχ (부) οὐ 아닌. 긍정적인 답을 요구하는 부정 의문문에 사용된 부정 계사.

ὁ θεὸς ἐξελέξατο 의 주어 주격.

ὁ (관, 주, 남, 단) ὁ 그.

θεὸς (명, 주, 남, 단) θεός 하나님.

ἐξελέξατο (동, 직, 부과, 중간, 3, 단) ἐκλέγομαι 선택하다. 간접 중간태는 행위자인 하나님을 강조한다. 하나님 당신을 위해서 선택하다. 격언적 부정과거는 영원한 선택을 서술한다. 부정과거 배경 현저성.

τοὺς πτωχοὺς ἐξελέξατο 의 대격 직접 목적어.

τοὺς (관, 대, 남, 복) ὁ 그. 총칭 관사.

πτωχοὺς (보형, 대, 남, 복, 원) πτωχός 불쌍한. 비참한, 가련한, 불쌍한, 초라한. 재정적인 개념으로 이해된다.

τῷ κόσμῳ 장소 여격 : 세상에서 (ESV, NET), 혹은 참조 여격 : 세상과 관련하여, 윤리 여격 : 세상 사람들의 관점에서.

τῷ (관, 여, 남, 단) ὁ 그.

κόσμῳ (명, 여, 남, 단) κόσμος 세상.

πλουσίους (보형, 대, 남, 복, 원) πλούσιος 부자의, 부유한, 넉넉한,

유복한. 대격 보어.

ἐν (여, 전) ἐν (참조) 관련하여, (영역) 믿음의 영역안에서

πίστει (명, 여, 녀, 단) πίστις 믿음. ἐν 다음에 오는 여격.

καὶ (등접) καί 그리고.

κληρονόμους (명, 대, 남, 복) κληρονόμος 후계자, 상속인, 법정 상속인, 수익자. 대격 보어.

τῆς βασιλείας 목적어적 속격.

τῆς (관, 속, 녀, 단) ὁ 그.

βασιλείας (명, 속, 녀, 단) βασιλεία 왕국.

ἧς (관대, 속, 녀, 단) ὅς 어느 것, 무엇. 격 견인 : 관계 대명사는 문장의 구조에서는 ἐπαγγέλλομαι 의 직접 목적어로서 대격을 가지야 하지만 선행사인 βασιλείας 와 같은 속격을 가진다.

ἐπηγγείλατο (동, 직, 부과, 중간, 3, 단) ἐπαγγέλλομαι 약속하다. 간접 중간태. 부정과거 배경 현저성.

τοῖς ἀγαπῶσιν ἐπηγγείλατο 의 여격 간접 목적어.

τοῖς (관, 여, 남, 복) ὁ 그.

ἀγαπῶσιν (분, 현, 능, 여, 남, 복) ἀγαπάω 사랑하다. 지속적 현재. 현재 전면 현저성.

αὐτόν (인대, 대, 남, 단) αὐτός 그. ἀγαπῶσιν 의 직접 목적어.

2:6 ὑμεῖς δὲ ἠτιμάσατε τὸν πτωχόν. οὐχ οἱ πλούσιοι καταδυναστεύουσιν ὑμῶν καὶ αὐτοὶ ἕλκουσιν ὑμᾶς εἰς κριτήρια;

그런데 너희는 가난한 사람을 업신여겼다. 부자들이 너희를 압박하지 않았나? 또 그들이 너희를 법정으로 끌고 가지 않았나?

개역개정 : 너희는 도리어 가난한 자를 업신여겼도다 부자는 너희를 억압하며 법정으로 끌고 가지 아니하느냐

[명제 관계]

6a	반전	**ὑμεῖς δὲ ἠτιμάσατε τὸν πτωχόν.** 그런데 너희는 가난한 사람을 업신여겼다.
6b	양보	**οὐχ οἱ πλούσιοι καταδυναστεύουσιν ὑμῶν** 부자들이 너희를 압박하지 않았나?
6c	양보	**καὶ αὐτοὶ ἕλκουσιν ὑμᾶς εἰς κριτήρια;** 부자들이 너희를 법정으로 끌고 가지 않았나?

[설명]

1. 2:5-11은 편애를 반대하는 세 이유들을 서술한다. 첫째 이유는 하나님께서 가난한 자들을 선택하셨기 때문이다 (2:5-6a). 둘째 이유는 부자의 세 종류의 행위들은 하나님을 대적하기 때문이다 (2:6b-7). 부자들의 행위는 아마도 가난한 자들로부터 땅을 빼앗던지 혹은 빚을 받기 위해서 폭력을 행하는 것 (끌고 가는 것)들이다. 그러나 성경은 폭력을 행하는 이유를 설명하지 않고 있다. 6절의 전반부는 일반적인 압박이며 후반부는 특별한 경우에 해당하는 법적인 압박을 서술한다.

2. 6b와 6c는 긍정적인 대답을 요구하는 수사학적 질문이다.

3. 6a는 일반화, 6b-c는 특수화 명제 해당하기도 하다.

4. 6b는 부자들에 대한 첫째 비난, 6c는 부자들에 대한 둘째 비난에 해당한다.

5. "너" ὑμεῖς 는 강조의 위치에 있으며 이는 야고보가 말한 사랑하는 형제들이다 (2:5)

6. "가난한 자" τὸν πτωχόν 는 하나님께서 복을 주시기 위해서 선택한 자들이다 (5d).

7. "업신여기다" ἠτιμάσατε는 최고로 추구할 가치인 명예와 최하의 가치인 수치를 가지는 당시 문화에 의하면 이 단어는 최하의 가치를 서술하는 아주 강한 단어이다.

[단어분해]

ὑμεῖς (인대, 주, 복) σύ 너, 당신. ἠτιμάσατε 의 주어 주격. 강조 위치.

δὲ (등접) δέ 그러나.

ἠτιμάσατε (동, 직, 부과, 능, 2, 복) ἀτιμάζω 굴욕을 주다. 부정과거 배경 현저성.

τὸν πτωχόν ἠτιμάσατε 의 대격 직접 목적어.

τὸν (관, 대, 남, 단) ὁ 그. 선행 조응 관사 (2:2). 혹은 총칭 관사. 가난한 개인을 취급하는 것을 회상한다.

πτωχόν (보형, 대, 남, 단, 원) πτωχός 불쌍한. 비참한, 가련한, 불쌍한, 초라한.

οὐχ (부) οὐ 아닌. 긍정적인 대답을 요구하는 부정 의문문의 부정사.

οἱ πλούσιοι καταδυναστεύουσιν 의 주어 주격.

οἱ (관, 주, 남, 복) ὁ 그. 총칭 관사.

πλούσιοι (보형, 주, 남, 복, 원) πλούσιος 부자의, 부유한, 넉넉한.

καταδυναστεύουσιν (동, 직, 현, 능, 3, 복) καταδυναστεύω 압박하다. 이 동사는 속격을 취하기도 하고 대격을 취하기도 한다. 반복적 현재. 현재 전면 현저성.

ὑμῶν (인대,속,복) σύ 너,당신. καταδυναστεύουσιν 의 속격 목적어.

καὶ (등접) καί 그리고.

αὐτοὶ (강대, 주, 남, 복) αὐτός 그. ἕλκουσιν 의 주어 주격. 강조.

ἕλκουσιν (동, 직, 현, 능, 3, 복) ἕλκω 끌고 가다. 이 동사는 물리적이든 법적이든 폭력을 시사한다 (ZECNT 115). 현재 전면 현저성.

ὑμᾶς (인대, 대, 복) σύ 너, 당신. ἕλκουσιν 의 대격 직접 목적어.

εἰς (대,전) εἰς (장소, 방향) ~로 향하여.

κριτήρια (명, 대, 중, 복) κριτήριον 법정. εἰς 다음에 오는 대격.

2:7 οὐκ αὐτοὶ βλασφημοῦσιν τὸ καλὸν ὄνομα τὸ ἐπικληθὲν ἐφ' ὑμᾶς;

너희들이 속했던 그 존귀한 이름을 그들이 모독하지 않았나?

개역개정 : 그들은 너희에게 대하여 일컫는 바 그 아름다운 이름을 비방하지 아니하느냐

[명제 관계]

7a	양보 (6a)	**οὐκ αὐτοὶ βλασφημοῦσιν** 그들이 모독하지 않았나?
7b	확인 (7a)	**τὸ καλὸν ὄνομα τὸ ἐπικληθὲν ἐφ' ὑμᾶς;** 너희가 불리웠더 그 좋은 이름을 (혹은 너희들이 속했던 그 존귀한 이름을)

[설명]

1. 이 구절에 나타나는 부자들의 셋째 행위는 신성 모독이다.

2. 7ab는 긍정적인 대답을 기대하는 수사학적 질문이다.

[단어분해]

οὐκ (부) οὐ 아닌. 긍정적인 대답을 요구하는 부정 의문의 부정계사.

αὐτοὶ (강대, 주, 남, 복) αὐτός 그. βλασφημοῦσιν 의 주어 주격. 강조. 6절의 부자들을 지칭한다.

βλασφημοῦσιν (동, 직, 현, 능, 3, 복) βλασφημέω 중상하다, 욕하다, 욕설하다, 비방하다. 습관적 현재. 현재 전면 현저성.

τὸ καλὸν ὄνομα βλασφημοῦσιν 의 대격 직접 목적어. 이 구는 예수님을 지칭한다 (ZECNT 115).

τὸ (관, 대, 중, 단) ὁ 그.

καλὸν (보형, 대, 중, 단, 원) καλός 아름다운, 좋은. 흠이 없는. ἀγαθός 보다 더 강한 의미를 가진다.

ὄνομα (명, 대, 중, 단) ὄνομα 이름.

τὸ καλὸν ὄνομα τὸ ἐπικληθὲν ἐφ' ὑμᾶς 당신 위에 불렸던 좋은 이름 (관계 대명사적 관사), 좋은 이름, 여러분 위에 불려졌던 그 이름 (실명사적 명사).

τὸ (관, 대, 중, 단) ὁ 그. 관계 대명사적 관사 혹은 실명사적 명사.

ἐπικληθὲν (분, 부과, 수, 대, 중, 단) ἐπικαλέω 외쳐 구하다. 큰 소리로 부르다. 불러내다. ἐπικαλέω τὸ ὄνομα ἐπί 는 관용어구로서 칠십인역 삼하 6:22 그리고 왕상 8:43등에서 등장한다. 이 동사는 후자(ἐπί 이하)가 그 이름(τὸ ὄνομα)에게 속했다는 것을 표현하는 관용어이다 (BDAG). 부정 과거는 하나의 특수 사건인 세례를 지칭하기도 한다 (HCSB). 부정과거 배경 현저성.

ἐφ' (대, 전) ἐπί (장소) 위에.

ὑμᾶς (인대, 대, 복) σύ 너, 당신. ἐφ' 다음에 오는 대격.

2:8 Εἰ μέντοι νόμον τελεῖτε βασιλικὸν κατὰ τὴν γραφήν· ἀγαπήσεις τὸν πλησίον σου ὡς σεαυτόν, καλῶς ποιεῖτε·

그러나 만일 성경에 따라서 "네 이웃을 네 몸같이 사랑하라" 라고 하는 왕의 법을 진실로 지키면, 너희는 잘한 것이다.

개역개정 : 너희가 만일 성경에 기록된 대로 네 이웃 사랑하기를 네 몸과 같이 하라 하신 최고한 법을 지키면 잘하는 것이거니와

[명제 관계]

8a	조건 (8d)	**Εἰ μέντοι νόμον τελεῖτε βασιλικὸν** 그러나 만약 너희가 왕의 법을 진실로 지키면
8b	기준	**κατὰ τὴν γραφήν·** 성경에 따라서
8c	확인 (8b)	**ἀγαπήσεις τὸν πλησίον σου ὡς σεαυτόν,** 네 이웃을 네 몸같이 사랑하라
8d	결과	**καλῶς ποιεῖτε·** 너희는 잘한 것이다.

[설명]

1. 편애를 반대하는 마지막 세 번째 이유는 사랑의 법에 위배된다 (2:8-11). 야보고는 이전까지는 편애를 거절하는 것을 그의 이성에 근거하여 논리적으로 진술하였지만 8절부터는 성경적 이유로 이를 반대한다.

[단어분해]

Εἰ (종접) εἰ 만약. 제일 조건절.

μέντοι (계) μέντοι 그러나 (ZECNT 115), 그럼에도 불구하고. 진실로, 실제로 혹은 물론 (Adam 42).

νόμον..... βασιλικὸν τελεῖτε 의 대격 직접 목적어. 이는 다양하게 이해된다 (ZECNT 116) : (1) 토라; (2) 예수님에 의해서 성취되고 확장된 토라; (3) 예수님께서 주신 새로운 계명; (4) 최고의 법으로서 사랑 계명. 이 중에서 (2)가 가장 적당하다.

νόμον (명, 대, 남, 단) νόμος 법. 무관사 νόμον 은 특별한 법, 모세의 율법을 지칭한다고 볼 수 있다 (Vlachos 78).

τελεῖτε (동, 직, 현, 능, 2, 복) τελέω 완성하다, 성취하다, 실행하다. 지속적 현재. 현재 전면 현저성.

βασιλικὸν (보형, 대, 남, 단, 원) βασιλικός 왕실의, 왕의.

κατὰ (대, 전) κατά (표준) ~따라서.

τὴν γραφήν κατὰ 다음에 오는 대격.

τὴν (관, 대, 녀, 단) ὁ 그.

γραφήν (명, 대, 녀, 단) γραφή 성경. 단수는 어느 특정한 한 구절을 표현한다. 복수는 전 성경을 표현한다.

ἀγαπήσεις (동, 직, 미, 능, 2, 단) ἀγαπάω 사랑하다. 명령적 미래는

항상 순종해야 하는 명령이다. 단수는 개인의 의무를 강조한다.

τὸν πλησίον ἀγαπήσεις 의 대격 직접 목적어.

τὸν (관, 대, 남, 단) ὁ 그. 실명사적 명사.

πλησίον (부) πλησίον 이웃하는.

σου (인대, 속, 단) σύ 너, 당신. 사회적 관계 속격. 단수는 개인의 의무를 강조한다.

ὡς (종접) ὡς 처럼. 비교 접속사.

σεαυτόν (재대, 대, 남, 단) σεαυτοῦ (속, 여, 대격에서만 사용) 너 자신. 암축된 동사 ἀγαπήσεις 의 대격 직접 목적어. 이 재귀명사는 각 개인의 의무를 강조한다.

καλῶς (부) καλῶς 잘, 만족히, 훌륭하게, 올바르게.

ποιεῖτε (동, 직, 현, 능, 2, 복) ποιέω 행하다. 현재 전면 현저성.

2:9 εἰ δὲ προσωπολημπτεῖτε, ἁμαρτίαν ἐργάζεσθε ἐλεγχόμενοι ὑπὸ τοῦ νόμου ὡς παραβάται.

그러나 만약 너희가 사람을 차별한다면, 너희는 죄를 짓는 것이다. 그리고 너희는 율법에 의해서 범법자로서 정죄 받는다.

개역개정 : 만일 너희가 사람을 차별하여 대하면 죄를 짓는 것이니 율법이 너희를 범법자로 정죄하리라

[명제 관계]

9a	조건	**εἰ δὲ προσωπολημπτεῖτε,** 그러나 만약 너희가 사람을 차별한다면,
9b	결과 (9a)	**ἁμαρτίαν ἐργάζεσθε** 너희는 죄를 짓는 것이다.
9c	동시 (9b)	**ἐλεγχόμενοι ὑπὸ τοῦ νόμου** 너희는 율법에 의해서 정죄 받는다 (부대상황 분사)
9d	결과	**ὡς παραβάται.** 범법자로서

[설명]

1. 이 구절은 편애로 인해서 차별한다면 이는 죄이고 율법을 어기는 것

이다. 즉 편애는 사랑하라는 명령과 반대이다.

2. "죄를 짓다" ἐργάζεσθε 는 중간태로서 주어의 의도적 행동을 의미한다 (ESJ 80).

3 "죄" ἁμαρτίαν 는 강조의 위치에 있다.

4. 분사 ἐλεγχόμενοι

가. 결과 분사 : 그러나 만약 여러분이 사람을 차별한다면, 당신들은 죄를 짓는 것이며 그 결과로서 범법자로서 율법에 의해서 판정을 받게 됩니다.

나. 원인 분사 : 그러나 만약 여러분이 사람을 차별한다면, 당신들은 죄를 짓는 것이며 그 이유는 율법에 의해서 판정되었기 때문입니다.

5. 9c는 최종 판결을 말한다.

[단어분해]

εἰ (종접) εἰ 만약. 제일 조건절.

δὲ (등접) δέ 그러나. 이는 2:8 의 μέντοι 와 함께 μὲν … δε구조를 이룬다. 그러나, 만약.

προσωπολημπτεῖτε (동, 직, 현, 능, 2, 복) προσωπολημπτέω 편애를 보이다, 불공평을 보이다. 습관적 현재. 현재 전면 현저성.

ἁμαρτίαν (명, 대, 녀, 단) ἁμαρτία 죄. 이 동사의 원래 의미는 표적을 맞추지 못하다. ἐργάζεσθε 의 대격 직접 목적어. 강조 위치.

ἐργάζεσθε (동, 직, 현, 중간, 2, 복) ἐργάζομαι 이행하다. 간접 중간태. 현재 전면 현저성.

ἐλεγχόμενοι (분, 현, 수, 주, 남, 복) ἐλέγχω 유죄를 선언하다. 결과 분사로서 결과를 강조한다 (Wallace 1996: 637). 혹은 부대 상황분사로 간주되어서 독립적으로 사용된다 (ZECNT 117). 원인 분사로도 번역되어진다. 부사적 분사 주격. 지속적 현재. 현재 전면 현저성.

ὑπὸ (속, 전) ὑπό (최종 대행) ~ 의해서 by.

τοῦ (관, 속, 남, 단) ὁ 그. 선행 조응 관사.

νόμου (명, 속, 남, 단) νόμος 법.

ὡς (종접) ὡς 처럼. 사람이나 사물 혹은 행동의 특성, 기능, 역할 등을 이해하는데 도움을 주는 관점을 소개하는 접속사 (BDAG 3.a).

παραβάται (명, 주, 남, 복) παραβάτης 범법자, 범죄자. 주격 술어.

2:10 ὅστις γὰρ ὅλον τὸν νόμον τηρήσῃ πταίσῃ δὲ ἐν ἑνί, γέγονεν πάντων ἔνοχος.

이렇게 말하는 이유는 율법 전체를 지키다가 한 조목이라도 관련하여 어기는 사람은 전체를 어긴 것이 되기 때문이다.

개역개정 : 누구든지 온 율법을 지키다가 그 하나를 범하면 모두 범한 자가 되나니

[명제 관계]

10a 조건 **ὅστις γὰρ ὅλον τὸν νόμον τηρήσῃ**
이렇게 말하는 이유는 율법 전체를 지키는
사람은 누구든지

10b 대조 **πταίσῃ δὲ ἐν ἑνί,**
한 조목이라도 관련하여 어긴다

10c 결과 **γέγονεν πάντων ἔνοχος.**
전체를 어긴 것이 되기 때문이다.

[설명]

1. 10a-c는 9c-d의 근거가 된다.

2. 하나의 계명을 어기면 전체 계명을 어긴 것이다. 이유는 율법은 하나의 단위이기 때문이다.

3. 문장은 조건절 역할을 하고 있기 때문에, 대부분의 한글 역은 가정법으로 번역하였다: 누구든지 온 율법을 지키다가 그 하나를 어기면 모두를 범한 자가 된다.

[단어분해]

ὅστις (관대, 주, 남, 단) ὅστις 누구든지. τηρήσῃ 의 주어 주격.

γὰρ (등접) γάρ (원인, 이유) 왜냐하면. 편애하는 자를 범법자라고 정의하는 것은.

ὅλον τὸν νόμον τηρήσῃ 의 대격 직접 목적어.

ὅλον (보형, 대, 남, 단, 원) ὅλος 모든. 강조.

τὸν (관, 대, 남, 단) ὁ 그.

νόμον (명, 대, 남, 단) νόμος 율법.

τηρήσῃ (동, 가, 부과, 능, 3, 단) τηρέω 지키다, 준수하다. 부정 관계절 가정법은 직설법으로 번역된다 (Wallace 478). 부정과거 배경 현저성.

πταίσῃ δὲ ἐν ἑνί 그러나 한 조목이라도 관련하여 어기는 (사람은)

πταίσῃ (동, 가, 부과, 능, 3, 단) πταίω 죄를 범하다, 실패하다. 부정 관계절 가정법은 직설법으로 번역된다 (Wallace 478). 부정과거 배경 현저성.

δὲ (등접) δέ 그러나.

ἐν (여, 전) ἐν (참조) 관련하여.

ἑνί (기형, 여, 중, 단, 원) εἷς 하나. ἐν 다음에 오는 여격.

γέγονεν (동, 직, 완, 능, 3, 단) γίνομαι 되다. 예상적 완료 혹은 격언적 완료. 완료 최전면 현저성. 강조위치에 있다.

πάντων (부형, 속, 중, 복, 원) πᾶς 모든. 형용사 앞에 위치함으로써 강조됨.

ἔνοχος (보형, 주, 남, 단, 원) ἔνοχος 과실이 있는. 사람이나 사물에 대해서 죄를 짓게 될 때 그 사람이나 사물을 표시하는 단어이다 (BDAG). 주격 술어.

2:11 ὁ γὰρ εἰπών· μὴ μοιχεύσῃς, εἶπεν καί· μὴ φονεύσῃς· εἰ δὲ οὐ μοιχεύεις φονεύεις δέ, γέγονας παραβάτης νόμου.

이렇게 말하는 이유는 다음과 같다. "간음하지 마라"라고 말씀하셨던 분이 또 "살인하지 마라"라고 말씀하셨다. 만약 네가 간음하지 않지만 살인을 하면 결국 너는 율법을 어기는 것이다.

개역개정 : 간음하지 말라 하신 이가 또한 살인하지 말라 하셨은즉 네가 비록 간음하지 아니하여도 살인하면 율법을 범한 자가 되느니라

[명제 관계]

11a	이유 (10a-b)	**ὁ γὰρ εἰπών· μὴ μοιχεύσῃς,** 이렇게 말하는 이유는 다음과 같다. "간음하지 마라"라고 말씀하셨던 분이
11b	동시 11(a)	**εἶπεν καί· μὴ φονεύσῃς·** 또 "살인하지 마라"라고 말씀하셨다.
11c	조건	**εἰ δὲ οὐ μοιχεύεις φονεύεις δέ,** 만약 네가 비록 간음하지 않지만 살인을 하면
11d	결과	**γέγονας παραβάτης νόμου.** 결국 너는 율법을 어기는 것이다.

[설명]

1. 10절의 원리인 하나의 계명을 어기면 전체 계명을 어긴 것임을 예를 들어서 설명한다.

2. 10은 일반화 명제에 해당하며, 11b는 특수화 명제에 해당하기도 한다.

3. 11c는 율법의 한 조문을 어기는 예문에 해당한다.

4. 이렇게 말하는 이유란, 10절에서 말하는 율법이 분리될 수 없다는 원리를 예로 들어서 설명하고 있다.

5. 말씀하셨던 분이 말씀하셨다. 이는 율법이 단지 기록된 문서가 아니라 율법을 주신 분께서 하신 말씀이다. 말씀하셨던 분은 강조의 위치에 있다.

6. 살인과 간음에 대한 이 두 계명들을 말씀하신 분은 한 분이라는 의미는 이 각 계명은 분리될 수 없는 완전한 율법의 한 부분임을 설명한다.

7. 간음하지 마라, 살인하지 말라는 무조건 금지를 의미한다. 왜 두개의 예들만 등장하는가? 이들은 4:2-4에서 다시 등장한다. 야고보에서는 실제로 간음죄가 나타나지 않는다. 4:4에서 야고보는 부유한 자들을 간음한 여자 (NIGTC 117), 그리고 5:6에서는 가난한 자들의 차별을 살인으로 간주하고 있다 (NIGTC 117; 렘 7:6; 22:3; 암 8:4; 요일 3:15). 마 5:21-30에서도 이 두 계명들이 나타난다.

[단어분해]

ὁ …… εἰπών εἶπεν 의 주어 주격. 강조. 하나님의 이름 대신에 사용됨.

ὁ (관, 주, 남, 단) ὁ 그.

γὰρ (등접) γάρ (원인, 이유) 왜냐하면. 율법이 분리될 수 없다는 것을 설명하는 절을 소개한다.

εἰπών (분, 부과, 능, 주, 남, 단) λέγω 말하다. 부정과거 배경 현저성.

μὴ μοιχεύσῃς 간음하지 마라. μὴ +부정과거 가정법은 무조건적인 금지를 표현하며 이는 μὴ +직설법보다 더 강한 금지를 표현한다.

μὴ (계) μή 아닌.

μοιχεύσῃς (동, 가, 부과, 능, 2, 단) μοιχεύω 간통하다. μὴ +현재는 진행중인 행위의 중단 혹은 항상 피해야하는 행위를 표현하고, μὴ +부정과거 가정법은 무조건적인 금지를 표현한다. 부정과거 배경 현저성.

εἶπεν (동, 직, 부과, 능, 3, 단) λέγω 말하다. 부정과거 배경 현저성.

καί (부) καί 또한, 게다가.

μὴ φονεύσῃς 살인하지 마라. μὴ μοιχεύσῃς 를 보라.

μὴ (계) μή 아닌.

φονεύσῃς (동, 가, 부과, 능, 2, 단) φονεύω 살인하다. 부정과거 배경 현저성.

εἰ (종접) εἰ 만약. 제일 조건절.

δὲ (등접) δέ 그리고, 지금 (NET). 이전 절로부터 논리적 가설을 소개한다.

οὐ (부) οὐ 아닌. 이 부정어로 제일 조건절과 함께 사용된다 (Moulton 170-171).

μοιχεύεις (동, 직, 현, 능, 2, 단) μοιχεύω 간통하다. 현재 전면 현저성.

φονεύεις (동, 직, 현, 능, 2, 단) φονεύω 살인하다. 현재 전면 현저성.

δέ (등접) δέ 그러나.

γέγονας (동, 직, 완, 능, 2, 단) γίνομαι 되다. 조건문의 결과절을 소개한다. 완료 최전면 현저성.

παραβάτης (명, 주, 남, 단) παραβάτης 범지자. 주격 술어.

νόμου (명, 속, 남, 단) νόμος 율법. 목적어적 속격.

2:12 οὕτως λαλεῖτε καὶ οὕτως ποιεῖτε ὡς διὰ νόμου ἐλευθερίας μέλλοντες κρίνεσθαι.

자유를 주는 율법에 의해서 심판받게 될 사람처럼, 그와 같이 말하라 그리고 그와 같이 행동하라.

개역개정 : 너희는 자유의 율법대로 심판 받을 자처럼 말도 하고 행하기도 하라

[명제 관계]

12a	명령	**οὕτως λαλεῖτε** 그와 같이 말하라
12b	명령	**καὶ οὕτως ποιεῖτε** 그리고 그와 같이 행동하라
12c	비교	**ὡς διὰ νόμου ἐλευθερίας μέλλοντες κρίνεσθαι.** 자유를 주는 율법에 의해서 심판받게 될 사람처럼,

[설명]

1. 이 구절은 언행일치라는 행동의 기준은 확실한 심판에 대한 지식에 근거한 것이다. 야고보는 심판을 대비하는 방법을 제시한다.

2. 자유를 주는 율법은 1:25 에서 처음 나타난다. 이 자유를 주는 율법은 2:10-11에서 나타나는 심판하는 역할을 하는 율법과는 대조가 된다. 2:12에 등장하는 자유를 주는 율법은 새로운 계명이며 이 새 계명은 예수님께서 율법을 성취하셔서 우리에게 주신 계명이다.

3. "말하라" 그리고 "행동하라"는 것들은 현재형이다. 습관적으로 하라는 것은 선택이 아니라 의무와 책임이다.

4. 분사 "(심판받게) 되려고 하는" μέλλοντες 는 미래적 현재로서 확실성을 서술한다.

5. 부정사 "심판받게 되어지기" κρίνεσθαι 는 신적 수동태이다. 여기서는 종말론적 심판을 의미하며 1:12과 2:5의 상급과 관련됐다.

6. 두번이나 나타나는 "그와 같이" οὕτως 란 1) 말하고 행동하는 것은 심판될 것처럼 혹은 2) 말하고 행동하는 것은 1:10-11에 기록된 것처럼으로 이해될 수 있다.

7. ὡς 가 소개하는 절은 이것을 확인하는 설명절 혹은 이유를 설명하는 절이다.

[단어분해]

οὕτως (부) οὕτω 이와 같은 양식으로. 강조를 위해서 처음에 나타나며 ὡς 절을 지칭한다.

λαλεῖτε (동, 령, 현, 능, 2, 복) λαλέω 말하다. 습관적 현재. 현재 전면 현저성.

καὶ (등접) καί 그리고.

οὕτως (부) οὕτω 이와 같은 양식으로. 강조를 위해서 처음에 나타나며 ὡς 절을 지칭한다.

ποιεῖτε (동, 령, 현, 능, 2, 복) ποιέω 만들다. 여기서는 행동하다. 습관적 현재. 현재 전면 현저성.

ὡς (종접) ὡς 처럼. 설명절 (심판에 대비하는 태도로) 혹은 이유절 (심판받기 때문에) 로 이해될 수 있다.

διὰ νόμου ἐλευθερίας 자유를 생산하는 율법에 의해서 (1:25). 강조 위치.

διὰ (속, 전) διά (중간 대행) ~의해서, (수단, 도구) ~의해서.

νόμου (명, 속, 남, 단) νόμος 율법.

ἐλευθερίας (명, 속, 녀, 단) ἐλευθερία 자유. 생산 속격 : 자유를 생산하는 율법 혹은 서술 속격 : 자유롭게 하는 율법.

μέλλοντες (분, 현, 능, 주, 남, 복) μέλλω 할려고 하다. 실명사적 분사. λαλεῖτε 와 ποιεῖτε 의 함축된 주어. 미래적 현재. 현재 전면 현저성.

κρίνεσθαι (정, 현, 수) κρίνω 심판하다. 보충 부정사. 신적 수동태. 현재 전면 현저성.

2:13 ἡ γὰρ κρίσις ἀνέλεος τῷ μὴ ποιήσαντι ἔλεος· κατακαυχᾶται ἔλεος κρίσεως.

왜냐하면 자비를 베풀지 않는 사람에게는 심판은 무자비하기 때문이다. 자비는 심판을 이긴다.

개역개정 : 긍휼을 행하지 아니하는 자에게는 긍휼 없는 심판이 있으리라 긍휼은 심판을 이기고 자랑하느니라

[명제 관계]

13a	이유 (12)	**ἡ γὰρ κρίσις ἀνέλεος τῷ μὴ ποιήσαντι ἔλεος·** 왜냐하면 자비를 베풀지 않는 사람에게 심판은 무자비하기 때문이다.
13b	결론	**κατακαυχᾶται ἔλεος κρίσεως.** 자비는 심판을 이긴다.

[설명]

1. 편애를 금지해야 하는 근거는 종말론적 심판 (12-13)이다. 13절은 불신자들에 대한 심판과 신자들에 대한 것을 비교한다. 12절은 2인칭으로 서술되었지만 이 구절은 3인칭으로 서술되었다. 이는 하나의 영원한 진리를 서술한다. 이 구절은 편애 금지에 대한 결론 부분이며, 연결 동사가 없는 앞 문장은 전형적으로 금언에 해당한다.

2. 13a는 동사가 없는 문장이다.

3. "이기다" κατακαυχᾶται 는 강조의 위치에 있고, 간접 중간태로서 주어인 자비의 역할의 중요성을 강조한다.

4. 13b는 대조 명제에 해당하기도 하다.

[단어분해]

ἡ ..... κρίσις 동사 없는 문장의 주어 주격.

ἡ (관, 주, 녀, 단) ὁ 그. 이는 12절의 심판을 지칭하는 선행 조응 관사.

γὰρ (등접) γάρ (원인, 이유) 왜냐하면.

κρίσις (명, 주, 녀, 단) κρίσις 심판.

ἀνέλεος (보형, 주, 녀, 단, 원) ἀνέλεος 긍휼이 없는. 주격 술어.

τῷ …… ποιήσαντι 손해 여격.

τῷ (관, 여, 남, 단) ὁ 그. 총칭 관사.

μὴ (계) μή 아닌.

ποιήσαντι (분, 부과, 능, 여, 남, 단) ποιέω 행하다. 부정과거 배경 현저성.

ἔλεος (명, 대, 중, 단) ἔλεος 자비, 연민, 인정. ποιήσαντι 의 대격 직접 목적어.

κατακαυχᾶται (동, 직, 현, 중간, 3, 단) κατακαυχάομαι 이겨내다. 이 동사는 속격을 취한다. 간접 중간태. 격언적 현재. 현재 전면 현저성. 강조.

ἔλεος (명, 주, 중, 단) ἔλεος 자비, 연민, 인정. κατακαυχᾶται 의 주어 주격.

κρίσεως (명,속,녀,단) κρίσις 심판. κατακαυχᾶται 의 속격 목적어.

2:14 Τί τὸ ὄφελος, ἀδελφοί μου, ἐὰν πίστιν λέγῃ τις ἔχειν ἔργα δὲ μὴ ἔχῃ; μὴ δύναται ἡ πίστις σῶσαι αὐτόν;

나의 형제들이여! 만일 어떤 사람이 믿음을 가지고 있다고 말한다면 그러나 행함을 가지고 있지 않으면, 그유익은 무엇인가? 그런 믿음이 그를 구원할 수 있을까?

개역개정 : 내 형제들아 만일 사람이 믿음이 있노라 하고 행함이 없으면 무슨 유익이 있으리요 그 믿음이 능히 자기를 구원하겠느냐

[명제 관계]

14a 질문 **Τί τὸ ὄφελος,**
유익은 무엇인가?

14b 경청자 **ἀδελφοί μου,**
나의 형제들이여!

14c 조건 **ἐὰν πίστιν λέγῃ τις ἔχειν**
만일 어떤 사람이 믿음이 있다고 말한다면

14d 대조 **ἔργα δὲ μὴ ἔχῃ;**
그러나 행함을 가지지 않으면,

14e 결론 **μὴ δύναται ἡ πίστις σῶσαι αὐτόν;**
그런 믿음이 그를 구원 할수 있을까?

[설명]

1. 2:14-26은 행함이 없는 믿음을 취급하며 2:1-4와 비슷한 내용을 가지고 있다. 14절은 행함이 없는 믿음은 구원할 수 있습니까라는 수사학적 질문을 가지고 있다.

2. 이전의 본문들 1:3, 6; 2:1, 5에서 기록된 믿음은 전적인 신뢰이며, 본문 2:15-16에서 언급된 믿음은 은혜의 행위 즉 가난한 자를 돌보고 편애를 거절하는 것이다.

3. 14c 는 양보, 14d는 질문 명제로서 반전 명제 역할을 하기도 한다.

4. 14e는 부정적인 대답을 요구하는 질문이다.

[단어분해]

Tί (의대, 주, 중, 단) τίς 무엇 what? 동사가 없는 절 (Tί τὸ ὄφελος) 에서 주격 술어.

τὸ ὄφελος 주어 주격.

τὸ (관, 주, 중, 단) ὁ 그.

ὄφελος (명, 주, 중, 단) ὄφελος 유익, 이익, 좋음,.

ἀδελφοί (명, 호, 남, 복) ἀδελφός 형제. 단순 호격.

μου (인대, 속, 단) ἐγώ 나. 영적 관계 속격.

ἐὰν (종접) ἐάν 만약. 제삼 조건절.

πίστιν (명, 대, 녀, 단) πίστις 믿음. ἔχειν 의 대격 직접 목적어. 강조를 위해서 앞에 나타남.

λέγῃ (동, 가, 현, 능, 3, 단) λέγω 말하다. 습관적 현재. 현재 전면 현저성.

τις (부대, 주, 남, 단) τὶς 누군가, 누구. λέγῃ 의 주격 술어.

ἔχειν (정, 현, 능) ἔχω 가지다. 간접화법 : 어떤 사람이 그가 믿음을 가졌다고 말한다면. 현재 전면 현저성.

ἔργα (명, 대, 중, 복) ἔργον 행위. ἔχῃ 의 대격 직접 목적어.

δὲ (등접) δέ 그러나.

μὴ (계) μή 아닌. 부정적인 대답을 기다리는 의문문에 사용된 계사.

ἔχῃ (동, 가, 현, 능, 3, 단) ἔχω 가지다. λέγῃ 와 함께 조건문의 동사이다. 현재 전면 현저성.

μὴ (계) μή 아닌. 부정적 대답을 요구하는 부정 의문문의 부정 계사 (믿음은 그를 구할 수 없습니다, 믿음이 그를 구할 수 있습니까?).

δύναται (동, 직, 현, 중간, 3, 단) δύναμαι 할수 있다. 현재 전면 현저성.

ἡ πίστις δύναται 의 주격 술어.

ἡ (관, 주, 녀, 단) ὁ 그. 선행 조응 관사 (행위가 없는 믿음).

πίστις (명, 주, 녀, 단) πίστις 믿음.

σῶσαι (정, 부과, 능) σῴζω 구하다. 보충 부정사. 미래적 부정과거. 부정과거 배경 현저성.

αὐτόν (인대, 대, 남, 단) αὐτός 그. σῶσαι 의 대격 직접 목적어.

2:15 ἐὰν ἀδελφὸς ἢ ἀδελφὴ γυμνοὶ ὑπάρχωσιν καὶ λειπόμενοι τῆς ἐφημέρου τροφῆς

만약 어떤 형제나 자매가 헐벗고 그리고 일용할 양식이 없다면,
개역개정 : 만일 형제나 자매가 헐벗고 일용할 양식이 없는데

[명제 관계]

15a	조건 (16e)	**ἐὰν ἀδελφὸς ἢ ἀδελφὴ γυμνοὶ ὑπάρχωσιν** 만약 어떤 형제나 자매가 헐벗고
15b	연속 (15a)	**καὶ λειπόμενοι τῆς ἐφημέρου τροφῆς** 그리고 일용할 양식이 없다면 (혹은 지금 일용할 양식이 없다면) (NA28)

[설명]

1. 믿음은 은혜의 행위로서 가난한 자를 돌보고 편애를 보이지 않는 것이다.

2. 여자는 당시 사회에서는 소외된 계층이었다. 그래서 여자를 언급한 것은 믿음으로 오는 행함의 대상에서 소외되는 계층이 없도록 하기 위함이다.

3. 이 구절은 행함이 없는 믿음에 대한 예이다.

4. "부족하다, 없다" λειπόμενοι 는 중간태 동사로서 주어 자신을 위해서 없다는 것을 강조한다.

[단어분해]

ἐὰν (종접) ἐάν 만약. 제삼 조건절.

ἀδελφὸς ἢ ἀδελφὴ ὑπάρχωσιν 의 주어 주격.

ἀδελφὸς (명, 주, 남, 단) ἀδελφός 형제.

ἤ (등접) ἤ 혹은.

ἀδελφὴ (명, 주, 녀, 단) ἀδελφή 자매.

γυμνοὶ (보형, 주, 남, 복, 원) γυμνός 벌거벗은, 가리지 않은, 드러낸. 주격 술어.

ὑπάρχωσιν (동, 가, 현, 능, 3, 복) ὑπάρχω 존재하다, 이다. 두 개의 단수 주어가 ἤ 로 연결되었을 경우에는 복수 동사 (ὑπάρχωσιν) 와 복수 형용사 (γυμνοὶ) 를 가지고 있다 (ICC 206). Adam (50) 은 이런 구조를 문법적으로 감각 규칙 *constructio ad sensum*[2] 이라고 불렀다. 그에 의하면 ἀδελφὸς 혹은 ἀδελφὴ 가 집합 명사로 간주 되어진 경우이다. 현재 전면 현저성.

καὶ (등접) καί 그리고, 또한, 게다가.

λειπόμενοι 우연적 분사 구조이다. 이 경우는 시상을 강조하며 번역은 in lacking 이 된다. 이를 고려하면 "지금 당장 부족하다" 라는 의미를 가진다.

λειπόμενοι (분, 현, 중간, 주, 남, 복) λείπω 부족하다. 복수에 대해서 ὑπάρχωσιν 을 보라. 주격 술어. 지속적 현재. 현재 전면 현저성.

ὦσιν (동, 가, 현, 능, 3, 복) εἰμί 이다.

τῆς ἐφημέρου τροφῆς λειπόμενοι 의 속격 목적어.

τῆς (관, 속, 녀, 단) ὁ 그.

ἐφημέρου (보형, 속, 녀, 단, 원) ἐφήμερος 그 날 동안의. 매일의.

τροφῆς (명, 속, 녀, 단) τροφή 음식.

2:16 εἴπῃ δέ τις αὐτοῖς ἐξ ὑμῶν· ὑπάγετε ἐν εἰρήνῃ, θερμαίνεσθε καὶ χορτάζεσθε, μὴ δῶτε δὲ αὐτοῖς τὰ ἐπιτήδεια τοῦ σώματος, τί τὸ ὄφελος;

그리고 너희 가운데서 누가 그들에게 말한다고 하자, "평안히 가라 몸을 따뜻하게 하라 그리고 배부르게 하라." 그러나 너희는 몸에 필요한 것들을 그들에게 주지 않으면 그 유익은 무엇이겠는가?

개역개정 : 너희 중에 누구든지 그에게 이르되 평안히 가라, 덥게 하라, 배부르게 하라 하며 그 몸에 쓸 것을 주지 아니하면 무슨 유익이 있으리요

2 저자 역.

[명제 관계]

16a 조건 **εἴπῃ δέ τις αὐτοῖς ἐξ ὑμῶν·**
그러나 너희 가운데서 누가 그들에게 말한다면,

16b 명령 **ὑπάγετε ἐν εἰρήνῃ,**
평안히 가라

16c 명령 **θερμαίνεσθε καὶ χορτάζεσθε,**
몸을 따뜻하게 하라 그리고 배부르게 하라

16d 조건 **μὴ δῶτε δὲ αὐτοῖς τὰ ἐπιτήδεια τοῦ σώματος,**
그러나 너희는 몸에 필요한 것들을 그들에게
주지 않으면

16e 결과 **τί τὸ ὄφελος;**
그 유익은 무엇인가?

[설명]

1. 이전의 본문들 1:3, 6; 2:1, 5에서 기록된 믿음은 전적인 신뢰이며, 본문 2:15-16에서 언급된 믿음은 은혜의 행위 즉 가난한 자를 돌보고 편애를 거절하는 것이다.

2. "따뜻하게 하라 그리고 배부르게 하라" θερμαίνεσθε καὶ χορτάζεσθε 의 중간태일 경우의 의미는 '너희 스스로 하라'는 의미이며, 수동태일 경우에는 '하나님께서 해 주실 것이다'란 의미이며, 말하는 본인은 못하겠다는 의미이다. 이 문맥에서는 중간태 의미가 더 적합하다.

3. 이 구절은 행함이 없는 믿음에 대한 또 다른 예이다.

4. 16b-c는 16a의 내용이다. 또한 16a-c는 양보, 16d는 반전 명제 역할을 하기도 한다.

5. 16d 대조 명제이기도 하다.

6. 16e는 14a와 병행한다. 이는 수사학적 질문 명제에 해당한다.

[단어분해]

εἴπῃ (동, 가, 부과, 능, 3, 단) λέγω 말하다. 15절의 ἐάν 과 연결되었다. 제삼 조건절. 부정과거 배경 현저성.

δέ (등접) δέ 그리고.

τις (부대, 주, 남, 단) τὶς 누군가, 어떤. εἴπῃ 의 주어 주격.

αὐτοῖς (인대, 여, 남, 복) αὐτός 그. εἴπῃ 의 여격 간접 목적어.

ἐξ (속, 전) ἐκ 이는 모음앞에서 ἐξ 가 된다. (근원) ~부터.

ὑμῶν (인대, 속, 복) σύ 너, 당신.

ὑπάγετε (동, 령, 현, 능, 2, 복) ὑπάγω 가다, 떠나다. 현재 전면 현저성.

ἐν (여, 전) ἐν (매너/태도) ~와 함께.

εἰρήνῃ (명, 여, 녀, 단) εἰρήνη 평화, 화평. ἐν 다음에 오는 여격.

θερμαίνεσθε (동, 령, 현, 중간, 2, 복) θερμαίνω 따뜻한 한 상태에 있다, 따뜻한 상태로 간직하다. 중간태는 자신을 스스로 따뜻하게 하라는 의미이며 이는 가난한 자에게는 모욕적인 말이다. 수동태일 수도 있으며 이 경우에는 '다른 사람이 혹은 하나님께서 해 주실 것'이라는 의미이다 (KJV, NASB). 그러나 문맥상 중간태가 여기서는 타당하다. 지속적 현재. 현재 전면 현저성.

καὶ (등접) καί 그리고.

χορτάζεσθε (동, 령, 현, 중간, 2, 복) χορτάζω 채우다. 중간태는 자신을 스스로 채우라는 의미이다. 이 동사의 태에 대해서 θερμαίνεσθε 를 보라. 지속직 헌재. 헌재 진면 헌지성.

μὴ (계) μή 아닌.

δῶτε (동, 가, 부과, 능, 2, 복) δίδωμι 주다. 15절의 ἐάν 과 연결되었다. 부정과거 배경 현저성.

δὲ (등접) δέ 그리고.

αὐτοῖς (인대, 여, 남, 복) αὐτός 그. δῶτε 의 여격 간접 목적어.

τὰ ἐπιτήδεια 관사와 함께 사용된 형용사는 실명사 역할을 한다. δῶτε 의 대격 직접 목적어.

τὰ (관, 대, 중, 복) ὁ 그.

ἐπιτήδεια (보형, 대, 중, 복, 원) ἐπιτήδειος 필요한.

τοῦ (관, 속, 중, 단) ὁ 그.

σώματος (명, 속, 중, 단) σῶμα 몸. 주어적 속격: 몸이 필요로 하는 것.

τί (의대, 주, 중, 단) τίς 무엇? 주어 주격.

τὸ ὄφελος 주격 술어.

τὸ (관, 주, 중, 단) ὁ 그.

ὄφελος (명, 주, 중, 단) ὄφελος 유익, 이익.

2:17 οὕτως καὶ ἡ πίστις, ἐὰν μὴ ἔχῃ ἔργα, νεκρά ἐστιν καθ' ἑαυτήν.

이와 마찬가지로 믿음 역시, 만약 그것이 행함을 가지지 않으면, 그 자체만으로는 죽은 것이다.

개역개정 : 이와 같이 행함이 없는 믿음은 그 자체가 죽은 것이라

[명제 관계]

17a 조건 **οὕτως καὶ ἡ πίστις, ἐὰν μὴ ἔχῃ ἔργα,**
이와 마찬가지로 믿음 역시, 만약 그것이
행함을 가지지 않으면

17b 결론 **νεκρά ἐστιν καθ' ἑαυτήν.**
그 자체만으로 그것은 죽은 것이다.

[설명]

1. 14-16절의 요약 혹은 추론으로서 믿음과 행함에 대한 14절의 명제가 여기서는 다른 문장으로 다시 기록되었다.

2. 여기서 행위는 사랑의 행위이다. 가난한 사람을 돌보는 것, 편애를 거절하는 것, 겸손하고 말을 천천히 하는 것들이다. 야고보서는 회심 이후의 행위를 강조한다.

3. "이와 마찬가지로"는 16-17절의 예에서 보여준 것과 같은 방법을 의미한다.

4. "죽은" νεκρά 가 강조의 위치에 있다.

[단어분해]

οὕτως (부) οὕτω 이같은 양식으로. 16-17절의 예에서 보여준 것처럼.

καὶ (부) καί 또한.

ἡ πίστις, ἐστιν 의 주어 주격.

ἡ (관, 주, 녀, 단) ὁ 그. 선행 조응 관사로서 2:14절의 믿음.

πίστις (명, 주, 녀, 단) πίστις 믿음.

ἐὰν (종접) ἐάν 만약. 제삼 조건절.

μὴ (계) μή 아닌.

ἔχῃ (동, 가, 현, 능, 3, 단) ἔχω 가지다. 현재 전면 현저성.

ἔργα (명, 대, 중, 복) ἔργον 행위. ἔχῃ 의 대격 직접 목적어.

νεκρά (보형, 주, 녀, 단, 원) νεκρός 죽은. 주격 술어. 강조 위치.

ἐστιν (동, 직, 현, 능, 3, 단) εἰμί 이다.

καθ' ἑαυτήν 그 자체로 (그 자체 하나만으로, by itself)

καθ' (대, 전) κατά (단독) 스스로.

ἑαυτήν (재대, 대, 녀, 단) ἑαυτοῦ 그 자신을. καθ' 다음에 오는 대격.

2:18 'Αλλ' ἐρεῖ τις· σὺ πίστιν ἔχεις, κἀγὼ ἔργα ἔχω· δεῖξόν μοι τὴν πίστιν σου χωρὶς τῶν ἔργων, κἀγώ σοι δείξω ἐκ τῶν ἔργων μου τὴν πίστιν.

그러나 어떤 사람이 이렇게 말할 것이다. "너는 믿음을 가졌고 나는 행함을 가졌다. 행함들이 없는 너의 믿음을 나에게 보여라. 그러면 나는 행함들로써 나의 믿음을 너에게 보이겠다."

개역개정 : 어떤 사람은 말하기를 너는 믿음이 있고 나는 행함이 있으니 행함이 없는 네 믿음을 내게 보이라 나는 행함으로 내 믿음을 네게 보이리라 하리라

[명제 관계]

18a	대조 (17)	**'Αλλ' ἐρεῖ τις·** 그러나 어떤 사람은 이렇게 말할 것이다.
18b	상태	**σὺ πίστιν ἔχεις,** 너는 믿음을 가졌고
18c	대조	**κἀγὼ ἔργα ἔχω·** 그리고 나는 행함을 가졌다
18d	요구	**δεῖξόν μοι τὴν πίστιν σου χωρὶς τῶν ἔργων,** 행함들이 없는 너의 믿음을 나에게 보여라.
18e	대조	**κἀγώ σοι δείξω ἐκ τῶν ἔργων μου τὴν πίστιν.** 그러면 나는 행함들로써 나의 믿음을 너에게 보이겠다.

[설명]

1. 이 문장은 14a에 대한 행함이 없는 믿음에 대한 반대자들의 주장으로부터 시작된다.

2. 보여라 δεῖξόν 은 부정과거 명령으로서 무조건적 명령이다.

3. 18b는 문제를 제기 하고 18c는 해결법을 제시한다.

4. 이 구절은 신약에서 가장 어려운 구절 중의 하나라고 알려져 있다. 인용부호가 없기 때문이다. 이에 대해서 대부분의 학자들은 다음과 같은 문단으로 나눈다 (NICNT 237).

가. 18a-c : 그러나 어떤 사람들은 이렇게 말한다. "너는 믿음을 가졌고 나는 행함을 가졌다."

나. 18d-e : (이에 대해서 야고보는 이렇게 대응한다) 행함이 없는 너의 믿음을 나에게 보여라. 그러면 나는 행함으로 나의 믿음을 너에게 보이겠다.

[단어분해]

'Ἀλλ' (등접) ἀλλά 그러나.

ἐρεῖ (동, 직, 미, 능, 3, 단) λέγω 말하다.

τις (부대, 주, 남, 단) τὶς 어떤. ἐρεῖ의 주어 주격..

σὺ (인대, 주, 단) σύ 너, 당신. ἔχεις의 주어 주격. 강조.

πίστιν (명, 대, 녀, 단) πίστις 믿음. ἔχεις의 대격 직접 목적어.

ἔχεις (동, 직, 현, 능, 2, 단) ἔχω 가지다. 현재 전면 현저성.

κἀγὼ (등접) 와 (인대, 주, 단) καί+ἐγώ 그리고 나. ἐγώ는 ἔχω의 주어 주격.

ἔργα (명, 대, 중, 복) ἔργον 행위. ἔχω의 대격 직접 목적어.

ἔχω (동, 직, 현, 능, 1, 단) ἔχω 가지다. 현재 전면 현저성.

δεῖξόν (동, 령, 부과, 능, 2, 단) δείκνυμι 보이다, 제시하다, 나타내다, 증명하다. 부정과거 명령은 무조건적이다. 부정과거 배경 현저성.

μοι (인대, 여, 단) ἐγώ 나. δεῖξόν 의 여격 간접 목적어.

τὴν πίστιν δεῖξόν 의 대격 직접 목적어.

τὴν (관, 대, 녀, 단) ὁ 그.

πίστιν (명, 대, 녀, 단) πίστις 믿음.

σου (인대, 속, 단) σύ 너, 당신.

χωρὶς (속, 전) χωρίς (분리) ~ 부터.

τῶν (관, 속, 중, 복) ὁ 그.

ἔργων (명, 속, 중, 복) ἔργον 행위.

κἀγώ (등접) 와 (인대, 주, 단) καί+ἐγώ 그리고 나.

σοι (인대, 여, 단) σύ 너, 당신. δείξω의 여격 간접 목적어. 강조.

δείξω (동, 직, 미, 능, 1, 단) δείκνυμι 보이다. 제시하다, 나타내다, 증명하다, 논증하다.

ἐκ (속, 전) ἐκ 모음앞에서 ἐξ 가 된다. (수단) ~의해서.

τῶν (관, 속, 중, 복) ὁ 그.

ἔργων (명, 속, 중, 복) ἔργον 행위.

μου (인대, 속, 단) ἐγώ 나. 강조.

τὴν πίστιν δείξω 의 대격 직접 목적어.

τὴν (관, 대, 녀, 단) ὁ 그.

πίστιν (명, 대, 녀, 단) πίστις 믿음.

2:19 σὺ πιστεύεις ὅτι εἷς ἐστιν ὁ θεός, καλῶς ποιεῖς· καὶ τὰ δαιμόνια πιστεύουσιν καὶ φρίσσουσιν.

너는 하나님이 한 분이심을 믿고 있다. 너는 잘 하고 있다. 심지어 악한 영들도 (그렇게) 믿고 그리고 떤다.

개역개정 : 네가 하나님은 한 분이신 줄을 믿느냐 잘하는도다 귀신들도 믿고 떠느니라

[명제 관계]

19a	행위	**σὺ πιστεύεις** 너는 믿고 있다.
19b	보충	**ὅτι εἷς ἐστιν ὁ θεός,** 하나님이 한 분이심을
19c	결과 (19a)	**καλῶς ποιεῖς·** 너는 잘하고 있다.
19d	반전 (19a-c)	**καὶ τὰ δαιμόνια πιστεύουσιν καὶ φρίσσουσιν.** 심지어 악한 영들도 (그렇게) 믿고 그리고 떤다.

[설명]

1. 19절은 행함이 없는 믿음에 대한 부정적인 예를 기술하고 있다. 악한 영들은 행함이 없는 믿음을 가지고 있기 때문에 구원을 얻지 못한다.

2. 이 문장의 첫 부분은 신명기 6:4의 쉐마에 해당한다.

[단어분해]

σὺ πιστεύεις ὅτι εἷς ἐστιν ὁ θεός 이 문장은 평서문 (Adam 54, NICNT 240) 혹은 수사학적 의문문으로 번역된다 (WBC 89, ZECNT 134). 문맥에서는 의문문이든 평서문이든 이 문장은 같은 의미를 가지고 있다 (Adam 54)

σὺ (인대, 주, 단) σύ 너, 당신. πιστεύεις 의 주어 주격. 강조.

πιστεύεις (동, 직, 현, 능, 2, 단) πιστεύω 믿다. 현재 전면 현저성.

ὅτι (종접) ὅτι (내용절).

εἷς (기형, 주, 남, 단, 원) εἷς 하나.

ἐστιν (동, 직, 현, 능, 3, 단) εἰμί 이다.

ὁ θεός ἐστιν 의 주어 주격.

ὁ (관, 주, 남, 단) ὁ 그.

θεός (명, 주, 남, 단) θεός 하나님.

καλῶς (부) καλῶς 잘, 만족히, 더할 나위 없이, 올바르게, 정당하게, 바르게, 정확히.

ποιεῖς (동, 직, 현, 능, 2, 단) ποιέω 행하다. 현재 전면 현저성.

καὶ (부) καί 심지어.

τὰ δαιμόνια πιστεύουσιν 의 주어 주격.

τὰ (관, 주, 중, 복) ὁ 그.

δαιμόνια (명, 주, 중, 복) δαιμόνιον 악한 영.

πιστεύουσιν (동, 직, 현, 능, 3, 복) πιστεύω 믿다. 격언적 현재. 현재 전면 현저성.

καὶ (등접) καί 그리고.

φρίσσουσιν (동, 직, 현, 능, 3, 복) φρίσσω 떨다, 전율하다. 극도의 두렴으로 인한 절제 할 수 없을 정도의 떨림이다. 현재 전면 현저성.

2:20 Θέλεις δὲ γνῶναι, ὦ ἄνθρωπε κενέ, ὅτι ἡ πίστις χωρὶς τῶν ἔργων ἀργή ἐστιν;

그러나 아, 어리석은 사람아, 행함들이 없는 믿음은 쓸모가 없다는 사실을 너는 알고 싶나?

개역개정 : 아아 허탄한 사람아 행함이 없는 믿음이 헛것인 줄을 알고자 하느냐

[명제 관계]

20a 질문 **Θέλεις δὲ γνῶναι, ὦ ἄνθρωπε κενέ,**
아! 어리석은 사람아, 너는 알고 싶나?

20c 내용 **ὅτι ἡ πίστις χωρὶς τῶν ἔργων ἀργή ἐστιν;**
행함들이 없는 믿음은 쓸모가 없다는 사실을

[설명]

1. 본문 20-26절은 행함이 있는 믿음의 두 예들을 서술하고 있다. 20절은 행함이 없는 믿음은 쓸모없다는 것을 증명하기 위해서 수사학적 질문을 한다.

[단어분해]

Θέλεις (동, 직, 현, 능, 2, 단) θέλω 원하다. 현재 전면 현저성.

δὲ (등접) δέ 그러나.

γνῶναι (정, 부과, 능) γινώσκω 알다. 부정과거 배경 현저성.

ὦ ἄνθρωπε κενέ 강조 호격.

ὦ (감) ὦ 오!

ἄνθρωπε (명, 호, 남, 단) ἄνθρωπος 사람, 인간.

κενέ (보형, 호, 남, 단, 원) κενός 빈, 공허한, 비어 있는, 무익하게, 헛되이. 이 단어는 이해를 잘 못 하는 혹은 도덕적 결함을 가진 것으로 이해된다. 여기서는 어리석은 사람이라고 번역되었다.

ὅτι (종접) ὅτι (내용절).

ἡ πίστις ἐστιν 의 주어 주격.

ἡ (관, 주, 녀, 단) ὁ 그. 선행 조응 관사.

πίστις (명, 주, 녀, 단) πίστις 믿음.

χωρὶς (속, 전) χωρίς (분리) 떨어져서, ~부터.

τῶν (관, 속, 중, 복) ὁ 그.

ἔργων (명, 속, 중, 복) ἔργον 행위.

ἀργή (보형, 주, 녀, 단, 원) ἀργός 쓸모없는, 가치 없는, 하잘것없는, 무익한. 주격 술어. 동사 앞에 위치하여 강조함.

ἐστιν (동, 직, 현, 능, 3, 단) εἰμί 이다. 격언적 현재.

2:21 **Ἀβραὰμ ὁ πατὴρ ἡμῶν οὐκ ἐξ ἔργων ἐδικαιώθη ἀνενέγκας Ἰσαὰκ τὸν υἱὸν αὐτοῦ ἐπὶ τὸ θυσιαστήριον;**

우리 조상 아브라함이 자기 아들 이삭을 제단에 바칠 때 행위들에 의해서 의롭게 된 것이 아니냐?

개역개정 : 우리 조상 아브라함이 그 아들 이삭을 제단에 바칠 때에 행함으로 의롭다 하심을 받은 것이 아니냐

[명제 관계]

21a	결과	**Ἀβραὰμ ὁ πατὴρ ἡμῶν οὐκ ἐξ ἔργων ἐδικαιώθη** 우리 조상 아브라함이 행위들로써 의롭게 된 것이 아니냐?
21b	수단	**ἀνενέγκας Ἰσαὰκ τὸν υἱὸν αὐτοῦ ἐπὶ τὸ θυσιαστήριον;** 자기 아들 이삭을 제단에 바칠 때

[설명]

1. 21절은 행함이 없는 믿음은 쓸모없다는 것을 증명하기 위해서 첫 예로서 아브라함의 믿음과 행함에 대해서 기록한다.

2. 21a은 질문 명제로서 긍정적인 대답을 요구한다.

3. 분사 ἀνενέγκας 는 다양하게 이해된다. 이 분사는 시간, 수단, 원인분사등 다양하게 이해된다.

4. 행위들에 대해서 NIGTC (127)은 아브라함이 10가지 시험에서 통과한 일들이며 이중에서 가장 어려운 시험은 아들 이삭을 바치는 것이었다. 이 10가지 시험의 종류에 대해서 다양한 이해가 있지만 Maimonides 가 기록한 미드라쉬 전통에 의한 것이다.

가. 가나안으로 떠나라는 명령에 순종 (창 12:1)

나. 가나안 땅에 도착한 직후 아브라함은 심한 가뭄을 만남 (창 12:10)

다. 이집트 왕 바로가 아브라함의 아내 사라를 데리고 감 (창 12:14-15)

라. 아브라함은 네 왕들과 싸움 (창 14:1-16)

마. 하갈과 결혼하여 아들을 얻음 (창 16:1-4)

바. 99 세에 할례를 받음 (창 17:24)

사. 게라왕이 아브라함의 아내를 납치하여 아내로 삼으려고 시도함 (창 20:1-14)

아. 그의 아내 하갈을 추방함 (창 21:9-14)
자. 그의 아들 이스마엘을 추방함 (창 21:9-14)
차. 그의 아들 이삭을 제물로 바침 (창 22:2)

[단어분해]

'Αβραὰμ (명, 주, 남, 단, 고명) 'Αβραάμ 아브라함. ἐδικαιώθη 의 주어 주격. 강조.

ὁ πατὴρ 'Αβραὰμ 의 주격 동격.

ὁ (관, 주, 남, 단) ὁ 그.

πατὴρ (명, 주, 남, 단) πατήρ 아버지.

ἡμῶν (인대, 속, 복) ἐγώ 나. 영적 관계 속격.

οὐκ (부) οὐ 아닌. 긍정적 대답을 요구하는 부정 의문문에 사용된 부사.

ἐξ (속, 전) evk 모음 앞에서 ἐξ 가 된다. (수단) 의해서.

ἔργων (명, 속, 중, 복) ἔργον 행위. 아브라함이 열가지 시험을 통과하였기 때문에 복수로 사용되었고 그 중에서 가장 어려운 시험은 이삭을 바치는 것이었지만 이 시험도 아브라함은 통과하였다.

ἐδικαιώθη (동, 직, 부과, 수, 3, 단) δικαιόω 정의를 보이다, 정의를 행하다, 변호하다. 옹호하다, 지키다, 정당함을 입증하다. 신적 수동태. 부정과거 배경 현저성.

ἀνενέγκας ..... ἐπὶ 하나님께 제물을 드리는 표현이다.

ἀνενέγκας (분, 부과, 능, 주, 남, 단) ἀναφέρω (제물을) 드리다. 시간 분사 : 드릴 때 (ESV, NET, NIV), 혹은 원인 분사 : 드렸기 때문에, 수단 분사 : 드림으로써 (바른 성경). 부사적 분사 주격. 부정과거 배경 현저성.

'Ισαὰκ (명, 대, 남, 단, 고명) 'Ισαάκ 이삭.

τὸν υἱὸν 'Ισαὰκ 의 동격 대격.

τὸν (관, 대, 남, 단) ὁ 그.

υἱὸν (명, 대, 남, 단) υἱός 아들.

αὐτοῦ (인대, 속, 남, 단) αὐτός 그. 소유 속격.

ἐπὶ (대,전) ἐπί (장소) 위에.

τὸ θυσιαστήριον ἐπὶ 다음에 오는 대격.

τὸ (관, 대, 중, 단) ὁ 그. 유명 관사.

θυσιαστήριον (명, 대, 중, 단) θυσιαστήριον 제단.

2:22 βλέπεις ὅτι ἡ πίστις συνήργει τοῖς ἔργοις αὐτοῦ καὶ ἐκ τῶν ἔργων ἡ πίστις ἐτελειώθη,

너는 믿음이 그의 행위들과 함께 일을 하고 있었고 그리고 그 행위들에 의해서 믿음이 완전하게 된 것을 알고 있다.

개역개정 : 네가 보거니와 믿음이 그의 행함과 함께 일하고 행함으로 믿음이 온전하게 되었느니라

[명제 관계]

22a	행위	**βλέπεις** 너는 알고 있다.
22b	내용	**ὅτι ἡ πίστις συνήργει τοῖς ἔργοις αὐτοῦ** 믿음이 그의 행위들과 함께 일을 하고 있었던 것을
22c	수단 (22d)	**καὶ ἐκ τῶν ἔργων** 그리고 그 행위들에 의해서
22d	결과	**ἡ πίστις ἐτελειώθη,** 믿음이 완전하게 된 것을.

[설명]

1. 22절은 21절의 예를 설명하고 있다. 이 구절은 아브라함의 순종은 그의 믿음이 행위와 함께하며 또한 이 순종으로 인하여 그의 믿음의 완전하도록 성장했다는 것을 기록한다.

[단어분해]

βλέπεις (동, 직, 현, 능, 2, 단) βλέπω 보다, 이해하다, 알다. 이 동사 단수의 주어는 야고보의 대화의 파트너이다. 지속적 현재. 현재 전면 현저성.

ὅτι (종접) ὅτι (내용절).

ἡ πίστις συνήργει 의 주어 주격. 아브라함의 믿음 혹은 (추상명사로서) 믿음.

ἡ (관, 주, 녀, 단) ὁ 그. 선행 조응 관사 : 그의 혹은 아브라함의 (NET, NIV), 혹은 추상명사화 관사.

πίστις (명, 주, 녀, 단) πίστις 믿음.

συνήργει (동, 직, 미완, 능, 3, 단) συνεργέω 함께 일하다. 진행적 미완료 : 매일 일상생활에서 일어나고 있음을 시사한다. 이는 바울이 말한 성화의 과정의 한 예이다. 미완료 전면 현저성.

τοῖς ἔργοις συνήργει 의 여격 직접 목적어. 연합 여격.

τοῖς (관, 여, 중, 복) ὁ 그.

ἔργοις (명, 여, 중, 복) ἔργον 행위.

αὐτοῦ (인대, 속, 남, 단) αὐτός 그. 소유 속격 혹은 주어적 속격.

καὶ (등접) καί 그리고.

ἐκ τῶν ἔργων 강조.

ἐκ (속, 전) ἐκ 모음앞에서 ἐξ 가 된다. (수단) ~의해서.

τῶν (관, 속, 중, 복) ὁ 그.

ἔργων (명, 속, 중, 복) ἔργον 행위.

ἡ πίστις ἐτελειώθη 의 주어 주격.

ἡ (관, 주, 녀, 단) ὁ 그.

πίστις (명, 주, 녀, 단) πίστις 믿음.

ἐτελειώθη (동, 직, 부과, 수, 3, 단) τελειόω 완성하다. 목표에 도달하다. 신적 수동태. 부정과거 배경 현저성.

2:23 καὶ ἐπληρώθη ἡ γραφὴ ἡ λέγουσα· ἐπίστευσεν δὲ 'Αβραὰμ τῷ θεῷ, καὶ ἐλογίσθη αὐτῷ εἰς δικαιοσύνην καὶ φίλος θεοῦ ἐκλήθη.

이리하여 "이제 아브라함이 하나님을 믿었고, 그리고 그것은 그에게 의로서 여겨졌다." 라고 기록한 성경 말씀이 이루어졌고, 또 그는 하나님의 벗이라고 불리었다.

개역개정 : 이에 성경에 이른 바 아브라함이 하나님을 믿으니 이것을 의로 여기셨다는 말씀이 이루어졌고 그는 하나님의 벗이라 칭함을 받았나니

[명제 관계]

23a	사건	**καὶ ἐπληρώθη ἡ γραφὴ ἡ λέγουσα·** 이리하여 그 성경 말씀이 이루어졌다,
23b	이유	**ἐπίστευσεν δὲ 'Αβραὰμ τῷ θεῷ,** 이제 아브라함이 하나님을 믿었고,
23c	결과	**καὶ ἐλογίσθη αὐτῷ εἰς δικαιοσύνην** 그리고 그것은 그에게 의로서 여겨졌다
23d	확장	**καὶ φίλος θεοῦ ἐκλήθη.** 또 그는 하나님의 벗이라고 불리었다

[설명]

1. 23절은 아브라함의 예를 창 15:6을 인용하여 요약 설명하고 있다. 이 문장은 2:14에 대한 해답이다.

2. 하나님의 벗은 역대하 20:7, 사 41:8에서 나타나는데 이들은 창 18:17–18을 근거로 한 것이다.

3. "이루어지다" ἐπληρώθη 는 신적 수동태로서 하나님의 역할을 강조한다.

[단어분해]

καὶ (등접) καί 이리하여. 믿음과 행위를 연합한 결과를 소개한다.

ἐπληρώθη (동, 직, 부과, 수, 3, 단) πληρόω 성취하다. 신적 수동태. 부정과거 배경 현저성.

ἡ γραφὴ ἐπληρώθη 의 주어 주격. (창 15:6 참조).

ἡ (관, 주, 녀, 단) ὁ 그.

γραφὴ (명, 주, 녀, 단) γραφή 성경.

ἡ γραφὴ ἡ λέγουσα 제이 한정 분사 : 말씀하는 성경.

ἡ (관, 주, 녀, 단) ὁ 그.

λέγουσα (분, 현, 능, 주, 녀, 단) λέγω 말하다. 지속적 현재. 현재 전면 현저성.

ἐπίστευσεν (동, 직, 부과, 능, 3, 단) πιστεύω 믿다. 부정과거 배경 현저성.

δὲ (등접) δέ 이제.

'Αβραὰμ (명, 주, 남, 단, 고명) 'Αβραάμ 아브라함. ἐπίστευσεν 의 주어 주격.

τῷ θεῷ ἐπίστευσεν 의 여격 직접 목적어.

τῷ (관, 여, 남, 단) ὁ 그.

θεῷ (명, 여, 남, 단) θεός 하나님.

καὶ (등접) καί 그리고. 아브람함의 행위의 또 다른 결과를 소개하는 접속사이다.

ἐλογίσθη (동, 직, 부과, 수, 3, 단) λογίζομαι 간주하다, 생각하다. 이 동사의 주어는 아브라함의 믿음이다. 부정과거 배경 현저성.

αὐτῷ (인대, 여, 남, 단) αὐτός 그. ἐλογίσθη 의 여격 간접 목적어 : 그에게, 혹은 유익 여격 : 그를 위하여.

εἰς δικαιοσύνην 히브리어의 영향으로 술어 주격 기능을 한다 (Vlachos 127).

εἰς (대, 전) εἰς (술어 주격). λογίζομαι εἰς 에서 술어 주격으로 사용된다 (BDAG 8.a.g)

δικαιοσύνην (명, 대, 녀, 단) δικαιοσύνη 의. εἰς 다음에 오는 대격.

καὶ (등접/부사) καί 그리하여, 그 결과로.

φίλος (보형, 주, 남, 단, 원) φίλος 친구. 이 주격 (보어 주격) 은 주어 주격 'Αβραὰμ 과 함께 이중 주격 구조를 가진다.

θεοῦ (명, 속, 남, 단) θεός 하나님. 영적 관계 속격.

ἐκλήθη (동, 직, 부과, 수, 3, 단) καλέω 부르다. 부정과거 배경 현저성.

2:24 ὁρᾶτε ὅτι ἐξ ἔργων δικαιοῦται ἄνθρωπος καὶ οὐκ ἐκ πίστεως μόνον.

너희는 (다음을) 안다: 사람이 행위들에 의해서 의롭게 되는 것이고, 단지 믿음으로만은 아니다.

개역개정 : 이로 보건대 사람이 행함으로 의롭다 하심을 받고 믿음으로만은 아니니라

[명제 관계]

24a	행위	**ὁρᾶτε** 너희는 (다음을) 안다.
24b	내용	**ὅτι ἐξ ἔργων δικαιοῦται ἄνθρωπος** 사람이 행위들에 의해서 의롭게 되어진다
24c	대조	**καὶ οὐκ ἐκ πίστεως μόνον.** 그리고 단지 믿음으로만 (의롭게 되어지는 것) 아니다.

[설명]

1. 24절은 14-26에서 가장 핵심 주제로서 14, 17, 20에 이어서 네 번째 야고보는 기술하고 있다.

2. 동사 알다 ὁρᾶτε 는 복수이다. 이는 야고보의 모든 독자들에게 주는 메시지이다.

3. 행함 ἐξ ἔργων 이 강조의 위치에 있다..

4. 오직 믿음으로 ἐκ πίστεως μόνον 신약에서 한번만 사용된 구이다. 그런데 야고보는 믿음으로만 구원에 이를 수 없다고 주장하고 있다.

5. 바울과 야고보는 현저하게 서로 상충이 된다. 이를 설명하라. 이를 해결하기 위해서는 문맥을 고려해야 한다.

[단어분해]

ὁρᾶτε (동, 직, 현, 능, 2, 복) ὁράω 보다. 현재 전면 현저성. 22절에선 단수였고 여기서는 복수이다. 이 동사의 주어는 야고보의 독자들이다.

ὅτι (종접) ὅτι (내용절).

ἐξ ἔργων 강조.

ἐξ (속, 전) evk 모음앞에서 ἐξ 가 된다. 수단 : 의해서.

ἔργων (명, 속, 중, 복) ἔργον 행위.

δικαιοῦται (동, 직, 현, 수, 3, 단) δικαιόω 정의를 보이다, 정의를 행하다. 격언적 현재. 현재 전면 현저성.

ἄνθρωπος (명, 주, 남, 단) ἄνθρωπος 사람. δικαιοῦται의 주어 주격.

καὶ (등접) καί 그리고.

οὐκ (부) οὐ 아닌.

ἐκ πίστεως μόνον 오직 믿음으로. 신약에서 한 번만 사용된 구이다.

ἐκ (속, 전) ἐκ 모음앞에서 ἐξ 가 된다. 수단 : 의해서, 혹은 원인 : 믿음 때문에.

πίστεως (명, 속, 녀, 단) πίστις 믿음.

μόνον (부) μόνος 유일한, 다만, 홀로. 강조.

2:25 ὁμοίως δὲ καὶ Ῥαὰβ ἡ πόρνη οὐκ ἐξ ἔργων ἐδικαιώθη ὑποδεξαμένη τοὺς ἀγγέλους καὶ ἑτέρᾳ ὁδῷ ἐκβαλοῦσα;

그리고 이와 같이 기생 라합도 사자들을 접대할 때, 그리고 다른 길로 내보낼 때 행위들에 의해서 의롭게 된 것이 아닌가?

개역개정 : 또 이와 같이 기생 라합이 사자들을 접대하여 다른 길로 나가게 할 때에 행함으로 의롭다 하심을 받은 것이 아니냐

[명제 관계]

25a 비교 **ὁμοίως δὲ**
그리고 이와 같이

25b 일반화 **καὶ Ῥαὰβ ἡ πόρνη οὐκ ἐξ ἔργων ἐδικαιώθη**
기생 라합도 행위들로 의롭게 된 것이 아닌가?

25c 특수화 **ὑποδεξαμένη τοὺς ἀγγέλους**
사자들을 접대할 때,

25d 특수화 **καὶ ἑτέρᾳ ὁδῷ ἐκβαλοῦσα**
그리고 다른 길로 내보낼 때

[설명]

1. 25절은 행함이 있는 믿음을 설명하기 위한 두 번째 예를 서술한다(여호수아 2장).

2. 25b는 긍정적인 대답을 요구하는 질문 명제이기도 하다.

3. 25a는 21a와 병행한다.

4. 25c와 25d는 수단 명제이기도 하다.

5. 라합은 아브라함과는 모든 면에서 정반대의 사람이다 (아브라함/라합: 부/가난, 도덕적/비도덕적 (매춘부), 남/여, 사회의 지도적 위치/낮은 위치). 아브라함과 라합을 예로 든 이유는 이 둘이 도우미 (환대, 구호, 접대, 돌봄)의 모범으로서 유대사회에서 전통적으로 알려져 있기 때문이다(NIGTC 133).

6. "접대할 때" ὑποδεξαμένη 의 중간태는 주어의 활동을 강조한다.

[단어분해]

ὁμοίως (부) ὁμοίως 똑같이, 마찬가지로.

δὲ (등접) δέ 그리고.

καὶ (부) καί 심지어. 또한.

Ῥαὰβ (명, 주, 녀, 단, 고명) Ῥαάβ 라합. ἐδικαιώθη 의 주어 주격.

ἡ πόρνη Ῥαὰβ 의 동격 주격.

ἡ (관, 주, 녀, 단) ὁ 그. 유명 관사.

πόρνη (명, 주, 녀, 단) πόρνη 매춘부.

οὐκ (부) οὐ 아닌. 긍정적 대답을 요구하는 부정 의문문을 인도하는 부정어.

ἐξ (속, 전) evk 이는 모음앞에서 ἐξ 가 된다. 수단: 의해서.

ἔργων (명, 속, 중, 복) ἔργον 행위. 라합의 영접과 환송의 두 사건들이 복수이다. 혹은 야고보의 하나의 문체 양식일 수도 있다.

ἐδικαιώθη (동, 직, 부과, 수, 3, 단) δικαιόω 정의를 보이다, 정의를 행하다, 정당함을 입증하다. 부정과거 배경 현저성.

ὑποδεξαμένη (분, 부과, 중간, 주, 녀, 단) ὑποδέχομαι 받다, 환영하다. 시간 분사: 그녀가 환영할 때 (ESV, NET), 혹은 원인 분사 : 그녀가 환영하였기 때문에, 혹은 수단 분사 : 그녀가 환영함으로써. 부사적 분사 주격. 부정과거 배경 현저성.

τοὺς ἀγγέλους ὑποδεξαμένη 의 대격 직접 목적어.

τοὺς (관, 대, 남, 복) ὁ 그. 유명 관사 : 이 서신의 독자들이 잘 알고 있음.

ἀγγέλους (명, 대, 남, 복) ἄγγελος 천사, 사자. 정탐꾼 보다는 사자의 번역이 타당하다. 사자는 하나님의 심부름꾼을 의미한다.

καὶ (등접) καί 그리고.

ἑτέρᾳ ὁδῷ 도구 여격. 강조.

ἑτέρᾳ (부형, 여, 녀, 단, 원) ἕτερος 다른.

ὁδῷ (명, 여, 녀, 단) ὁδός 길.

ἐκβαλοῦσα (분, 부과, 능, 주, 녀, 단) ἐκβάλλω 내어 보내다. 시간 분사 : 그녀가 보낼 때 (ESV, NET), 혹은 원인 분사 : 그녀가 보냈기 때문에 혹은 수단 분사 : 그녀가 보냄으로써. 부사적 분사 주격. 부정과거 배경 현저성.

2:26 ὥσπερ γὰρ τὸ σῶμα χωρὶς πνεύματος νεκρόν ἐστιν, οὕτως καὶ ἡ πίστις χωρὶς ἔργων νεκρά ἐστιν.

왜냐하면, 영혼이 없는 몸은 죽은 것과 같이, 이와 마찬가지로 행함들이 없는 믿음도 죽은 것이기 때문이다.

개역개정 : 영혼 없는 몸이 죽은 것 같이 행함이 없는 믿음은 죽은 것이니라

[명제 관계]

26a 상황 **ὥσπερ γὰρ τὸ σῶμα χωρὶς πνεύματος**
처럼, 왜냐하면, 영혼이 없는 몸은

26b 결과 **νεκρόν ἐστιν**
몸이 죽은 것이다

26c 결론 **οὕτως καὶ ἡ πίστις χωρὶς ἔργων νεκρά ἐστιν**
이와 마찬가지로 행함들이 없는 믿음도 죽은 것이기 때문이다.

[설명]

1. 26절은 행함이 없는 믿음은 죽은 믿음임을 재선언한다. 이는 2:14의 질문에 대한 마지막 대답이다.

2. 26은 비교 명제이기도 하며 또한 14-16절의 결론 명제이기도 하다.

3. 26c는 결론 명제, 26a-b 이유 명제에 해당하기도 하다.

4. 몸과 영혼을 예로 들면서 행함이 없는 믿음은 죽은 것이라고 결론 짓는다.

[단어분해]

ὥσπερ (종접) ὥσπερ 같이.

γὰρ (등접) γάρ (원인, 이유) 왜냐하면. 라합의 예를 설명하면, 혹은 지금까지 설명한 것들을 종합하면,

τὸ σῶμα ἐστιν 의 주어 주격.

τὸ (관, 주, 중, 단) ὁ 그. 총칭 관사.

σῶμα (명, 주, 중, 단) σῶμα 몸.

χωρὶς (속, 전) χωρίς (분리) 떨어져서.

πνεύματος (명, 속, 중, 단) πνεῦμα 영.

νεκρόν (보형, 주, 중, 단, 원) νεκρός 죽은. 주격 술어.

ἐστιν (동, 직, 현, 능, 3, 단) εἰμί 이다.

οὕτως (부) οὕτω 이와 같은 양식으로.

και. (부) καί 또한.

ἡ πίστις ἐστιν 의 주어 주격.

ἡ (관, 주, 녀, 단) ὁ 그. 총칭 관사.

πίστις (명, 주, 녀, 단) πίστις 믿음.

χωρὶς (속, 전) χωρίς (분리) 떨어져서.
ἔργων (명, 속, 중, 복) ἔργον 행위.
νεκρά (보형, 주, 녀, 단, 원) νεκρός 죽은. 주격 술어.
ἐστιν (동, 직, 현, 능, 3, 단) εἰμί 이다.

헬라어 신약 주석 안내서

야고보서

3장

3:1 **Μὴ πολλοὶ διδάσκαλοι γίνεσθε, ἀδελφοί μου, εἰδότες ὅτι μεῖζον κρίμα λημψόμεθα.**

나의 형제들이여! 너희 중에 많은 사람들은 선생들이 되지 마라 그 이유는 우리 자신들이 더 큰 심판을 받도록 우리가 할것이라는 것을 너희가 알기 때문이다.

개역개정 : 내 형제들아 너희는 선생된 우리가 더 큰 심판을 받을 줄 알고 선생이 많이 되지 말라

[명제 관계]

1a 금지 **Μὴ πολλοὶ διδάσκαλοι γίνεσθε,**
너희 중에 많은 사람들은 스스로 선생들이 되지 마라

1b 경청자 **ἀδελφοί μου,**
나의 형제들아

1c 이유 **εἰδότες**
너희가 알기 때문이다.

1d 내용 **ὅτι μεῖζον κρίμα λημψόμεθα.**
우리 자신들이 더 큰 심판을 받도록 우리가
할 것이라는 것을

[설명]

1. 1a의 많은 사람이 선생이 되지 말아야 하는 이 서술은 1:19, 26의 천천히 말하라는 계명 즉 혀를 통제하라는 것과 관련이 있다.

2. 선생이 더 심판을 받는다는 것은 2:13a의 자비를 베풀지 않는 자들에게 주어지는 자비가 없는 심판과 비슷한 논리이다.

3. “받을 것이다” λημψόμεθα 는 간접 중간태이다. 이 동사는 주어가 자신을 위해서 행동을 하고 그 결과로서 심판을 받을 것을 강조한다.

4. 나의 형제들아, 우리가 더 큰 심판을 받을 줄 알고, 많이 선생이 되지마라.

[단어분해]

Μὴ . . . γίνεσθε (선생이 되는 것을) 중단하라. 현재 금지 : 이미 진행되고 있는 행위를 중단하라 혹은 행하지 않은 사건을 하지말라는 의미를 가진다.

Μὴ (계) μή 아닌. 강조.

πολλοὶ (보형, 주, 남, 복, 원) πολύς 많은. γίνεσθε 의 주어 주격.

διδάσκαλοι (명, 주, 남, 복) διδάσκαλος 선생. 주격 술어. 당시에 선생은 사회에서 존경받는 위치였고 따라서 다른 사회적 압박을 벗어나기 위해서

선생의 위치를 얻으려고 야고보의 독자들은 노력하고 있었을 것이다 (ZECNT 151).

γίνεσθε (동, 령, 현, 중간, 2, 복) γίνομαι 되다. 중간태는 "스스로 되다" 의 의미를 가진다. 현재 전면 현저성.

ἀδελφοί (명, 호, 남, 복) ἀδελφός 형제. 단순 호격.

μου (인대, 속, 단) ἐγώ 나. 영적 관계 속격.

εἰδότες (분, 완, 능, 주, 남, 복) οἶδα 안다. 원인 분사. 부사적 분사 주격. 현재적 완료. 완료 최전면 현저성.

ὅτι (종접) ὅτι (내용절).

μεῖζον κρίμα λημψόμεθα 의 대격 직접 목적어. 강조.

μεῖζον (보형, 대, 중, 단, 비) μέγας 큰.

κρίμα (명, 대, 중, 단) κρίμα 재판, 심판, 판단.

λημψόμεθα (동, 직, 미, 중간, 1, 복) λαμβάνω 가지다. 사역 중간태.

3:2 πολλὰ γὰρ πταίομεν ἅπαντες. εἴ τις ἐν λόγῳ οὐ πταίει, οὗτος τέλειος ἀνὴρ δυνατὸς χαλιναγωγῆσαι καὶ ὅλον τὸ σῶμα.

왜냐하면 우리는 모두 많은 실수를 저지르기 때문이다. 만일 어떤 사람이 말과 관련하여 실수하지 않는다면, 이 사람은 온몸을 제어할 수 있는 완전한 사람이다.

개역개정 : 우리가 다 실수가 많으니 만일 말에 실수가 없는 자라면 곧 온전한 사람이라 능히 온 몸도 굴레 씌우리라

[명제 관계]

2a	설명	**πολλὰ γὰρ πταίομεν ἅπαντες** 왜냐하면 우리는 모두 많은 실수를 저지르기 때문이다.
2b	조건	**εἴ τις ἐν λόγῳ οὐ πταίει** 만일 어떤 사람이 말과 관련하여 실수하지 않는다면,
2c	결과	**οὗτος τέλειος ἀνὴρ** 이 사람은 완전한 사람이다.
2d	확인	**δυνατὸς χαλιναγωγῆσαι καὶ ὅλον τὸ σῶμα** 역시 온몸을 제어할 수 있는

[설명]

1. 2a는 선생이 되지 말아야 할 이유를 설명한다.
2. 2b-5a는 혀는 크기에 비해서 선을 위해 영향을 미친다는 것을 서술한다.
3. 2b의 주제는 바른 언어생활은 그리스도인들의 성숙함을 증거한다.

[단어분해]

πολλὰ (보형, 대, 중, 복, 원) πολύς 많은. 이는 부사적 대격 (여러 방법으로) 으로 사용되었다 (ESV, NET, NIV). BDAG (3.a.β) 는 이를 실명사적 형용사 (많은 것들) 로 간주하였다. 참조 대격. 이는 다음과 같이 이해되어질 수 있다 : (수) 여러 번의 실수들 (NLT), (다양성) 여러방면에서의 실수들 (ESV). 강조.

γὰρ (등접) γάρ (원인, 이유) 왜냐하면. 더 큰 심판을 받는 다고 말한 이유.

πταίομεν (동, 직, 현, 능, 1, 복) πταίω 죄를 범하다, 실수하다. 격언적 현재. 현재 전면 현저성.

ἅπαντες (보형, 주, 남, 복, 원) ἅπας 전부의, 모든 (사람들). 강조. πταίομεν 의 함축된 주어를 수식한다.

εἴ (종접) εἰ 만약. 제일 조건절.

τις (부대, 주, 남, 단) τὶς 어떤. πταίει 의 주어 주격.

ἐν λόγῳ 말에 의해서. 강조.

ἐν (여, 전) ἐν (참조) ~에 관하여.

λόγῳ (명, 여, 남, 단) λόγος 말씀. ἐν 다음에 오는 여격.

οὐ (부) οὐ 아닌.

πταίει (동, 직, 현, 능, 3, 단) πταίω 죄를 짓다, 실수하다. 반복적 현재. 현재 전면 현저성.

οὗτος τέλειος ἀνὴρ 무동사 문장의 주어 주격.

οὗτος (지대, 주, 남, 단) οὗτος 이것. 결과절의 시작.

τέλειος (보형, 주, 남, 단, 원) τέλειος 완전한. 여기서는 죄없는 의미로 사용되었다. 이 형용사가 수식하는 ἀνὴρ 보다 앞에 위치함으로 강조 용법으로 사용되었다.

ἀνὴρ (명, 주, 남, 단) ἀνήρ 사람.

δυνατὸς (보형, 주, 남, 단, 원) δυνατός 능력 있는, 재능 있는, 유능한, 유능한, 역량 있는, 강한, 강력한; 유력한, 우세한. 무동사 문장의 술어 형용사.

χαλιναγωγῆσαι (정, 부과, 능) χαλιναγωγέω 억제하다, 통제하다.

1:26 에서 처음 나타났다. 부정과거 배경 현저성.

καὶ (부) καί 역시, 심지어.

ὅλον τὸ σῶμα χαλιναγωγῆσαι 의 대격 직접 목적어.

ὅλον (보형, 대, 중, 단, 원) ὅλος 완전히.

τὸ (관, 대, 중, 단) ὁ 그.

σῶμα (명, 대, 중, 단) σῶμα 몸.

3:3 εἰ δὲ τῶν ἵππων τοὺς χαλινοὺς εἰς τὰ στόματα βάλλομεν εἰς τὸ πείθεσθαι αὐτοὺς ἡμῖν, καὶ ὅλον τὸ σῶμα αὐτῶν μετάγομεν.

만약 말들을 우리에게 순종하도록 하기 위해서 그 입에 재갈들을 물린다면, 역시 우리는 말의 온몸을 끌고 다닐 수 있다.

개역개정 : 우리가 말들의 입에 재갈 물리는 것은 우리에게 순종하게 하려고 그 온 몸을 제어하는 것이라

[명제 관계]

3a	조건	**εἰ δὲ τῶν ἵππων τοὺς χαλινοὺς εἰς τὰ στόματα βάλλομεν** 만약 우리가 말들 입에 재갈들을 물린다면,
3b	목적	**εἰς τὸ πείθεσθαι αὐτοὺς ἡμῖν** 말들을 우리에게 순종하도록 하기 위해서
3c	결과	**καὶ ὅλον τὸ σῶμα αὐτῶν μετάγομεν** 역시 우리는 말의 온몸을 끌고 다닐 수 있다.

[설명]

1. 3절은 작은 혀의 통제 중요성을 설명하기 위해서 예를 들어 설명한다. 이 예는 세 개 가운데서 첫째이다. 그것은 혀는 말의 재갈과 같다는 것이다.

2. 3a는 3b와 관련하여 수단 명제이기도 한다.

3. 재갈이 처음에 나온 이유는 재갈의 χαλινοὺς 와 3:2의 통제하다 χαλιναγωγῆσαι 의 연결성 때문이다.

4. 재갈이 말을 통제하는 것처럼, 사람의 혀는 사람의 몸을 통제하지 않는다. 따라서 이 구절은 교회의 혀인 교사들을 통제하면 온 교회가 질서 있게 움직여진다는 의미이다 (NICNT 277, NIGTC 139).

[단어분해]

εἰ (종접) εἰ 만약. 제일 조건절.

δὲ (등접) δέ 이제. 2절에서 언급된 원리를 설명하기 위한 예를 소개한다.

τῶν ἵππων 이는 τῶν ἵππων τοὺς χαλινοὺς (말들의 재갈들) 혹은 τῶν ἵππων¨τὰ στόματα (말들의 입들)로 읽힐 수 있다. 주제가 입에 대한 것이기 때문에 후자가 더 타당하다. 속격 구는 일반적으로 주격 (혹은 대격) + 속격의 구조를 가지는데, 여기서는 속격 형태의 "말" 을 강조하는 "속격 + 대격" 의 구조를 가진다. 후자의 경우는 소유 속격 (말의 입)이며, 전자의 경우는 목적어적 속격 (말을 위한 재갈) 이다. 이런 구조는 야고보에서 3회 1:1, 17; 3:3에서 나타난다.

τῶν (관, 속, 남, 복) ὁ 그. 총칭 관사.

ἵππων (명, 속, 남, 복) ἵππος 말. 소유 속격.

τοὺς χαλινοὺς βάλλομεν 의 대격 직접 목적어.

τοὺς (관, 대, 남, 복) ὁ 그. 총칭 관사.

χαλινοὺς (명, 대, 남, 복) χαλινός 재갈.

εἰς (대,전) εἰς (장소) 로 향하여.

τὰ στόματα εἰς 다음에 오는 대격.

τὰ (관, 대, 중, 복) ὁ 그.

στόματα (명, 대, 중, 복) στόμὰ 입.

βάλλομεν (동, 직, 현, 능, 1, 복) βάλλω 둔다. 격언적 현재. 현재 전면 현저성.

εἰς (대,전) εἰς (목적) 위하여.

τὸ πείθεσθαι εἰς 다음에 오는 대격.

τὸ (관, 대, 중, 단) ὁ 그.

πείθεσθαι (정, 현, 수) πείθω 확신시키다, 설득하다, 순종하다. 지속적 현재. 현재 전면 현저성.

αὐτοὺς (인대, 대, 남, 복) αὐτός 그. 부정사 πείθεσθαι 의 대격 주어.

ἡμῖν (인대, 여, 복) ἐγώ 나. πείθεσθαι 의 여격 직접 목적어.

καὶ (부) καί 역시. 결과절을 소개한다.

ὅλον τὸ σῶμα αὐτῶν μετάγομεν 의 대격 직접 목적어

ὅλον (보형, 대, 중, 단, 원) ὅλος 완전히, 철저히.

τὸ (관, 대, 중, 단) ὁ 그.

σῶμα (명, 대, 중, 단) σῶμα 몸. 배분 단수.

αὐτῶν (인대, 속, 남, 복) αὐτός 그. 소유 속격.

μετάγομεν (동, 직, 현, 능, 1, 복) μετάγω 움직이다, 인도하다, 통제하다. 습관적 현재. 현재 전면 현저성.

3:4 ἰδοὺ καὶ τὰ πλοῖα τηλικαῦτα ὄντα καὶ ὑπὸ ἀνέμων σκληρῶν ἐλαυνόμενα, μετάγεται ὑπὸ ἐλαχίστου πηδαλίου ὅπου ἡ ὁρμὴ τοῦ εὐθύνοντος βούλεται,

보아라, 배 역시 (그렇다), 배가 아무리 크지만 또 거센 바람에 의해서 앞으로 가지만, 사공의 뜻이 자신의 흥미를 위해서 원하는 곳으로 매우 작은 키로 조종되어 배는 움직여진다.

개역개정 : 또 배를 보라 그렇게 크고 광풍에 밀려가는 것들을 지극히 작은 키로써 사공의 뜻대로 운행하나니

[명제 관계]

4a	감탄	**ἰδοὺ καὶ τὰ πλοῖα** 보아라, 배 역시. (그렇다)
4b	양보	**τηλικαῦτα ὄντα** 크지만
4c	양보	**καὶ ὑπὸ ἀνέμων σκληρῶν ἐλαυνόμενα** 심지어 거센 바람에 의해서 앞으로 가지만
4d	수단	**μετάγεται ὑπὸ ἐλαχίστου πηδαλίου** 매우 작은 키로 움직여진다
4e	결론 (4d)	**ὅπου ἡ ὁρμὴ τοῦ εὐθύνοντος βούλεται** 사공의 뜻이 자신의 흥미를 위해서 원하는 곳으로

[설명]

1. 4b-c는 양보 명제, 4e는 반전 명제이기도 하다.

2. 4절은 3절과 병행하고 있다.

3. 4절은 작은 혀의 통제 중요성을 설명하기 위해서 두 번째 예를 들어 설명한다. 그것은 혀는 배의 키와 같다는 것이다. 이 문장에서도 역시 혀는 교회의 교사들을 지칭한다 (NICNT 278, WBC 111).

[단어분해]

ἰδοὺ (감) ἰδού 주시하다.

καὶ (부) καί 또한. 두 번째의 예를 설명한다.

τὰ πλοῖα μετάγεται 의 주어 주격.

τὰ (관, 주, 중, 복) ὁ 그. 총칭 관사.

πλοῖα (명, 주, 중, 복) πλοῖον 배.

τηλικαῦτα (지형, 주, 중, 복, 원) τηλικοῦτος 매우 큰, 매우 위대한, 매우 중요한.

ὄντα (분, 현, 능, 주, 중, 복) εἰμί 이다. 양보 분사. 부사적 분사 주격.

καὶ (등접) καί 그리고, 또한, 심지어.

ὑπὸ ἀνέμων 강조.

ὑπὸ (속, 전) ὑπό (최종 대행) ~ 의해서.

ἀνέμων (명, 속, 남, 복) ἄνεμος 바람. 무관사 총칭 명사.

σκληρῶν (보형, 속, 남, 복, 원) σκληρός 거친, 거칠거칠한.

ἐλαυνόμενα (분, 현, 수, 주, 중, 복) ἐλαύνω (노로 배를) 젓다, 몰다, 조종하다. 양보 분사. 부사적 분사 주격. 현재 전면 현저성.

μετάγεται (동, 직, 현, 수, 3, 단) μετάγω 안내하다, 움직이다. 격언적 현재. 이 단수 동사는 중성 복수 주어 τὰ πλοῖα 의 동사임. 현재 전면 현저성.

ὑπὸ ἐλαχίστου πηδαλίου 최종 대행 : 매우 작은 키에 의하여.

ὑπὸ (속, 전) ὑπό (최종 대행) ~ 의해서.

ἐλαχίστου (보형, 속, 중, 단, 최) ἐλαχύς. (수량) 작은, (질, 상태) 매우 작은 (μικρός 의 최상급).

πηδαλίου (명, 속, 중, 단) πηδάλιον (배의) 키, 방향타.

ὅπου (종접) ὅπου 어디.

ἡ ὁρμὴ βούλεται 의 주어 주격..

ἡ (관, 주, 녀, 단) ὁ 그.

ὁρμὴ (명, 주, 녀, 단) ὁρμή 의향, 의도, 뜻, 충동. 노젓는 것 자체를 말하기도 함.

τοῦ εὐθύνοντος 사공. 주어적 속격.

τοῦ (관, 속, 남, 단) ὁ 그.

εὐθύνοντος (분, 현, 능, 속, 남, 단) εὐθύνω 직진하다. 격언적 현재. 이 분사는 사공이라고 번역될 수 있다 (Adam 64) 현재 전면 현저성.

βούλεται (동, 직, 현, 중간, 3, 단) βούλομαι 바라다. 디포넌트 중간태. 현재 전면 현저성.

3:5 οὕτως καὶ ἡ γλῶσσα μικρὸν μέλος ἐστὶν καὶ μεγάλα αὐχεῖ. ἰδοὺ ἡλίκον πῦρ ἡλίκην ὕλην ἀνάπτει·

이와 같이 혀도 (몸의) 작은 부분이지만 큰 것을 자랑한다. 보라, 아주 작은 불이 매우 큰 숲을 태운다.

개역개정 : 이와 같이 혀도 작은 지체로되 큰 것을 자랑하도다 보라 얼마나 작은 불이 얼마나 많은 나무를 태우는가

[명제 관계]

5a	비교	**οὕτως** 이와 같이
5b	양보	**καὶ ἡ γλῶσσα μικρὸν μέλος ἐστὶν** 혀도 (몸의) 작은 부분이다
5c	반전	**καὶ μεγάλα αὐχεῖ** 큰 것을 자랑한다.
5d	예문	**ἰδοὺ ἡλίκον πῦρ ἡλίκην ὕλην ἀνάπτει** 보라 아주 작은 불이 매우 큰 숲을 태운다.

[설명]

1. 5절의 전반부는 작은 혀의 통제 중요성을 설명하기 위해서 마지막 세 번째 예를 들어 설명한다. 이 경우에는 비통제의 심각성을 설명한다.

[단어분해]

οὕτως (부) οὕτω 이와 같은 양식으로. 작은 것 (배의 키가) 이 큰 일을 하듯이 (큰 배를 조종하듯이).

καὶ (부) καί 또한.

ἡ γλῶσσα ἐστὶν 의 주어 주격.

ἡ (관, 주, 녀, 단) ὁ 그. 총칭 관사.

γλῶσσα (명, 주, 녀, 단) γλῶσσα 혀.

μικρὸν (보형, 주, 중, 단, 원) μικρός 작은.

μέλος (명, 주, 중, 단) μέλος 부분, 지체.

ἐστὶν (동, 직, 현, 능, 3, 단) εἰμί 이다.

καὶ (등접) καί 그러나.

μεγάλα (보형, 대, 중, 복, 원) μέγας 큰. αὐχεῖ 의 대격 직접 목적어.

αὐχεῖ (동, 직, 현, 능, 3, 단) αὐχέω 자랑하다. 이 동사는 부정적인 의미로 사용되었다 (NICNT 280, NIGTC 140). 현재 전면 현저성.

ἰδοὺ (감) ἰδού 보다, 주시하다.

ἡλίκον πῦρ ἀνάπτει 의 주어 주격.

ἡλίκον (의형, 주, 중, 단, 원) ἡλίκος 얼마나 큰 혹은 얼마나 작은. 얼마 크기의. 얼마나 작은.

πῦρ (명, 주, 중, 단) πῦρ 불.

ἡλίκην ὕλην ἀνάπτει 의 대격 직접 목적어.

ἡλίκην (의형, 대, 녀, 단, 원) ἡλίκος 얼마나 큰.

ὕλην (명, 대, 녀, 단) ὕλη 숲.

ἀνάπτει (동, 직, 현, 능, 3, 단) ἀνάπτω 태우다. 현재 전면 현저성.

3:6 καὶ ἡ γλῶσσα πῦρ· ὁ κόσμος τῆς ἀδικίας ἡ γλῶσσα καθίσταται ἐν τοῖς μέλεσιν ἡμῶν, ἡ σπιλοῦσα ὅλον τὸ σῶμα καὶ φλογίζουσα τὸν τροχὸν τῆς γενέσεως καὶ φλογιζομένη ὑπὸ τῆς γεέννης.

그리고 혀는 불이다. 혀는 우리 몸의 한 부분에서 스스로 불의의 세계로 지정한다. 그 혀는 온몸을 더럽히고, 인생의 수레바퀴에 불을 지르고, 그리고는 지옥 불에 의해서 타 버린다.

개역개정 : 혀는 곧 불이요 불의의 세계라 혀는 우리 지체 중에서 온몸을 더럽히고 삶의 수레바퀴를 불사르나니 그 사르는 것이 지옥 불에서 나느니라

[명제 관계]

6a 해설 **καὶ ἡ γλῶσσα πῦρ·**
그리고 혀는 불이다.

6b 일반화 **ὁ κόσμος τῆς ἀδικίας ἡ γλῶσσα καθίσταται ἐν τοῖς μέλεσιν ἡμῶν,**
불의의 세계로서 혀는 우리 몸의 한 부분에서 스스로 지정한다

6c 특수화 **ἡ σπιλοῦσα ὅλον τὸ σῶμα**
온몸을 더럽히고

6d 특수화 **καὶ φλογίζουσα τὸν τροχὸν τῆς γενέσεως**
인생의 수레바퀴에 불을 지르고

6e 특수화 **καὶ φλογιζομένη ὑπὸ τῆς γεέννης**
그리고는 지옥 불에 의해서 그것은 타 버린다.

[설명]

1. 6절은 5b의 예를 설명한다.
2. 임명하다 καθίσταται 는 중간태 혹은 수동태로 다 사용된다.
3. 6a는 동사 없는 문장으로서 금언으로 사용된다.

[단어분해]

καὶ (등접) καί 역시.

ἡ γλῶσσα 무동사 문장의 주어 주격. 강조.

ἡ (관, 주, 녀, 단) ὁ 그. 주어 주격 관사.

γλῶσσα (명, 주, 녀, 단) γλῶσσα 혀.

πῦρ (명, 주, 중, 단) πῦρ 불. 무동사 문장의 술어 주격.

ὁ κόσμος 주격 보어.

ὁ (관, 주, 남, 단) ὁ 그. 특급 관사 : 바로 그 세계.

κόσμος (명, 주, 남, 단) κόσμος 세상. 타락한 죄많은 세계의 제도.

τῆς ἀδικίας 한정 속격: 불의 세계. 내용 속격 : 불의로 가득한 세계. 부분 속격 : 불의의 한 부분인 세상. 서술 속격 : 불의로 특징되는 세계.

τῆς (관, 속, 녀, 단) ὁ 그. 추상 명사 관사.

ἀδικίας (명, 속, 녀, 단) ἀδικία 불의.

ἡ γλῶσσα καθίσταται 의 주어 주격.

ἡ (관, 주, 녀, 단) ὁ 그.

γλῶσσα (명, 주, 녀, 단) γλῶσσα 혀.

καθίσταται (동, 직, 현, 중간, 3, 단) καθίστημι 지정하다. 이 동사는 수동태 혹은 중간태로 이해될 수 있다. 그런데 수동태일 경우에는 하나님께서 이렇게 하셨기 때문에 하나님이 비난의 대상이 된다. 따라서 이 동사는 수동태가 아니라 간접 중간태로서 혀의 의도성을 강조한다 (ZECNT 158). 현재 전면 현저성.

ἐν (여, 전) ἐν (장소) 안에.

τοῖς μέλεσιν ἐν 다음에 오는 여격.

τοῖς (관, 여, 중, 복) ὁ 그.

μέλεσιν (명, 여, 중, 복) μέλος 지체, 부분.

ἡμῶν (인대, 속, 복) ἐγώ 나.

ἡ σπιλοῦσα …… καὶ φλογίζουσα ……καὶ φλογιζομένη 세 개의 분사 모두가 다 관사 ἡ와 연결되었고 형용사적 분사 역할을 한다. 그런데 편의상 독립 구문으로 번역하였다. '혀는 더럽히고, 불을 지르고, 타버린다.'

ἡ (관, 주, 녀, 단) ὁ 그. 관계 대명사적 관사로서 혀 ἡ γλῶσσα 를 수식한다. 그런데 여기서는 독립문장으로 번역되었다.

σπιλοῦσα (분, 현, 능, 주, 녀, 단) σπιλόω 더럽힌다. 격언적 현재. 현재 전면 현저성.

ὅλον τὸ σῶμα σπιλοῦσα 의 대격 직접 목적어.

ὅλον (보형, 대, 중, 단, 원) ὅλος 완전히, 철저히.

τὸ (관, 대, 중, 단) ὁ 그.

σῶμα (명, 대, 중, 단) σῶμα 몸.

καὶ (등접) καί 그리고.

φλογίζουσα (분, 현, 능, 주, 녀, 단) φλογίζω 불낸다. 격언적 현재. 한정 분사 주격. 현재 전면 현저성.

τὸν τροχὸν τῆς γενέσεως 인생의 과정, 인생의 전과정. 여기서는 인생의 수레바퀴라고 번역하였다.

τὸν τροχὸν φλογίζουσα 의 대격 직접 목적어.

τὸν (관, 대, 남, 단) ὁ 그.

τροχὸν (명, 대, 남, 단) τροχός 바퀴, 과정.

τῆς (관, 속, 녀, 단) ὁ 그.

γενέσεως (명, 속, 녀, 단) γένεσις 인생. 서술 속격.

καὶ (등접) καί 그리고.

φλογιζομένη (분, 현, 수, 주, 녀, 단) φλογίζω 불낸다. 격언적 현재. 한정 분사 주격. 현재 전면 현저성.

ὑπὸ (속, 전) ὑπό (최종 대행) ~ 의해서.

τῆς (관, 속, 녀, 단) ὁ 그.

γεέννης (명, 속, 녀, 단) γέεννα 지옥.

3:7 πᾶσα γὰρ φύσις θηρίων τε καὶ πετεινῶν, ἑρπετῶν τε καὶ ἐναλίων δαμάζεται καὶ δεδάμασται τῇ φύσει τῇ ἀνθρωπίνῃ,

이렇게 말한 이유는 다음과 같다. 온갖 종류의 들짐승들과 새들, 길짐승과 바다의 고기들은 길들고 있으며 그리고 인간에 의해서 길들어 있다.

개역개정 : 여러 종류의 짐승과 새며 벌레와 바다의 생물은 다 사람이 길들일 수 있고 길들여 왔거니와

[명제 관계]

7a 이유 **πᾶσα γὰρ φύσις θηρίων τε καὶ πετεινῶν, ἑρπετῶν τε καὶ ἐναλίων δαμάζεται**
이렇게 말한 이유는 다음과 같다.
온갖 종류의 들짐승들과 새들, 길짐승과 바다의 고기들은 길들고 있으며

7b 점층 **καὶ δεδάμασται τῇ φύσει τῇ ἀνθρωπίνῃ,**
그리고 인간에 의해서 길들어 있다.

[설명]

1. 7절은 혀는 길들일 수 없는 것임을 서술하기 위해서 동물들을 예로 들었다.

2. "길들어 있다" δεδάμασταὶ 는 완료 최전면 현저성을 표현한다.

3. 인간에 의해서 τῇ φύσει τῇ ἀνθρωπίνῃ 는 여격이다. 이는 유익여격 (인간을 위해서) 혹은 대행여격 (인간에 의해서) 으로 간주되어질 수 있다.

[단어분해]

πᾶσα ...... φύσις δαμάζεται 의 주어 주격.

πᾶσα (부형, 주, 녀, 단, 원) πᾶς 모두, 각각.

γὰρ (등접) γάρ (원인, 이유) 왜냐하면.

φύσις (명, 주, 녀, 단) φύσις 피조물, 자연적 존재 .

θηρίων τε καὶ πετεινῶν, 동물과 새들의 모든 종류.

θηρίων (명,속,중,복) θηρίον 짐승, (인간이외의)동물, 네발짐승. 부분속격.

τε καὶ 둘 다 (both ..... and...)

τε (등접) τέ 그리고 이와 같은 것처럼.

καὶ (등접) καί 그리고.

πετεινῶν (명, 속, 중, 복) πετεινός (πετεινόν) 새. 부분 속격.

ἑρπετῶν (명, 속, 중, 복) ἑρπετόν 기어 다니는 생물, 파충류와 양서류. 부분 속격.

τε (등접) τέ 그리고 이와 같은 것.

καὶ (등접) καί 그리고.

ἐναλίων (보형, 속, 중, 복, 원) ἐνάλιος 바다에 속하는. 부분 속격.

δαμάζεται (동, 직, 현, 수, 3, 단) δαμάζω 정복하다, 길들이다. 격언적 현재. 현재 전면 현저성.

καὶ (등접) καί 그리고.

δεδάμασται (동, 직, 완, 수, 3, 단) δαμάζω 정복하다, 길들이다. 완료 최전면 현저성.

τῇ φύσει τῇ ἀνθρωπίνῃ 인간 혹은 인간 종류, 혹은 인류.
대행 여격: 인류에 의해서; 혹은 유익 여격 : 인류의 유익을 위해서.

τῇ (관, 여, 녀, 단) ὁ 그.

φύσει (명, 여, 녀, 단) φύσις 피조물.

τῇ (관, 여, 녀, 단) ὁ 그.

ἀνθρωπίνῃ (보형, 여, 녀, 단, 원) ἀνθρώπινος 인간.

3:8 τὴν δὲ γλῶσσαν οὐδεὶς δαμάσαι δύναται ἀνθρώπων, ἀκατάστατον κακόν, μεστὴ ἰοῦ θανατηφόρου.

그러나 혀는 사람중에서 아무도 길들일 수 없다. 혀는 통제할 수 없는 없는 악이며, 치명적인 독으로 가득 찬 것이다.

개역개정 : 혀는 능히 길들일 사람이 없나니 쉬지 아니하는 악이요 죽이는 독이 가득한 것이라

[명제 관계]

8a	반전 (7a)	**τὴν δὲ γλῶσσαν οὐδεὶς δαμάσαι δύναται ἀνθρώπων,** 그러나 혀는 사람중에서 아무도 길들일 수 없다.
8b	확장	**ἀκατάστατον κακόν,** 통제할 수 없는 악이다
8c	확장	**μεστὴ ἰοῦ θανατηφόρου.** 치명적인 독으로 가득 찼다

[설명]

1. 8절에서는 통제하지 못하는 혀를 뱀과 비유하고 있다 (시 140:3).

2. 부정사 길들이다 δαμάσαι 는 요약적 부정과거로서 길들이는 것은 불가능함을 서술한다.

[단어분해]

τὴν .....γλῶσσαν δαμάσαι 의 대격 직접 목적어. 강조.

τὴν (관, 대, 녀, 단) ὁ 그.

δὲ (등접) δέ 그러나.

γλῶσσαν (명, 대, 녀, 단) γλῶσσα 혀.

οὐδεὶς (부대, 주, 남, 단) οὐδείς 아무도~않다. 주어 주격.

δαμάσαι (정, 부과, 능) δαμάζω 정복하다, 길들이다. 이는 요약적 부정과거로서 이 문맥에서는 길들이는 것은 불가능하다는 것을 설명한다. 부정과거 배경 현저성.

δύναται (동, 직, 현, 중간, 3, 단) δύναμαι 할수 있다. 현재 전면 현저성.

ἀνθρώπων (명, 속, 남, 복) ἄνθρωπος 사람, 인간. 부분 속격. 사람의 혀 혹은 사람중에 아무도 (없는) : 대부분의 영어 성경은 후자를 선택한다. 강조.

ἀκατάστατον κακόν 절대 주격 혹은 현수 주격이지만, 주격으로 된 이 구 전체가 τὴν γλῶσσαν 의 동격 대격으로 사용되었다 (BDF §136.1, §137.3). 그러나 대부분의 영어 성경은 이를 동사가 생략된 문장의 술어 주격으로 간주한다 : 그것은 쉬지 않는 악이다. 혹은 감탄사적 주격일 수도 있다.

ἀκατάστατον (보형, 주, 중, 단, 원) ἀκατάστατος 휴식이 없는, 통제할 수 없는.

κακόν (보형, 주, 중, 단, 원) κακός 나쁜, 악한. 절대 주격 혹은 현수 주격.

μεστὴ (보형, 주, 녀, 단, 원) μεστός 찬, 가득한, 가득 채워진, 충만한. 절대 주격.

ἰοῦ θανατηφόρου 내용 속격 : 치명적인 독으로 가득찬.

ἰοῦ (명, 속, 남, 단) ἰός 독.

θανατηφόρου (보형,속,남,단,원) θανατηφόρος 죽이는. 한정 형용사.

3:9 ἐν αὐτῇ εὐλογοῦμεν τὸν κύριον καὶ πατέρα καὶ ἐν αὐτῇ καταρώμεθα τοὺς ἀνθρώπους τοὺς καθ' ὁμοίωσιν θεοῦ γεγονότας,

우리는 이 혀로 주 아버지를 찬양하고, 또 이 혀로 하나님의 형상대로 창조된 사람들을 저주한다.

개역개정 : 이것으로 우리가 주 아버지를 찬송하고 또 이것으로 하나님의 형상대로 지음을 받은 사람을 저주하나니

[명제 관계]

9a 도구 **ἐν αὐτῇ**
같은 것에 의해서 (혀에 의해서)

9b 결과 **εὐλογοῦμεν τὸν κύριον καὶ πατέρα**
주 아버지를 우리는 찬양한다

9c 도구 **καὶ ἐν αὐτῇ**
그리고 같은 것에 의해서 (혀에 의해서)

9d 결과 **καταρώμεθα τοὺς ἀνθρώπους**
사람들을 우리는 저주도 한다.

9e 확인 **τοὺς καθ' ὁμοίωσιν θεοῦ γεγονότας,**
하나님의 형상대로 창조된 것들을

[설명]

1. 9 절은 혀가 실제로 하나님을 찬양하며 또한 동시에 하나님의 형상으로 창조된 인간을 저주하는 데 사용됨을 서술한다.

2. 9d는 9b의 대조 명제이다.

3. 혀로 ἐν αὐτῇ 가 반복적으로 사용되어서 강조를 의미한다.

4. 지으심을 받은 γεγονότας 은 완료 최전면 현저성을 가지며, 완료

시제로서 과거의 창조가 현재도 사실임을 서술한다.

[단어분해]

ἐν αὐτῇ 혀를 이용하여. 강조.

ἐν (여, 전) ἐν (도구) ~을 사용하여.

αὐτῇ (인대, 여, 녀, 단) αὐτός 그. ἐν 다음에 오는 여격.

εὐλογοῦμεν (동, 직, 현, 능, 1, 복) εὐλογέω 찬양하다. 격언적 현재. 현재 전면 현저성.

τὸν κύριον καὶ πατέρα εὐλογοῦμεν 의 대격 직접 목적어. 그란빌 샤프 규칙에 의하여 주님과 아버지는 한 분이심을 의미한다.

τὸν (관, 대, 남, 단) ὁ 그.

κύριον (명, 대, 남, 단) κύριος 주.

καὶ (등접) καί 그리고.

πατέρα (명, 대, 남, 단) πατήρ 아버지.

καὶ (등접) καί 그리고.

ἐν αὐτῇ 혀로써. 강조.

ἐν (여, 전) ἐν (도구) ~을 사용하여.

αὐτῇ (인대, 여, 녀, 단) αὐτός 그. ἐν 다음에 오는 여격.

καταρώμεθα (동, 직, 현, 중간, 1, 복) καταράομαι 저주하다. 격언적 현재. 현재 전면 현저성.

τοὺς ἀνθρώπους καταρώμεθα 의 대격 직접 목적어.

τοὺς (관, 대, 남, 복) ὁ 그. 총칭 관사.

ἀνθρώπους (명, 대, 남, 복) ἄνθρωπος 사람, 인간.

τοὺς .... γεγονότας 는 **τοὺς ἀνθρώπους** 와 동격 대격. 한정 분사 : 만들어진.

τοὺς (관, 대, 남, 복) ὁ 그. 관계 대명사적 관사.

καθ' (대, 전) κατά (기준) 에 따라서.

ὁμοίωσιν (명, 대, 녀, 단) ὁμοίωσις 형상. καθ' 다음에 오는 대격.

θεοῦ (명, 속, 남, 단) θεός 하나님. 목적어적 속격 : 하나님을 닮은 형상, 소유 속격 : 하나님이 소유하신 형상.

γεγονότας (분, 완, 능, 대, 남, 복) γίνομαι 되다. 완료 최전면 현저성.

3:10 ἐκ τοῦ αὐτοῦ στόματος ἐξέρχεται εὐλογία καὶ κατάρα. οὐ χρή, ἀδελφοί μου, ταῦτα οὕτως γίνεσθαι.

같은 입에서 찬양과 저주가 나온다. 나의 형제들이여, 이런 것들이 그렇게 일어나는 것은 잘못이다.

개역개정 : 한 입으로 찬송과 저주가 나는 도다 내 형제들아 이것이 마땅하지 아니하니라

[명제 관계]

10a	근원	**ἐκ τοῦ αὐτοῦ στόματος** 같은 입에서
10b	결과	**ἐξέρχεται εὐλογία καὶ κατάρα.** 찬양과 저주가 나온다.
10c	결론	**οὐ χρή, ἀδελφοί μου, ταῦτα οὕτως γίνεσθαι.** 나의 형제들이여, 이런 것들이 그렇게 일어나는 것은 잘못이다.

[설명]

1. 10절은 혀의 이중성에 대해서 요약한다.

[단어분해]

ἐκ τοῦ αὐτοῦ 같은 (입에서). 강조 위치에 있다.

ἐκ (속, 전) ἐκ 이는 모음앞에서 ἐξ 가 된다. (근원) ~부터. 이 전치사는 동사 ἐξέρχεται 의 접두어를 반복하는 문체이다.

τοῦ (관, 속, 중, 단) ὁ 그.

αὐτοῦ (강형, 속, 중, 단, 원) αὐτός 같은.

στόματος (명, 속, 중, 단) στόμὰ 입.

ἐξέρχεται (동, 직, 현, 중간, 3, 단) ἐξέρχομαι 밖으로 나가다. 복합주어 단수 동사로서 찬양을 강조한다. 현재 전면 현저성. 중간태로서 의식적인 행동을 서술한다.

εὐλογία καὶ κατάρα ἐξέρχεται 주어 주격.

εὐλογία (명, 주, 녀, 단) εὐλογία 찬양.

καὶ (등접) καί 그리고.

κατάρα (명, 주, 녀, 단) κατάρα 저주.

οὐ (부) οὐ 아닌. 강조.

χρή (동, 직, 현, 능, 3, 단) χρή 비인칭동사 : 그것은 당연하다. 이 동사는 보통 보충 부정사를 취한다. 현재 전면 현저성.

ἀδελφοί (명, 호, 남, 복) ἀδελφός 형제. 단순 호격.

μου (인대, 속, 단) ἐγώ 나.

ταῦτα (지대, 주, 중, 복) οὗτος 이것. γίνεσθαι 의 대격 주어. 여기서는 찬양과 저주라는 말을 의미한다.

οὕτως (부) οὕτω 이와 같은 양식으로. 여기서는 형식을 의미한다 즉 한 입에서 찬양과 저주가 나오는 것을 의미한다.

γίνεσθαι (정, 현, 중간) γίνομαι 되다. 현재 전면 현저성.

3:11 **μήτι ἡ πηγὴ ἐκ τῆς αὐτῆς ὀπῆς βρύει τὸ γλυκὺ καὶ τὸ πικρόν;**

샘이 같은 한 구멍으로부터 단물과 쓴물을 낼 수 있겠나?

개역개정 : 샘이 한 구멍으로 어찌 단 물과 쓴 물을 내겠느냐

[명제 관계]

11 질문 **μήτι ἡ πηγὴ ἐκ τῆς αὐτῆς ὀπῆς βρύει τὸ γλυκὺ καὶ τὸ πικρόν;**
샘이 같은 한 구멍에서 단 물과 쓴 물을 낼 수 있는가?

[설명]

1. 3:11-12는 혀가 가지고 있는 이런 이중성은 다른 창조물에서는 볼 수 없는 현상임을 서술한다. 11절은 일구이언이란 비정상을 설명하기 위한 세 개의 예에서 첫 번째로 물 샘을 예를 들고 있다.

2. 11절은 부정적인 대답을 요구하는 수사학적 질문이다.

[단어분해]

μήτι (계) μήτι 문장의 서두에서 강한 부정적인 대답을 기대하는 의문문에 사용되는 의문계사. μή 보다는 강한 부정을 나타낸다. 강조를 위해서 "틀림없이" 를 사용하여도 된다.

ἡ πηγὴ βρύει 의 주어 주격.

ἡ (관, 주, 녀, 단) ὁ 그.

πηγὴ (명, 주, 녀, 단) πηγή 샘, 샘물.

ἐκ (속, 전) ἐκ 이는 모음앞에서 ἐξ 가 된다. (근원) ~부터.

τῆς (관, 속, 녀, 단) ὁ 그.

αὐτῆς (강형, 속, 녀, 단, 원) αὐτός 똑 같은.

ὀπῆς (명, 속, 녀, 단) ὀπή 우물, 구멍.

βρύει (동, 직, 현, 능, 3, 단) βρύω 나오다. 샘물이 솟아 나온다. 현재 전면 현저성.

τὸ γλυκὺ καὶ τὸ πικρόν βρύει 의 대격 직접 목적어.

τὸ (관, 대, 중, 단) ὁ 그.

γλυκὺ (보형, 대, 중, 단, 원) γλυκύς 단.

καὶ (등접) καί 그리고.

τὸ (관, 대, 중, 단) ὁ 그.

πικρόν (보형, 대, 중, 단, 원) πικρός 쓴.

3:12 μὴ δύναται, ἀδελφοί μου, συκῆ ἐλαίας ποιῆσαι ἢ ἄμπελος σῦκα; οὔτε ἁλυκὸν γλυκὺ ποιῆσαι ὕδωρ.

나의 형제들아, 무화과나무가 올리브를 맺을 수 있겠나? 포도나무가 무화과를 맺을 수 있겠나? 짠 물이 단물을 낼 수 없다.

개역개정 : 내 형제들아 어찌 무화과 나무가 감람 열매를, 포도 나무가 무화과를 맺겠느냐 이와 같이 짠 물이 단 물을 내지 못하느니라

[명제 관계]

12a	예시 근거	**μὴ δύναται, ἀδελφοί μου, συκῆ ἐλαίας ποιῆσαι** 나의 형제들아, 무화과나무가 올리브를 맺을 수 있는가?
12b	예시 근거	**ἢ ἄμπελος σῦκα;** 포도나무가 무화과를 맺을 수 있는가?
12c	예시 근거	**οὔτε ἁλυκὸν γλυκὺ ποιῆσαι ὕδωρ.** 짠물이 단물을 낼 수 없다.

[설명]

1. 만약 3:12b가 3:11의 요약으로 간주하면 두 개의 예들이 사용되었다.

2. 이 구절은 둘째 (12a), 셋째 (12b) 예들을 포함하고 있다.

3. 12a-b는 수사학적 질문 명제이며, 12c는 대답명제이다.
4. 본문 9－12 에서 사용된 비유들은 다음과 같다 (ZECNT 162).
    가. 한 사람이 찬양과 저주를 할 수 없다 (9-10).
    나. 한 샘물이 단물과 쓴 물을 낼 수 없다 (11)
    다. 한 부류의 사람이 다른 부류의 말을 할 수 없다 (12).
    라. 나쁜 사람이 좋은 말을 할 수 없다 (12).

[단어분해]

μὴ (계) μή 아닌. 부정적인 대답을 기대하는 부정 의문문에 사용된 부정 계사.

δύναται (동, 직, 현, 중간, 3, 단) δύναμαι 할 수 있다. 현재 전면 현저성.

ἀδελφοί (명, 호, 남, 복) ἀδελφός 형제. 단순 호격.

μου (인대, 속, 단) ἐγώ 나.

συκῆ (명, 주, 녀, 단) συκῆ 무화과 나무. δύναται 의 주어 주격.

ἐλαίας (명, 대, 녀, 복) ἐλαία 감람나무, 올리브(나무). ποιῆσαι 의 대격 직접 목적어.

ποιῆσαι (정, 부과, 능) ποιέω 생산하다. 보충 부정사. 부정과거 배경 현저성.

ἤ (등접) ἤ 혹은.

ἄμπελος (명, 주, 녀, 단) ἄμπελος 포도나무. 주어 주격.

σῦκα (명, 대, 중, 복) σῦκον 무화과 나무의 열매, 무화과. ποιῆσαι 의 대격 직접 목적어.

οὔτε (등접) οὔτε 그리고...아니다.

ἁλυκὸν (보형, 주, 중, 단, 원) ἁλυκός 짠. 암시 동사 δύναται 의 주어 주격.

γλυκὺ (보형,대,중,단,원) γλυκύς 단. ποιῆσαι 의 대격 직접 목적어.

ποιῆσαι (정, 부과, 능) ποιέω 생산하다. 부정과거 배경 현저성.

ὕδωρ (명, 대, 중, 단) 혹은 (명, 주, 중, 단) 물.

3:13 Τίς σοφὸς καὶ ἐπιστήμων ἐν ὑμῖν; δειξάτω ἐκ τῆς καλῆς ἀναστροφῆς τὰ ἔργα αὐτοῦ ἐν πραΰτητι σοφίας.

너희 가운데서 지혜 있고 총명한 자가 누구인가? 그러한 사람은 착한 행위를 통하여, 지혜에서 오는 온유함으로 그 행함을 나타내 보여라.

개역개정 : 너희 중에 지혜와 총명이 있는 자가 누구냐 그는 선행으로 말미암아 지혜의 온유함으로 그 행함을 보일지니라

[명제 관계]

13a 질문 **Τίς σοφὸς καὶ ἐπιστήμων ἐν ὑμῖν;**
너희 가운데서 지혜 있고 총명한 자가 누구인가?

13b 명령 **δειξάτω ἐκ τῆς καλῆς ἀναστροφῆς τὰ ἔργα αὐτοῦ**
그러한 사람은 착한 행위를 통하여, 그 행함을 나타내 보여라

13c 매너 **ἐν πραΰτητι σοφίας.**
지혜에서 오는 온유함으로

[설명]

1. 13절의 주제는 지혜로운 사람은 행위를 통하여 그 지혜를 표현한다.

[단어분해]

Τίς (의대,주,남,단) τίς 누구? 동사가 없는 문장에서 사용된 주어 주격.

σοφὸς (보형, 주, 남, 단, 원) σοφός 영리한, 지혜로운. 술어 주격.

καὶ (등접) καί 그리고.

ἐπιστήμων (보형, 주, 남, 단, 원) ἐπιστήμων 전문가의, 총명한. 술어 주격.

ἐν ὑμῖν 당신들 가운데서.

ἐν (여, 전) ἐν (장소) 사이에 (among).

ὑμῖν (인대, 여, 복) σύ 너, 당신. ἐν 다음에 오는 여격.

δειξάτω (동, 령, 부과, 능, 3, 단) δείκνυμι 보이다. 나타내다, 증명하다, 논증하다. 무조건적 명령. 부정과거 배경 현저성.

ἐκ (속, 전) ἐκ 이는 모음앞에서 ἐξ 가 된다. (수단) 의해서.

τῆς (관, 속, 녀, 단) ὁ 그.

καλῆς (보형, 속, 녀, 단, 원) καλός 아름다운, 좋은.

ἀναστροφῆς (명, 속, 녀, 단) ἀναστροφή 행위.

τὰ ἔργα δειξάτω 의 대격 직접 목적어.

τὰ (관, 대, 중, 복) ὁ 그.

ἔργα (명, 대, 중, 복) ἔργον 행위.

αὐτοῦ (인대, 속, 남, 단) αὐτός 그.

ἐν (여, 전) ἐν (수단) 이용하여.

πραΰτητι (명, 여, 녀, 단) πραΰτης 온유. ἐν 다음에 오는 여격.

σοφίας (명, 속, 녀, 단) σοφία 지혜. 근원 속격 : 지혜로부터 오는 온유, 한정 속격 : 지혜로운 온유.

3:14 εἰ δὲ ζῆλον πικρὸν ἔχετε καὶ ἐριθείαν ἐν τῇ καρδίᾳ ὑμῶν, μὴ κατακαυχᾶσθε καὶ ψεύδεσθε κατὰ τῆς ἀληθείας.

그러나 만약 너희 마음속에 지독한 시기심과 야망을 너희가 가지고 있다면, 너희는 자랑하지 말고, 진리를 거슬러 속이지 마라.

개역개정 : 그러나 너희 마음 속에 독한 시기와 다툼이 있으면 자랑하지 말라 진리를 거슬러 거짓말하지 말라

[명제 관계]

14a	조건	**εἰ δὲ ζῆλον πικρὸν ἔχετε καὶ ἐριθείαν ἐν τῇ καρδίᾳ ὑμῶν,** 그러나 만약 너희 마음속에 지독한 시기심과 야망을 너희가 가지고 있다면,
14b	결과	**μὴ κατακαυχᾶσθε** 너희는 자랑하지 말고,
14c	확장	**καὶ ψεύδεσθε κατὰ τῆς ἀληθείας.** 진리를 거슬러 속이지 마라.

[설명]

1. 14절은 지혜에 반대되는 인성에 대해서 경고한다. 제일 조건절이므로 야보고서에 나타나는 교회는 이런 인성들이 실제로 있었을 가능성을 서술한다.

2. 14b-c는 금지 명제이기도 하다.

[단어분해]

εἰ (종접) εἰ 만약. 제일 조건절.

δὲ (등접) δέ 그러나.

ζῆλον πικρὸν ἔχετε 의 대격 직접 목적어.

ζῆλον (명, 대, 남, 단) ζῆλος 시기.

πικρὸν (보형, 대, 남, 단, 원) πικρός 거친, 냉혹한, 신랄한.

ἔχετε (동, 직, 현, 능, 2, 복) ἔχω 가지다. 지속적 현재. 현재 전면 현저성.

καὶ (등접) καί 그리고.

ἐριθείαν (명, 대, 녀, 단) ἐριθεία 야망. ἔχετε 의 대격 직접 목적어.

ἐν (여, 전) ἐν (장소) 안에.

τῇ καρδίᾳ ἐν 다음에 오는 여격.

τῇ (관, 여, 녀, 단) ὁ 그.

καρδίᾳ (명, 여, 녀, 단) καρδία 마음. 배분 단수.

ὑμῶν (인대, 속, 복) σύ 너, 당신. 소유 속격.

μὴ κατακαυχᾶσθε 현재 금지는 진행되고 있는 행위의 중단 혹은 진행되지 않은 사건은 항상 금지해야 하는 것을 표현한다. 이 후자는 행하는 습관을 만들지 말라고 번역될 수도 있다. 이 동사에 대한 목적어가 본문에 나타나지 않는다. 그래서 이 목적어는 즉 자랑하지 말아야 할 것은 지혜라고 간주하여질 수 있다. 그 이유는 15절에 거짓 지혜가 나타나기 때문이다. 이 동사는 중간태이므로 자랑하는 것은 자랑하는 자의 의도가 담겨 있음을 의미한다. '스스로를 위해서 자랑하지 마라.'

μὴ (계) μή 아닌.

κατακαυχᾶσθε (동, 령, 현, 중간, 2, 복) κατακαυχάομαι 자랑하다. 중간태는 주어의 의도를 표현한다 : 스스로 자랑하다. 현재 전면 현저성.

καὶ (등접) καί 그리고.

ψεύδεσθε (동, 령, 현, 중간, 2, 복) ψεύδομαι 거짓말하다. 중간태는 주어의 의도를 표현한다 : 스스로 거짓말하다. 현재 전면 현저성. 이 동사는 부정어 μὴ 와 연결되었다. 이 역시 현재금지이며 중간태이다.

κατὰ τῆς ἀληθείας. 이 전치사 구는 두 동사들과 연결될 수도 있고, 혹은 후자와만 연결될 수도 있다 : 진리를 거슬러 속이지 말라.

κατὰ (속, 전) κατά 반대. 대항하여.

τῆς (관, 속, 녀, 단) ὁ 그. 유일 관사로서 객관적인 진리를 의미한다.

ἀληθείας (명, 속, 녀, 단) ἀλήθεια 진리.

3:15 οὐκ ἔστιν αὕτη ἡ σοφία ἄνωθεν κατερχομένη ἀλλὰ ἐπίγειος, ψυχική, δαιμονιώδης.

이것은 위에서 내려오는 지혜가 아니라, 세속적이고 정욕적이고 악마적인 것이다.

개역개정 : 이러한 지혜는 위로부터 내려온 것이 아니요 땅 위의 것이요 정욕의 것이요 귀신의 것이니

[명제 관계]

15a 결론 **οὐκ ἔστιν αὕτη ἡ σοφία ἄνωθεν κατερχομένη**
이것은 위에서 내려오는 지혜가 아니라,

15b 대조 **ἀλλὰ ἐπίγειος,**
세속적이고

15c 대조 **ψυχική,**
정욕적이고

15d 대조 **δαιμονιώδης.**
악마적인 것이다.

[설명]

1. 15절은 14절에서 언급된 지혜는 세속적, 자연적, 악마적임을 서술한다.
2. 내려오다 κατερχομένη 는 지속적 현재 시제로서 계속성을 가진다.

[단어분해]

οὐκ (부) οὐ 아닌.

ἔστιν (동, 직, 현, 능, 3, 단) εἰμί 이다.

αὕτη (지대, 주, 녀, 단) οὗτος 이것. ἔστιν 의 주어 주격.

ἡ σοφία 술어 주격.

ἡ (관, 주, 녀, 단) ὁ 그.

σοφία (명, 주, 녀, 단) σοφία 지혜.

ἄνωθεν (부) ἄνωθεν 위로 부터 (특히 하늘로 부터). 이는 1:17-18와 상호 영향 관계에 있다.

κατερχομένη (분, 현, 중간, 주, 녀, 단) κατέρχομαι 내려온다. 지속적 현재. 우언적 분사 주격. 현재 전면 현저성.

ἀλλὰ (등접) ἀλλά 그러나.

ἐπίγειος (보형, 주, 녀, 단, 원) ἐπίγειος 세상적, 위에서 내려오는 것

이 아님. 열등한 것임. 술어 형용사.

ψυχική (보형, 주, 녀, 단, 원) ψυχικός 자연적, 육체적, 감각적. 이는 영적인 것에 반대되는 말이다. 술어 형용사.

δαιμονιώδης (보형, 주, 녀, 단, 원) δαιμονιώδης 악마의. 3:6 과 연결. 4:7 의 경고와 연결이 된다. 술어 형용사.

3:16 ὅπου γὰρ ζῆλος καὶ ἐριθεία, ἐκεῖ ἀκαταστασία καὶ πᾶν φαῦλον πρᾶγμα.

이렇게 말한 이유는 시기심과 야망이 있는 곳에는, 거기에 혼란과 온갖 더러운 행실이 있기 때문이다.

개역개정 : 시기와 다툼이 있는 곳에는 혼란과 모든 악한 일이 있음이라

[명제 관계]

16a 이유 **ὅπου γὰρ ζῆλος καὶ ἐριθεία,**
이렇게 말한 이유는 시기심과 야망이 있는 곳에는,

16b 결과 **ἐκεῖ ἀκαταστασία καὶ πᾶν φαῦλον πρᾶγμα.**
거기에 혼란과 온갖 더러운 행실이 있기 때문이다.

[설명]

1. 16절은 거짓 지혜에 대한 결론이다. 시기와 야망은 모든 악의 근원이다. 거짓 지혜는 모든 악을 생산한다.

[단어분해]

ὅπου (종접) ὅπου 어디.

γὰρ (등접) γάρ (설명) 거짓 지혜의 결과를 계속 설명하고 있다.

ζῆλος καὶ ἐριθεία 무동사 문장의 주어 주격.

ζῆλος (명, 주, 남, 단) ζῆλος 시기.

καὶ (등접) καί 그리고.

ἐριθεία (명, 주, 녀, 단) ἐριθεία 야망.

ἐκεῖ (부) ἐκεῖ 거기에.

ἀκαταστασία καὶ πᾶν φαῦλον πρᾶγμα 무동사 문장의 주어 주격.

ἀκαταστασία (명, 주, 녀, 단) ἀκαταστασία 혼란. 1:8의 불안정한 그리고 3:8의 통제 할 수 없는 동사와 같은 어원을 가진다.

καὶ (등접) καί 그리고.

πᾶν (부형, 주, 중, 단, 원) πᾶς 모두.

φαῦλον (보형, 주, 중, 단, 원) φαῦλος 나쁜 행위.

πρᾶγμα (명, 주, 중, 단) πρᾶγμα 행위. 법정 고소 혹은 고발 (2:6 의 법정). 부자들이 가난한 자들을 법정으로 끌고 가듯이 거짓 지혜를 가진 자들의 악의적인 언어사용이 교인들을 법정으로 고소 고발하는 행위 (ZECNT 176).

3:17 ἡ δὲ ἄνωθεν σοφία πρῶτον μὲν ἁγνή ἐστιν, ἔπειτα εἰρηνική, ἐπιεικής, εὐπειθής, μεστὴ ἐλέους καὶ καρπῶν ἀγαθῶν, ἀδιάκριτος, ἀνυπόκριτος.

그러나 위에서 오는 지혜는,한편으로는, 첫째 순결하고, 다음으로 (혹은 다른 한편으로는) 평화스럽고, 친절하고, 온순하고, 자비와 선한 열매로 가득차고, 공평하며 신실하다.

개역개정 : 오직 위로부터 난 지혜는 첫째 성결하고 다음에 화평하고 관용하고 양순하며 긍휼과 선한 열매가 가득하고 편견과 거짓이 없나니

[명제 관계]

17a 대조 **ἡ δὲ ἄνωθεν σοφία πρῶτον μὲν ἁγνή ἐστιν,**
그러나 위에서 오는 지혜는, 한편으로는,
첫째 순결하고,

17b 특수화 **ἔπειτα εἰρηνική,**
다음으로 (다른 한편으로) 평화스럽고,

17c 특수화 **ἐπιεικής,**
친절하고,

17d 특수화 **εὐπειθής,**
온순하고,

17e 특수화 **μεστὴ ἐλέους καὶ καρπῶν ἀγαθῶν,**
자비와 선한 열매로 가득차고,

17f 특수화 **ἀδιάκριτος,**
공평하며

17g 특수화 **ἀνυπόκριτος.**
신실하다.

[설명]

1. 17절은 참 지혜의 특성을 서술하는데 이는 도덕적 순수함이다.

2. 17a는 15 절의 대조 명제이며 지혜의 근원을 서술한다.

[단어분해]

ἡ ..... ἄνωθεν σοφία ἐστιν 의 주어 주격.

ἡ (관, 주, 녀, 단) ὁ 그.

δὲ (등접) δέ 그러나.

ἄνωθεν (부) ἄνωθεν 위로 부터 (특히 하늘로 부터).

σοφία (명, 주, 녀, 단) σοφία 지혜.

πρῶτον (부) 혹은 (서형, 대, 중, 단, 원) πρῶτος 첫째.

μὲν (계) μέν μὲν..... δέ ..... μὲν ..... ἀλλά 한편으로는… 다른 편으로는. 강조 용법. 이 문장에서는 ὁ μὲν ..... ἔπειτά 로 사용되었다.

ἁγνή (보형, 주, 녀, 단, 원) ἁγνός 순수한. 윤리적으로 영적으로 흠이 없는. 위로부터 오는 지혜의 가장 핵심 요소임. 술어 형용사.

ἐστιν (동, 직, 현, 능, 3, 단) εἰμί 이다.

ἔπειτα (부) ἔπειτα (연속) 그 다음에.

εἰρηνική (보형, 주, 녀, 단, 원) εἰρηνικός 평화스러운.

ἐπιεικής (보형, 주, 녀, 단, 원) ἐπιεικής 관용이 있는.

εὐπειθής (보형, 주, 녀, 단, 원) εὐπειθής 순종하는. 술어 형용사.

μεστὴ (보형, 주, 녀, 단, 원) μεστός 찬, 가득한; 가득 채워진, 충만한.

ἐλέους καὶ καρπῶν ἀγαθῶν 내용 속격.

ἐλέους (명, 속, 중, 단) ἔλεος 자비, 연민, 인정.

καὶ (등접) καί 그리고.

καρπῶν (명, 속, 남, 복) κάρπος 열매.

ἀγαθῶν (보형, 속, 남, 복, 원) ἀγαθός 유용한, 유익한, 좋은.

ἀδιάκριτος (보형, 주, 녀, 단, 원) ἀδιάκριτος 공평한. 술어 형용사.

ἀνυπόκριτος (보형,주,녀,단,원) ἀνυπόκριτος 신실한. 술어 형용사.

3:18 καρπὸς δὲ δικαιοσύνης ἐν εἰρήνῃ σπείρεται τοῖς ποιοῦσιν εἰρήνην.

그리고 의의 열매는 평화를 이룩하는 사람들에 의하여 평화속에서 뿌려져서 거두어진다.

개역개정 : 화평하게 하는 자들은 화평으로 심어 의의 열매를 거두느니라

[명제 관계]

18a	결과	**καρπὸς δὲ δικαιοσύνης ἐν εἰρήνῃ σπείρεται** 그리고 의의 열매는 평화속에서 뿌려져서 거두어진다.
18b	에이전트	**τοῖς ποιοῦσιν εἰρήνην.** 평화를 이룩하는 사람들에 의하여

[설명]

1. 18절은 참 지혜에 대한 결론으로서 평화를 조성하는데 우선순위를 둔다.

[단어분해]

καρπὸς ..... δικαιοσύνης 의의 열매

καρπὸς (명, 주, 남, 단) καρπός 열매. σπείρεται 의 주어 주격.

δὲ (등접) δέ 그리고. 논리적 결론으로 인도하는 접속사.

δικαιοσύνης (명, 속, 녀, 단) δικαιοσύνη 의로움. 근원 속격 : 의로부터 나오는 열매, 설명적 속격 : 열매 즉 의로움.

ἐν εἰρήνῃ 수단 : 평화에 의해서, 매너 : 평화속에서. σπείρεται 와 연결된다.

ἐν (여, 전) ἐν (수단) 의하여.

εἰρήνῃ (명, 여, 녀, 단) εἰρήνη 평화, 화평. ἐν 다음에 오는 여격.

σπείρεται (동, 직, 현, 수, 3, 단) σπείρω 씨를 뿌리다. 미래적 현재. 습관적 현재. 현재 전면 현저성.

τοῖς ποιοῦσιν 유익 여격 : 평화를 만드는 사람들을 위하여 (Adam 75). 대행 여격 : 평화를 만드는 사람들에 의해서 (ESV). 영역 여격 : 평화를 만드는 사람들 사이에 (NET).

τοῖς (관, 여, 남, 복) ὁ 그.

ποιοῦσιν (분, 현, 능, 여, 남, 복) ποιέω 생산하다. 격언적 현재. 현재 전면 현저성.

εἰρήνην (명, 대, 녀, 단) εἰρήνη 평화, 화평. ποιοῦσιν 의 대격 직접 목적어.

헬라어 신약 주석 안내서

야고보서

4장

4:1 Πόθεν πόλεμοι καὶ πόθεν μάχαι ἐν ὑμῖν; οὐκ ἐντεῦθεν, ἐκ τῶν ἡδονῶν ὑμῶν τῶν στρατευομένων ἐν τοῖς μέλεσιν ὑμῶν;

어디서부터 다툼들과 어디서부터 분쟁들이 너희 가운데서 오는가? 그것은 너희 지체들 안에서 싸우고 있는 육욕들로부터 오는 것이 아니냐?

개역개정 : 너희 중에 싸움이 어디로부터 다툼이 어디로부터 나느냐 너희 지체 중에서 싸우는 정욕으로 부터 나는 것이 아니냐

[명제 관계]

1a 효과 **Πόθεν πόλεμοι καὶ πόθεν μάχαι ἐν ὑμῖν;**
어디서부터 다툼들과 어디서부터 분쟁들이
너희 가운데서 오는가?

1b 원인 **οὐκ ἐντεῦθεν,**
여기서부터 오는 것이 아니냐?

1c 근원 **ἐκ τῶν ἡδονῶν ὑμῶν τῶν στρατευομένων ἐν τοῖς μέλεσιν ὑμῶν;**
너희 지체들 안에서 싸우고 있는 육욕들로부터

[설명]

1. 야고보서 4:1-6은 위로부터 온 지혜를 가진 사람일지라도 여전히 교회내에서는 싸움과 분쟁이란 문제가 있다. 이 문제는 심지어 구원받은 후에도 남아있는 육욕으로 인해서 발생되는 문제이다. 특히 이 구절은 3:18에 직접 반대하는 구절이다. 4:1-3에 나타나는 육욕은 1:14-15에서 나타나는 욕심과 같은 개념이다. 이 구절의 "지체들 안에서 싸우고 있는" 은 3:5-6에서 나타난 혀의 위험성과 같은 개념이다.

2. 어디서부터 Πόθεν 가 두 번 사용되었다. 목적은 질문을 강조하기 위함이다.

3. 다툼들과 분쟁들이 복수로 사용된 것은 반복과 계속되는 상황을 서술한다.

4. 육욕 ἡδονῶν 이란 영어 쾌락주의 ηεδονισμ 의 어원이다. 이 문맥에서는 권력, 통제 혹은 파벌성을 의미할 수도 있다 (NICNT 323). 또한 이 단어는 부당한 성적 욕구를 의미하기도 한다.

5. 싸우고 있는 στρατευομένων 은 현재 중간태이다. 이 시제와 태의 의미는 무엇인가? 현재 시제는 계속성을 그리고 중간태는 육욕의 활동을 강조한다.

[단어분해]

Πόθεν (부) πόθεν 어디로 부터. 여기서는 근원을 의미한다. 의문 부사.

πόλεμοι (명,주,남,복) πόλεμος 전쟁, 전투. 무동사 절에서의 주어 주격.

καὶ (등접) καί 그리고.

πόθεν (부) πόθεν 어디로 부터.

μάχαι (명, 주, 녀, 복) μάχη 충돌. 무동사 절에서의 주어 주격.

ἐν (여, 전) ἐν (장소) 안에.

ὑμῖν (인대, 여, 복) σύ 너, 당신. ἐν 다음에 오는 여격.

οὐκ ἐντεῦθεν 은 긍정적인 대답을 기대한다.

οὐκ (부) οὐ 아닌.

ἐντεῦθεν (부) ἐντεῦθεν 여기서 부터.

ἐκ (속, 전) ἐκ 모음앞에서 ἐξ 가 된다. (근원) ~부터, (원인) 때문에. "여기서부터" 라는 것을 정의함.

τῶν (관, 속, 녀, 복) ὁ 그.

ἡδονῶν (명, 속, 녀, 복) ἡδονή 즐거움. 성적 욕구를 의미한다.

ὑμῶν (인대, 속, 복) σύ 너, 당신. 주어적 속격: 당신들이 만드는 즐거움.

τῶν στρατευομένων 한정 속격: 싸우고 있는; 목적어적 속격: 싸움을 수행하는.

τῶν (관, 속, 녀, 복) ὁ 그.

στρατευομένων (분, 현, 중간, 속, 녀, 복) στρατεύω 싸우다. 간접 중간태. 습관적 현재. 한정 속격. 현재 전면 현저성.

ἐν (여, 전) ἐν (장소) 안에.

τοῖς μέλεσιν ἐν 다음에 오는 여격.

τοῖς (관, 여, 중, 복) ὁ 그.

μέλεσιν (명, 여, 중, 복) μέλος 부분, 지체.

ὑμῶν (인대, 속, 복) σύ 너, 당신. 소유 속격.

4:2 ἐπιθυμεῖτε καὶ οὐκ ἔχετε, φονεύετε καὶ ζηλοῦτε καὶ οὐ δύνασθε ἐπιτυχεῖν, μάχεσθε καὶ πολεμεῖτε, οὐκ ἔχετε διὰ τὸ μὴ αἰτεῖσθαι ὑμᾶς,

너희는 욕심을 부린다 그리고 얻지 못한다. 너희가 살인하고 그리고 탐내어도 얻을 수 없다. (그래서) 너희는 다투고 싸운다 너희는 자신을 위해서 구하지 않기 때문에 가지지 못한다.

개역개정 : 너희는 욕심을 내어도 얻지 못하여 살인하며 시기하여도 능히 취하지 못하므로 다투고 싸우는도다 너희가 얻지 못함은 구하지 아니하기 때문이요

[명제 관계]

2a	원인	**ἐπιθυμεῖτε καὶ οὐκ ἔχετε,** 너희는 욕심을 부린다 그리고 얻지 못한다.
2b	결과	**φονεύετε** (그래서) 너희가 살인한다
2c	원인	**καὶ ζηλοῦτε καὶ οὐ δύνασθε ἐπιτυχεῖν,** 그리고 탐낸다 그리고 얻는 것은 불가능하다
2d	결과	**μάχεσθε καὶ πολεμεῖτε,** (그래서) 너희는 다투고 싸운다
2e	결과	**οὐκ ἔχετε** 너희는 가지지 못한다.
2f	이유 (2e)	**διὰ τὸ μὴ αἰτεῖσθαι ὑμᾶς,** 너희는 자신을 위해서 구하지 않기 때문에

[설명]

1.2c는 2a의 반복이다.

2. 이 문장은 문장의 부호 때문에 가장 어려운 문장 가운데 하나이며 또한 살인하다라는 동사의 의미로 인해서 해석하기 어려운 문장으로 알려져 있다.

3. 2절은 욕심이 모든 종류의 다툼을 낳지만 이 다툼들은 그들의 욕망을 만족시키지 못함을 서술한다.

후반부는 사람들이 어떤 것을 가지기를 원하지만 가지지 못한 이유는 하나님께 간구하지 않았기 때문이다. 4:2절과 4:4절에서 나타나는 살인과 간음은 2:11절에서 언급된 두 계명들이다. "살인한다" φονεύετε 는 상징적이며 비유적인 의미 혹은 실제로 로마 정부과 싸우는 열심당원들의 행

위를 비유한다. 가장 어려운 해석중의 하나이다.

4. "할수 없다" οὐ δύνασθε 와 "다투다" μάχεσθε 는 중간태로 사용되었는데 이는 주어를 강조한다. 즉 자신을 위해서 할 수 없다와 자신을 위해서 다투다란 의미이다.

5. "구하다" αἰτεῖσθαι 는 중간태이다. 이 중간태는 자신을 위해서 구하다란 의미를 강조한다. 3:1-4:12에 의하면 자신들이 원하는 것을 가지기를 원했기 때문에 하나님에게 지혜를 간주하지 않았다.

[단어분해]

ἐπιθυμεῖτε (동, 직, 현, 능, 2, 복) ἐπιθυμέω 바라다, 욕심내다. 반복적 현재. 현재 전면 현저성.

καὶ (등접) καί 그리고.

οὐκ (부) οὐ 아닌.

ἔχετε (동, 직, 현, 능, 2, 복) ἔχω 가지다. 반복적 현대. 현재 전면 현저성.

φονεύετε (동, 직, 현, 능, 2, 복) φονεύω 살인하다. 현재 전면 현저성. 야고보서에서 이 단어는 상징적 비유적이라는 해석이 있다 (마 5:21–22; 요일 3:15). 그런데 이와는 달리 종교적 문제에서 서로의 불화 혹은 불일치를 해결하기 위해서 살인이 허용된 (요 16:2, 행 9:1) 시기에 기록되었기 때문에 이 동사는 실제의 살인을 의미할 수도 있고 로마 관리에 대한 열심당의 행동과 관련되었다고 주장하기도 한다 (WBC 145). 그러나 야고보는 명백히 살인을 금지한다 (2:11; 5:6).

καὶ (등접) καί 그리고.

ζηλοῦτε (동, 직, 현, 능, 2, 복) ζηλόω 시기하다. 반복적 현재. 현재 전면 현저성.

καὶ (등접) καί 그리고.

οὐ (부) οὐ 아닌.

δύνασθε (동, 직, 현, 중간, 2, 복) δύναμαι 할 수 있다. 반복적 현재. 현재 전면 현저성.

ἐπιτυχεῖν (정, 부과, 능) ἐπιτυγχάνω 얻다. 부정과거 배경 현저성.

μάχεσθε (동, 직, 현, 중간, 2, 복) μάχομαι 다투다. 반복적 현재. 현재 전면 현저성.

καὶ (등접) καί 그리고.

πολεμεῖτε (동, 직, 현, 능, 2, 복) πολεμέω 싸우다. 반복적 현재. 현재 전면 현저성.

οὐκ (부) οὐ 아닌.

ἔχετε (동, 직, 현, 능, 2, 복) ἔχω 가지다. 현재 전면 현저성.

διὰ (대, 전) διά (원인) 때문에.

τὸ μὴ αἰτεῖσθαι διὰ 다음에 오는 대격.

τὸ (관, 대, 중, 단) ὁ 그.

μὴ (계) μή 아닌.

αἰτεῖσθαι (정, 현, 중간) αἰτέω 구하다. 지속적/반복적 현재. 같은 문맥에서 중간태와 능동태가 동시에 나타날 경우에 중간태는 다양하게 의미를 가진다. 1) 중간태는 열정적이며 지속적인 기도를 의미한다 (Moulton 160-161), 2) 중간태는 기도할 수 있는 권리를 이용하는 것을 표현한다 (BG 76), 3) 기도가 응답되지 않는 이유를 강조하기 위해서 사용되었다, 4) 능동태와 중간태의 차이가 별로 없는 문체의 변화이다. 현재 전면 현저성.

ὑμᾶς (인대, 대, 복) σύ 너, 당신. αἰτεῖσθαι 의 대격 주어.

4:3 αἰτεῖτε καὶ οὐ λαμβάνετε διότι κακῶς αἰτεῖσθε, ἵνα ἐν ταῖς ἡδοναῖς ὑμῶν δαπανήσητε.

너희는 구한다 그리고 얻지 못한다. 그 이유는 너희의 쾌락과 관련하여 사용하기 위한 목적으로 나쁘게 구하기 때문이다.

개역개정 : 구하여도 받지 못함은 정욕으로 쓰려고 잘못 구하기 때문이라

[명제 관계]

3a 행동 **αἰτεῖτε**
너희는 구한다

3b 결과 **καὶ οὐ λαμβάνετε**
그리고 얻지 못한다.

3c 이유 **διότι κακῶς αἰτεῖσθε,**
그 이유는 나쁘게 구하기 때문이다

3d 목적 **ἵνα ἐν ταῖς ἡδοναῖς ὑμῶν δαπανήσητε.**
그 목적은 너희의 쾌락과 관련하여 사용하기 위함이다.

[설명]

1. 응답받지 못하는 기도는 자기 중심적 동기에 기인한 것이다.
2. 첫째 구하다는 능동태이며 둘째 구하다는 중간태이다. 이 중간태는

나쁘게 κακῶς 와 함께 사용되어 자신들의 쾌락과 욕망을 위해서 의도적으로 기도하는 것을 지칭한다.

[단어분해]

αἰτεῖτε (동, 직, 현, 능, 2, 복) αἰτέω 구하다. 반복적 현재. 현재 전면 현저성.

καὶ (등접) καί 그리고.

οὐ (부) οὐ 아닌.

λαμβάνετε (동, 직, 현, 능, 2, 복) λαμβάνω 받다, 얻다. 현재 전면 현저성.

διότι (종접) διότι ~때문에.

κακῶς (부) κακῶς 나쁘게. 강조.

αἰτεῖσθε (동, 직, 현, 중간, 2, 복) αἰτέω 구하다. 지속적 현재. 같은 문맥에서 중간태와 능동태가 동시에 나타날 경우에 중간태는 다양하게 의미를 가진다. 1) 중간태는 열정적이며 지속적인 기도를 의미한다 (Moulton 160-161), 2) 중간태는 기도할 수 있는 권리를 이용하는 것을 표현한다 (BG 76), 3) 기도가 응답되지 않는 이유를 강조하기 위해서 사용되었다, 4) 능동태와 중간태의 차이가 별로 없는 문체의 변화이다. 현재 전면 현저성.

ἵνα (종접) ἵνα (목적절) 하기 위하여.

ἐν ταῖς ἡδοναῖς ὑμῶν 너희들의 쾌락과 관련하여서. 동사 앞에 위치하여 강조 역할을 한다.

ἐν (여, 전) ἐν (참조) 관련하여.

ταῖς ἡδοναῖς ἐν 다음에 오는 여격.

ταῖς (관, 여, 녀, 복) ὁ 그.

ἡδοναῖς (명, 여, 녀, 복) ἡδονή 즐거움.

ὑμῶν (인대, 속, 복) σύ 너, 당신. 주어적 속격.

δαπανήσητε (동, 가, 부과, 능, 2, 복) δαπανάω 쓰다. 부정과거 배경 현저성.

4:4 μοιχαλίδες, οὐκ οἴδατε ὅτι ἡ φιλία τοῦ κόσμου ἔχθρα τοῦ θεοῦ ἐστιν; ὃς ἐὰν οὖν βουληθῇ φίλος εἶναι τοῦ κόσμου, ἐχθρὸς τοῦ θεοῦ καθίσταται.

간음하는 여인들이여, 세상과 벗함이 하나님의 원수임을 알지 못하는가? 그러므로 누구든지 세상의 친구가 되려고 하는 사람은 자신을 하나님의 원수로 만든다.

개역개정 : 간음한 여인들아 세상과 벗된 것이 하나님과 원수됨을 알지 못하느냐 그런즉 누구든지 세상과 벗이 되고자 하는 자는 스스로 하나님과 원수 되는 것이니라

[명제 관계]

4a	감탄	**μοιχαλίδες,** 간음하는 여인들이여,
4b	행위	**οὐκ οἴδατε** 너희는 알지 못하는가?
4c	내용	**ὅτι ἡ φιλία τοῦ κόσμου ἔχθρα τοῦ θεοῦ ἐστιν;** 세상과 벗함이 하나님의 원수이다.
4d	조건	**ὃς ἐὰν οὖν βουληθῇ φίλος εἶναι τοῦ κόσμου,** 그러므로 누구든지 세상의 친구가 되려고 하는 사람은
4e	결과	**ἐχθρὸς τοῦ θεοῦ καθίσταται.** 자신을 하나님의 원수로 만든다

[설명]

1. 나쁜 동기로 구하는 행위 (3절) 는 구원 받지 못한 사람들의 특성임을 서술한다. 자기중심의 동기는 세상과의 벗 됨에 기인한 것이다.

2. 간음한 여인들이란 여기서는 남녀를 포함한다. 구약에 의하면 하나님에 대적하는 사람들을 간음하는 여인으로 표현하며 또한 교회는 그리스도의 신부라는 표현과 같은 개념이다.

3. "되려고 하다" βουληθῇ 는 중간태이다. 주의 의도를 강조한다. 즉 자신을 위해서 세상의 친구가 되려는 것을 표현한다.

4. "만들다" καθίσταται 사역 중간태로서 그는 자신을 하나님의 적으로 만드는데 있어서 자신의 의도를 강조한다. 이 동사는 현재형으로서 언

제든지 그렇게 행동함을 서술한다.

5. "그러므로" οὖν 는 이전의 문장이 하나의 원리임을 표현한다.

6. "알다" οἴδατε 는 완료형으로서 최전면 현저성을 표현한다.

[단어분해]

μοιχαλίδες (명, 호, 녀, 복) μοιχαλίς 간부. 간음하는 여자. 야고보서신에서는 간음죄에 대한 언급이 없다. 이 단어가 여성인 이유는 구약에서 언약관계에 있는 하나님에게 불순종하는 이스라엘 백성들을 언급하기 때문에 (참조 사 54:5-6, 57:3, 렘 3:20, 겔 16:38; 23:45) 야고보는 교회가 그리스의 신부임을 표현한 것이다. 단순 호격.

οὐκ (부) οὐ 아닌. 긍정적 대답을 기대하는 부정의문문에 사용된 부사.

οἴδατε (동, 직, 완, 능, 2, 복) οἶδα 알다. 완료 최전면 현저성.

ὅτι (종접) ὅτι (내용절).

ἡ φιλία τοῦ κόσμου 세상과 벗함 : 이는 세상이 우정이 대상임을 의미한다.

ἡ φιλία ἐστιν 의 주어 주격.

ἡ (관, 주, 녀, 단) ὁ 그. 주어적 관사.

φιλία (명, 주, 녀, 단) φιλία 사랑.

τοῦ κόσμου 목적어적 속격 (Adam 78, ZECNT 190). 참조 속격 혹은 관계 속격으로도 간주되어질 수 있다.

τοῦ (관, 속, 남, 단) ὁ 그.

κόσμου (명, 속, 남, 단) κόσμος 세상.

ἔχθρα (명, 주, 녀, 단) ἔχθρα 증오, 불의. 무관사 주격 보어.

τοῦ θεοῦ 목적어적 속격.

τοῦ (관, 속, 남, 단) ὁ 그.

θεοῦ (명, 속, 남, 단) θεός 하나님.

ἐστιν (동, 직, 현, 능, 3, 단) εἰμί 이다.

ὃς (관대, 주, 남, 단) ὅς 누구. βουληθῇ 의 주어 주격..

ἐὰν (계) ἐάν 만약. 제삼 조건절.

οὖν (등접) οὖν 그러므로.

βουληθῇ (동, 가, 부과, 수, 3, 단) βούλομαι 바라다, 원하다, 의도하다, 계획하다. 부정과거 배경 현저성.

φίλος (보형, 주, 남, 단, 원) φίλος 사랑하는. 주격 술어.

εἶναι (정, 현, 능) εἰμί 이다. 보충 부정사.

τοῦ κόσμου 목적어적 속격.

τοῦ (관, 속, 남, 단) ὁ 그.

κόσμου (명, 속, 남, 단) κόσμος 세상.

ἐχθρὸς (보형, 주, 남, 단, 원) ἐχθρός 증오가 되는, 적개심에 불타는. (명) 적. 보어 주격.

τοῦ θεοῦ 목적어적 속격.

τοῦ (관, 속, 남, 단) ὁ 그.

θεοῦ (명, 속, 남, 단) θεός 하나님.

καθίσταται (동, 직, 현, 중간, 3, 단) καθίστημι 만들다. 사역 중간태 : 그는 자신을 하나님의 원수로 만들다 (ESV, NET). 현재 전면 현저성.

4:5 ἢ δοκεῖτε ὅτι κενῶς ἡ γραφὴ λέγει· πρὸς φθόνον ἐπιποθεῖ τὸ πνεῦμα ὃ κατῴκισεν ἐν ἡμῖν,

혹은 "하나님께서는 우리 속에 살게 하신 그 영을 질투하실 정도로 그리워하신다" 한 성경 말씀이 헛된 것으로 너희는 생각하느냐?

개역개정 : 너희는 하나님이 우리 속에 거하게 하신 성령이 시기하기까지 사모한다 하신 말씀을 헛된 줄로 생각하느냐

[명제 관계]

5a	행위	**ἢ δοκεῖτε** 혹은 너희는 생각하느냐?
5b	내용	**ὅτι κενῶς ἡ γραφὴ λέγει·.** 성경은 헛되게 말씀하신다
5c	확인	**πρὸς φθόνον ἐπιποθεῖ τὸ πνεῦμα ὃ κατῴκισεν ἐν ἡμῖν,** 하나님께서는 우리 속에 살게 하신 그 영을 질투하실 정도로 그리워하신다

[설명]

1. 이 구절은 이해하는데 있어서 어려운 구절중의 하나이다. 하나의 질문으로 된 문장인지 혹은 두 개의 질문으로 된 문장인지 아니면 하나의

평서문과 하나의 수사학적 질문의 구조를 가지는 지를 결정해야 하는 구조이다. 이에 대하여 이 구절의 "너희는 생각하느냐" δοκεῖτε 와 4절의 "너희는 알지 못하는가" οἴδατε 와 병행하여 이 구절은 수사학적 의문문으로 간주한다 (ESV, NET).

2. 본문 1-4절을 지지하기 위해서 야고보는 성경을 인용한다. 즉 세상과의 벗은 하나님과의 대적함임을 지지하기 위해서 성경을 인용한다. 이 구절의 후반부가 인용이지만 이와 같은 성경 구절은 구약에 나타나지 않는다. 그런데 질투하시는 하나님은 출 20:5 (참조 출 34:14; 스 8:2)에서 발견된다.

3. 성경 인용에 대하여

가. 야고보는 구약 전반에 걸쳐서 나타난 그의 백성을 향한 하나님의 시기심을 서술한다 (출 20:5, 34:14 등).

나. 야고보는 이 구절의 후반부는 성경에서 인용한 것이 아니라 수사학적 질문을 던지고 있다.

다. 5절 후반부와 6절 전반부는 6절 후반부의 서론 격이며, 야고보는 6절 후반부에서 잠언 3:34를 인용하고 있다.

라. 야고보는 자신만이 알고 있는 문헌으로부터 인용하였다.

4. 이 문장의 후반부에 대한 영어 성경은 다음과 같다.

가. He yearns jealously over the spirit that he has made to dwell in us. (CEB, ESV, NASV, RSV)

나. The spirit that God caused to live within us has an envious yearning. (NET, NLT)

5. "헛된 것" κενῶς 은 강조위치에 있다.

[단어분해]

ἤ (등접) ἤ 혹은.

δοκεῖτε (동, 직, 현, 능, 2, 복) δοκέω 생각하다. 현재 전면 현저성.

ὅτι (종접) ὅτι (내용절).

κενῶς (부) κενῶς 빈, 헛된. 강조.

ἡ γραφὴ λέγει 의 주어 주격.

ἡ (관, 주, 녀, 단) ὁ 그.

γραφὴ (명, 주, 녀, 단) γραφή 성경.

λέγει (동,직,현,능,3,단) λέγω 말하다. 완료적 현재. 현재 전면 현저성.

πρὸς φθόνον 심지어 시기로, 시기하기까지, 시기로. 동사 ἐπιποθεῖ 와 관련되었다.

πρὸς (대,전) πρός (부사적 표현).

φθόνον (명, 대, 남, 단) φθόνος 질투, 부러움, 시기, 샘, 시샘. πρὸς 다음에 오는 대격.

ἐπιποθεῖ τὸ πνεῦμα 영을 사모합니다. 이는 다음과 같이 이해될 수 있다 (NICNT 337, WBC 150). 1) 하나님은 영을 사모합니다, 2) 성령 (τὸ πνεῦμα) 은 시기할 정도로 사모함을 가졌습니다, 3) 인간의 영은 사모합니다.

ἐπιποθεῖ (동, 직, 현, 능, 3, 단) ἐπιποθέω 바라다. 문법적으로 이 동사의 주어는 동사 자체에 암시된 3인칭 주어인 하나님 (ESV, NIV, NIGTC 154, 대부분의 천주교 발간 성경) 혹은 τὸ πνεῦμα 이다 (NET, Adam 70). 후자는 또 두 종류의 해석의 가능성을 가진다. 후자에 나타나는 헬라어가 성령 (WBC 150, 대부분의 한글 성경) 아니면 인간의 영 (NICNT 338-339)으로 이해 될 수 있다. 지속적 현재. 현재 전면 현저성.

τὸ πνεῦμα 주어 주격 혹은 대격 목적어.

τὸ (관, 대, 중, 단) 혹은 (관, 주, 중, 단) ὁ 그.

πνεῦμα (명, 대, 중, 단) 혹은 (명, 주, 중, 단) πνεῦμα 영. 이는 성령 (WBC 150) 혹은 인간의 영 (NICNT 338-339), 혹은 하나님의 숨쉬기(창 2:7; 전 12:7).

ὃ (관대, 대, 중, 단) ὅς 누구. κατῴκισεν 의 대격 직접 목적어.

κατῴκισεν (동, 직, 부과, 능, 3, 단) κατοικίζω 거주하다. 사역 능동태: 거주하도록 하는 원인이 되다. 주어는 하나님이시다. 부정과거 배경 현저성.

ἐν (여, 전) ἐν (장소) 안에.

ἡμῖν (인대, 여, 복) ἐγώ 나. ἐν 다음에 오는 여격.

4:6 **μείζονα δὲ δίδωσιν χάριν; διὸ λέγει· ὁ θεὸς ὑπερηφάνοις ἀντιτάσσεται, ταπεινοῖς δὲ δίδωσιν χάριν.**

그러나 더욱 큰 은혜를 그분은 주신다. 그러므로 성경은 말한다, "하나님께서는 교만한 자를 물리치시고 겸손한 자에게 은혜를 주십니다."

개역개정 : 그러나 더욱 큰 은혜를 주시나니 그러므로 일렀으되 하나님이 교만한 자를 물리치시고 겸손한 자에게 은혜를 주신다 하였느니라

[명제 관계]

6a	결론	**μείζονα δὲ δίδωσιν χάριν;** 그러나 더욱 큰 은혜를 그분은 주신다.
6b	추론 (6a)	**διὸ λέγει ·** 그러므로 성경은 말한다,
6c	내용	**ὁ θεὸς ὑπερηφάνοις ἀντιτάσσεται,** 하나님께서는 교만한 자를 물리치시고
6d	대조 (6c)	**ταπεινοῖς δὲ δίδωσιν χάριν.** 겸손한 자에게 은혜를 주십니다.

[설명]

1. 6a는 하나님의 활동을 서술한다.

2. 6c-d는 6b의 내용 명제 즉 성경 인용이며 또한 6a의 근거이다.

3. 이 구절의 후반부는 칠십인역 잠언 3:34이 인용이다. 겸손한 자는 하나님의 은혜를 받는 다는 것은 1:9에서 낮은 자가 높임을 받는다와 같은 개념이다. 이는 4:10에서 다시 기록되었다.

4. 물리치다는 ἀντιτάσσεται 중간태이다. 하나님께서 교만한 자에게 직접 대항하심을 강조한다.

[단어분해]

μείζονα ..... χάριν δίδωσιν 의 대격 직접 목적어. 강조.

μείζονα (보형, 대, 녀, 단, 비) μέγας 큰.

δὲ (등접) δέ 그러나.

δίδωσιν (동, 직, 현, 능, 3, 단) δίδωμι 주다. 격언적 현재. 현재 전면 현저성.

χάριν (명, 대, 녀, 단) χάρις 은혜.

διὸ (등접) διό 그러므로.

λέγει (동, 직, 현, 능, 3, 단) λέγω 말하다. 암시된 주어는 성경이다. 현재적 완료. 현재 전면 현저성.

ὁ θεὸς ἀντιτάσσεται 의 주어 주격..

ὁ (관, 주, 남, 단) ὁ 그.

θεὸς (명, 주, 남, 단) θεός 하나님.

ὑπερηφάνοις (보형, 여, 남, 복, 원) ὑπερήφανος 거만 (오만) 한, 건방진, 교만한. ἀντιτάσσεται 의 여격 직접 목적어.

ἀντιτάσσεται (동, 직, 현, 중간, 3, 단) ἀντιτάσσω 반대하다. 중간태. 격언적 현재. 현재 전면 현저성.

ταπεινοῖς (보형, 여, 남, 복, 원) ταπεινός 겸손한. 여격 간접 목적어. 유익 여격. 강조.

δὲ (등접) δέ 그러나.

δίδωσιν (동, 직, 현, 능, 3, 단) δίδωμι 주다. 현재 전면 현저성.

χάριν (명, 대, 녀, 단) χάρις 은혜. δίδωσιν 의 대격 직접 목적어.

4:7 ὑποτάγητε οὖν τῷ θεῷ, ἀντίστητε δὲ τῷ διαβόλῳ καὶ φεύξεται ἀφ' ὑμῶν,

그러므로 하나님께 스스로 복종하여라, 그러나 악마를 대적하라 그 결과로 악마는 너희로부터 달아날 것이다.

개역개정 : 그런즉 너희는 하나님께 복종할지어다 마귀를 대적하라 그리하면 너희를 피하리라

[명제 관계]

7a 명령 **ὑποτάγητε οὖν τῷ θεῷ,**
그러므로 하나님께 스스로 복종하여라,

7b 명령 **ἀντίστητε δὲ τῷ διαβόλῳ**
그러나 악마를 대적하라

7c 결과 **καὶ φεύξεται ἀφ' ὑμῶν,**
그 결과로 악마는 너희로부터 달아날 것이다.

[설명]

1. 칠십인역 잠 3:34에 근거하여 야고보는 7-10에서 열 개의 명령을 열거하고 있다. 이 명령들의 핵심은 회개와 용서이다. 이 모든 명령문 부정과거 명령이라서 무조건적이며 긴급성을 가진다. 열개의 명령들을 나열하라.

2. 4:7-10에 기록된 열개의 명령들은 죄인들이 처한 곤경을 해결하는 방안들이다.

3. 7a는 세상과의 벗함을 치유하는 방법으로서 하나님께 복종하는 것이며 7b-9는 구체적인 방법을 서술하고 있다.

4. "달아날 것이다" φεύξεται 의 미래 시제는 하나님의 약속을 표현하고 있다. 그리고 중간태는 악마가 스스로 달아나는 것을 서술한다.

[단어분해]

ὑποτάγητε (동, 령, 부과, 수, 2, 복) ὑποτάσσω 복종하다. 허가 수동태 : 자신을 지배하에 두도록 허락하라. 이는 자신을 복종하라는 중간태 의미를 가진다. 과거 무조건적 명령이며 긴급명령. 부정과거 배경 현저성. 하나님께 복종하는 것 자체가 악에게 저항하는 것이다.

οὖν (등접) οὖν 그러므로.

τῷ θεῷ ὑποτάγητε 의 여격 간접 목적어.

τῷ (관, 여, 남, 단) ὁ 그.

θεῷ (명, 여, 남, 단) θεός 하나님.

ἀντίστητε (동, 령, 부과, 능, 2, 복) ἀνθίστημι 반대하다. 부정과거 무조건적 명령이며 긴급 명령. 부정과거 배경 현저성.

δὲ (등접) δέ 그러나.

τῷ διαβόλῳ ἀντίστητε 의 여격 직접 목적어.

τῷ (관, 여, 남, 단) ὁ 그.

διαβόλῳ (명, 여, 남, 단) διάβολος (형) 중상적인; 헐뜯는, 비방하는. (명) 적, 상대, 대항자, 악마.

καὶ (등접) καί 그리고.

φεύξεται (동, 직, 미, 중간, 3, 단) φεύγω 달아나다. 직접 중간태.

ἀφ' (속, 전) ἀπό (분리) ~부터.

ὑμῶν (인대, 속, 복) σύ 너, 당신.

4:8 ἐγγίσατε τῷ θεῷ καὶ ἐγγιεῖ ὑμῖν. καθαρίσατε χεῖρας, ἁμαρτωλοί, καὶ ἁγνίσατε καρδίας, δίψυχοι.

하나님께로 가까이 가라. 그러면 하나님께서 너희에게로 가까이 오실 것이다. 죄인들이여, 손을 깨끗이 해라. 그리고 두 마음을 품은 사람들이여, 마음을 순결하게 하여라.

개역개정 : 하나님을 가까이 하라 그리하면 너희를 가까이 하시리라 죄인들아 손을 깨끗이 하라 두 마음을 품은 자들아 마음을 성결하게 하라

[명제 관계]

8a	명령	**ἐγγίσατε τῷ θεῷ** 하나님께로 가까이 가라.
8b	결과	**καὶ ἐγγιεῖ ὑμῖν.** 그러면 하나님께서 너희에게로 가까이 오실 것이다.
8c	명령	**καθαρίσατε χεῖρας, ἁμαρτωλοί,** 죄인들이여, 손을 깨끗이 해라.
8d	명령	**καὶ ἁγνίσατε καρδίας, δίψυχοι.** 그리고 두 마음을 품은 사람들이여, 마음을 순결하게 하여라.

[설명]

1. 8절은 7b에 이어서 하나님께 복종하는 법을 서술한다. 손을 씻고 마음을 순결하게 하는 것은 제의적인 개념을 도덕적 영역으로 적용한 것이다 (1:27).

2. 하나님께로 가까이 가는 것은 정신적이나 감정적인 이론의 영역이 아니라 행위의 영역이다. 혀의 통제 (1:19, 26; 3:2), 가난한 자를 돌 보는 것 (1:27; 2:16–17), 지혜롭고 평화로운 생활 (1:5; 3:16–18), 그리고 기도 생활 (4:2–3, 15; 5:13–18) 등을 실천하는 것이다.

3. 8a는 7a와 병행하며, 이는 셋째 명령이다.

4. 8c는 7a와 8a의 근거 명제이며, 넷째 명령이다.

5. 8d 다섯째 명령이다.

6. 8a는 조건 명제, 8b는 결과 명제이기도 하다.

[단어분해]

ἐγγίσατε (동, 령, 부과, 능, 2, 복) ἐγγίζω 가까이 오다. 부정과거 무조건적이며 긴급 명령. 부정과거 배경 현저성.

τῷ θεῷ ἐγγίσατε 의 여격 직접 목적어.

τῷ (관, 여, 남, 단) ὁ 그.

θεῷ (명, 여, 남, 단) θεός 하나님.

καὶ (등접) καί 그리고.

ἐγγιεῖ (동, 직, 미, 능, 3, 단) ἐγγίζω 가까이 오다.

ὑμῖν (인대, 여, 복) σύ 너, 당신. ἐγγιεῖ 의 여격 직접 목적어.

καθαρίσατε (동, 령, 부과, 능, 2, 복) καθαρίζω 정화하다, 고치다, 치료하다. 부정과거 명령은 책임과 의무를 표현한다. 회개의 외적인 변화. 부정과거 무조건적이며 긴급 명령. 부정과거 배경 현저성.

χεῖρας (명, 대, 녀, 복) χείρ 손. καθαρίσατε 의 대격 직접 목적어.

ἁμαρτωλοί (보형, 호, 남, 복, 원) ἁμαρτωλός 죄 있는, 죄 많은. 죄스러운, 죄받을. 단순 호격.

καὶ (등접) καί 그리고.

ἁγνίσατε (동, 령, 부과, 능, 2, 복) ἁγνίζω 깨끗이 하다, 순화하다. 두 마음을 품은 사람은 죄인이며 세상과 벗된 사람. 회개의 내적인 변화. 부정과거 무조건적이며 긴급 명령. 부정과거 배경 현저성.

καρδίας (명, 대, 녀, 복) καρδία 마음. ἁγνίσατε 의 대격 직접 목적어.

δίψυχοι (보형, 호, 남, 복, 원) δίψυχος 의심하는. 단순 호격.

4:9 ταλαιπωρήσατε καὶ πενθήσατε καὶ κλαύσατε. ὁ γέλως ὑμῶν εἰς πένθος μετατραπήτω καὶ ἡ χαρὰ εἰς κατήφειαν.

슬퍼하여라 그리고 애통하여라 그리고 울어라. 너희의 웃음을 자신을 위해서 슬픔으로 바꾸도록 자신을 허락하라 기쁨을 근심으로 (바꾸도록 자신을 허락하라).

개역개정 : 슬퍼하며 애통하며 울지어다 너희 웃음을 애통으로, 너희 즐거움을 근심으로 바꿀지어다

[명제 관계]

9a 명령 **ταλαιπωρήσατε**
슬퍼하여라

9b 명령 **καὶ πενθήσατε καὶ πενθήσατε**
그리고 애통하여라 그리고 울어라.

9c 명령 **ὁ γέλως ὑμῶν εἰς πένθος μετατραπήτω**
너희의 웃음을 슬픔으로 바꾸도록 자신을 허락하라 (자신을 위해서 바꾸어라)

9d 명령 **καὶ ἡ χαρὰ εἰς κατήφειαν.**
기쁨을 근심으로 바꾸어라.

[설명]

1. 9절은 7b와 8절에 이어서 하나님께 복종하는 법을 서술한다. 이 구

절은 회개를 촉구한다. 두 마음을 품은 자들의 회개는 대중적이어야 한다. '웃음을 멈추고 죄에 대하여 회개하는 시간을 가져라'

2. 여기에 사용된 명령의 시제는 부정과거이다. 이는 긴급하며 무조건적인 명령을 표현한다. 또한 부정과거는 진입적 부정과거이므로 지금부터 시작하라는 의미이다.

3. 9a는 8c와 8d의 확장 명제이며, 여섯째 명령 명제이기도 하다.

4. 9b는 8c와 8d의 확장 명제이며, 일곱째와 여덟째 명령 명제이기도 하다.

5. 9c는 아홉째 명령 명제이기도 하다

6. 9d는 동사가 없지만 명령 명제에 해당한다. 따라서 11개의 명령이 7-10에 나타난다.

[단어분해]

ταλαιπωρήσατε (동, 령, 부과, 능, 2, 복) ταλαιπωρέω 슬퍼하다. 슬픈 상황에 처한 사람이 경험하는 내적인 슬픔과 비참함을 의미한다(NIGTC 167). 부정과거 배경 현저성.

καὶ (등접) καί 그리고.

πενθήσατε (동, 령, 부과, 능, 2, 복) πενθέω 애통하다. 슬픔의 외적인 표현. 부정과거 배경 현저성.

καὶ (등접) καί 그리고.

κλαύσατε (동, 령, 부과, 능, 2, 복) κλαίω 울다. 슬픔의 외적인 표현. 부정과거 배경 현저성.

ὁ γέλως μετατραπήτω 의 주어 주격.

ὁ (관, 주, 남, 단) ὁ 그.

γέλως (명, 주, 남, 단) γέλως 웃음.

ὑμῶν (인대, 속, 복) σύ 너, 당신. 주어적 속격.

εἰς (대,전) εἰς (목표) 변화의 동사와 함께 사용되어 한 상태에서 다른 상태로 변화를 표현하는 전치사.

πένθος (명, 대, 중, 단) πένθος 애통. εἰς 다음에 오는 대격.

μετατραπήτω (동, 령, 부과, 수, 3, 단) μετατρέπω 바꾸다. 허가 수동태는 중간태 역할을 한다: 외부의 힘에 의해서 바뀌도록 자신을 허락하다. 부정과거 배경 현저성.

καὶ (등접) καί 그리고.

ἡ χαρὰ μετατραπήτω 의 주어 주격.

ἡ (관, 주, 녀, 단) ὁ 그.

χαρὰ (명, 주, 녀, 단) χαρά 기쁨, 환희.

εἰς (대,전) εἰς (목표) 변화의 동사와 함께 사용되어 한 상태에서 다른 상태로 변화를 표현하는 전치사.

κατήφειαν (명,대,녀,단) κατήφεια 낙담, 근심. εἰς 다음에 오는 대격.

4:10 ταπεινώθητε ἐνώπιον τοῦ κυρίου καὶ ὑψώσει ὑμᾶς.

주님 앞에서 자신을 낮추어라. 그러면 주께서 너희를 높이실 것이다.

개역개정 : 주 앞에서 낮추라 그리하면 주께서 너희를 높이시리라

[명제 관계]

10a 이유 **ταπεινώθητε ἐνώπιον τοῦ κυρίου**
주님 앞에서 자신을 낮추어라. (NA28)

10b 결과 **καὶ ὑψώσει ὑμᾶς.**
그러면 주께서 너희를 높이실 것이다.

[설명]

1. 이 구절은 3:14에서 시작된 겸손과 자랑에 대한 결론이다. 겸손하라. 겸손만이 3:14와 4:1-2에서 발생하는 모든 문제들을 해결한다. 참된 회개는 열매는 맺는 법이다. 자기 겸손과 회개만이 주께서 높이신다.

2. 10a는 명령명제이기도 하며, 7a의 반복으로서 열째 명령이기도 하다.

[단어분해]

ταπεινώθητε (동, 령, 부과, 중간, 2, 복) ταπεινόω 낮추다. 직접 중간태 : 스스로 낮추다. 부정과거 배경 현저성.

ἐνώπιον (속, 전) ἐνώπιον (장소) 앞에.

τοῦ (관, 속, 남, 단) ὁ 그. 유일 관사.

κυρίου (명, 속, 남, 단) κύριος 주, 소유주.

καὶ (등접) καί 그리고.

ὑψώσει (동, 직, 미, 능, 3, 단) ὑψόω 들어올리다, 올리다.

ὑμᾶς (인대, 대, 복) σύ 너, 당신. ὑψώσει 의 대격 직접 목적어.

4:11 Μὴ καταλαλεῖτε ἀλλήλων, ἀδελφοί. ὁ καταλαλῶν ἀδελφοῦ ἢ κρίνων τὸν ἀδελφὸν αὐτοῦ καταλαλεῖ νόμου καὶ κρίνει νόμον· εἰ δὲ νόμον κρίνεις, οὐκ εἶ ποιητὴς νόμου ἀλλὰ κριτής.

형제들이여! 서로 비방하지 마라. 형제를 비방하거나 그의 형제를 심판하는 사람은, 율법을 비방하고 심판하는 것이다. 그러나 만약 사람이 율법을 심판하면, 그는 율법을 지키는 사람이 아니라, 심판하는 사람이다.

개역개정 : 형제들아 서로 비방하지 말라 형제를 비방하는 자나 형제를 판단하는 자는 곧 율법을 비방하고 율법을 판단하는 것이라 네가 만일 율법을 판단하면 율법의 준행자가 아니요 재판관이로다

[명제 관계]

11a	금지	**Μὴ καταλαλεῖτε ἀλλήλων, ἀδελφοί.** 형제들이여! 서로 비방하지 마라.
11b	수단	**ὁ καταλαλῶν ἀδελφοῦ** 형제를 비방하는 사람은
11c	수단	**ἢ κρίνων τὸν ἀδελφὸν αὐτοῦ** 혹은 그의 형제를 심판하는 사람은
11d	결과	**καταλαλεῖ νόμου καὶ κρίνει νόμον·** 율법을 비방하고 심판하는 것이다.
11e	조건	**εἰ δὲ νόμον κρίνεις,** 그러나 만약 사람이 율법을 심판하면,
11f	결과	**οὐκ εἶ ποιητὴς νόμου** 율법을 지키는 사람이 아니라,
11g	대조	**ἀλλὰ κριτής.** 그러나 심판하는 사람(이다).

[설명]

1. 4:11-12는 언어의 남용과 횡포에 대한 경고이다. 이는 2:1-13의 편애와도 관련이 있다. 이구절은 다른 사람에게 대한 불합당한 심판에 대한 비판을 서술한다.

2. 지혜를 표현하는 한 방식은 언어 활동이다. 다른 사람에 대항하는 언어 표현은 자기중심의 욕심을 표현하는 한 방식이다. 동료를 비난하는 것은 비난을 금지하는 하나님의 법을 비난하는 것이다.

3. 율법에 해당하는 헬라어는 관사 없이 사용되었다. 이는 정성적 명

사로서 토라를 지칭한다기보다는 율법의 본질을 지칭한다 (Vlachos 148, ZECNT 197). 이는 2:8-13에서 나타난 왕의 법과 같은 것이다.

4. 11a는 금지 명제이며, 11b-c는 근거 명제이기도 하다.

5. 11d는 조건 명제, 11f는 결과 명제 역할을 하기도 한다.

[단어분해]

Μὴ καταλαλεῖτε 서로 비방하지 마라. 현재 금지 : 현재 진행중인 행위를 중단하든지 아니면 시작하지 않은 행위는 항상 피할 것을 표현한다.

Μὴ (계) μή 아닌.

καταλαλεῖτε (동, 령, 현, 능, 2, 복) καταλαλέω 비방하다. 이 동사는 속격 목적어 ἀλλήλων 을 가진다. 순간적 현재 : 비방하는 것을 중단하라. 격언적 현재 : 항상 비방하지 마라. 현재 전면 현저성.

ἀλλήλων (상대, 속, 남, 복) ἀλλήλων 서로.

ἀδελφοί (명, 호, 남, 복) ἀδελφός 형제. 단순 호격.

ὁ καταλαλῶν καταλαλεῖ 와 κρίνει 의 주어 주격. 단수는 개인 적용을 강조한다 (Vlachos 147).

ὁ (관, 주, 남, 단) ὁ 그.

καταλαλῶν (분, 현, 능, 주, 남, 단) καταλαλέω 비방하다. 현재 전면 현저성.

ἀδελφοῦ (명, 속, 남, 단) ἀδελφός 형제.

ἤ (등접) ἤ 혹은.

κρίνων (분, 현, 능, 주, 남, 단) κρίνω 심판하다. καταλαλεῖ 의 주어 주격. 현재 전면 현저성.

τὸν ἀδελφὸν κρίνων 의 대격 직접 목적어.

τὸν (관, 대, 남, 단) ὁ 그.

ἀδελφὸν (명, 대, 남, 단) ἀδελφός 형제.

αὐτοῦ (인대, 속, 남, 단) αὐτός 그. 영적 관계 속격.

καταλαλεῖ (동, 직, 현, 능, 3, 단) καταλαλέω 비방하다. 현재 전면 현저성.

νόμου (명, 속, 남, 단) νόμος 율법. καταλαλεῖ 의 속격 목적어.

καὶ (등접) καί 그리고.

κρίνει (동, 직, 현, 능, 3, 단) κρίνω 심판하다. 현재 전면 현저성.

νόμον (명, 대, 남, 단) νόμος 율법. κρίνει 의 대격 직접 목적어.

εἰ (종접) εἰ 만약.

δὲ (등접) δέ 그러나.

νόμον (명, 대, 남, 단) νόμος 율법. κρίνεις 의 대격 직접 목적어.

κρίνεις (동, 직, 현, 능, 2, 단) κρίνω 심판하다.

οὐκ (부) οὐ 아닌.

εἶ (동, 직, 현, 능, 2, 단) εἰμί 이다.

ποιητὴς (명, 주, 남, 단) ποιητής 행하는 자. εἶ 의 주격 술어.

νόμου (명, 속, 남, 단) νόμος 율법. 목적어적 속격.

ἀλλὰ (등접) ἀλλά 그러나.

κριτής (명, 주, 남, 단) κριτής 재판관, 판사. 생략된 동사 εἶ 의 주격 술어.

4:12 εἷς ἐστιν [ὁ] νομοθέτης καὶ κριτὴς ὁ δυνάμενος σῶσαι καὶ ἀπολέσαι· σὺ δὲ τίς εἶ ὁ κρίνων τὸν πλησίον;

율법을 제정하신 분이시며 심판하시는 분은 오직 한 분뿐이시다. 그 분은 구원하실 수도 있고, 멸망시키실 수도 있다. 그러나 이웃을 심판하는 너는 누구인가?

개역개정 : 입법자와 재판관은 오직 한 분이시니 능히 구원하기도 하시며 멸하기도 하시느니라 너는 누구이기에 이웃을 판단하느냐

[명제 관계]

12a 근거 **εἷς ἐστιν [ὁ] νομοθέτης καὶ κριτὴς**
율법을 제정하신 분이시며 심판하시는 분은
오직 한 분뿐이시다.

12b 확장 **ὁ δυνάμενος σῶσαι καὶ ἀπολέσαι**
구원하실 수도 그리고, 멸망시키실 수 있으신 분

12c 대조 **σὺ δὲ τίς εἶ ὁ κρίνων τὸν πλησίον;**
그러나 이웃을 심판하는 너는 누구인가?

[설명]

1. 언어의 남용 혹은 횡포의 한 예는 남을 심판하는 것이다. 이런 심판이란 시기에 근거하였으며, 흠을 잡기 위한 것임을 지칭한다.

2. 남을 심판하는 것은 하나님의 역할을 찬탈하는 것이다.

[단어분해]

εἷς (기형, 주, 남, 단, 원) εἷς 하나. 주격 술어. 강조. 2:19 참조.

ἐστιν (동, 직, 현, 능, 3, 단) εἰμί 이다.

ὁ νομοθέτης καὶ κριτὴς 관사가 있기 때문에 이는 그란빌 샤프 규칙에 의해서 동일인이다. 율법제정하시는 분과 심판하시는 분은 같으신 분이다. ἐστιν 의 주어 주격.

[ὁ] (관, 주, 남, 단) ὁ 그.

νομοθέτης (명, 주, 남, 단) νομοθέτης 입법자.

καὶ (등접) καί 그리고.

κριτὴς (명, 주, 남, 단) κριτής 재판관, 판사.

ὁ δυνάμενος [ὁ] νομοθέτης καὶ κριτὴς 의 1) 주격 동격, 혹은 2) 이를 수식하는 한정 분사.

ὁ (관, 주, 남, 단) ὁ 그.

δυνάμενος (분, 현, 중간, 주, 남, 단) δύναμαι 할수 있다. 한정 분사. 직접 중간태 : 스스로 할 수 있다. 현재 전면 현저성.

σῶσαι (정, 부과, 능) σῴζω 구하다. 보충 부정사. 부정과거 배경 현저성.

καὶ (등접) καί 그리고.

ἀπολέσαι (정, 부과, 능) ἀπόλλυμι 파괴되다. 보충 부정사. 부정과거 배경 현저성.

σὺ (인대, 주, 단) σύ 너, 당신. 주격 술어. 3:1-4:11 는 복수를 사용하였지만 여기서 당신 σὺ 은 단수로서 개인을 강조한다.

δὲ (등접) δέ 그러나.

τίς (의대, 주, 남, 단) τίς 누구. εἶ 의 주어 주격.

εἶ (동, 직, 현, 능, 2, 단) εἰμί 이다.

ὁ (관, 주, 남, 단) ὁ 그.

κρίνων (분, 현, 능, 주, 남, 단) κρίνω 심판하다. 습관적 현재. 현재 전면 현저성.

τὸν πλησίον κρίνων 의 대격 직접 목적어.

τὸν (관, 대, 남, 단) ὁ 그.

πλησίον (부) πλησίον 이웃하는.

4:13 **Ἄγε νῦν οἱ λέγοντες· σήμερον ἢ αὔριον πορευσόμεθα εἰς τήνδε τὴν πόλιν καὶ ποιήσομεν ἐκεῖ ἐνιαυτὸν καὶ ἐμπορεύσόμεθα καὶ κερδήσομεν·**

이제 오너라 "오늘이나 내일 어느 도시에 가서, 일 년 동안 거기에서 지내며, 스스로 장사하여 돈을 벌겠다." 라고 말하는 사람들이여!

개역개정 : 들으라 너희 중에 말하기를 오늘이나 내일이나 우리가 어떤 도시에 가서 거기서 일 년을 머물며 장사하여 이익을 보리라 하는 자들아

[명제 관계]

13a	명령	**Ἄγε νῦν οἱ λέγοντες·** 말하는 사람들이여 이제 오너라
13b	행위	**σήμερον ἢ αὔριον πορευσόμεθα εἰς τήνδε τὴν πόλιν** 오늘이나 내일 어느 도시에 가서
13c	확장	**καὶ ποιήσομεν ἐκεῖ ἐνιαυτὸν** 일 년 동안 거기에서 지내며,
13d	확장	**καὶ ἐμπορευσόμεθα** 그리고 우리는 사업을 할 것이다
13e	확장	**καὶ κερδήσομεν·** 그리고 우리는 수입을 얻을 것이다.

[설명]

1. 4:13-14는 인간의 잘못된 태도 즉 인간이 미래를 통제할 수 있는 것 같다는 가정에서 계획을 세우는 것은 잘못임을 지적한다.

2. 이 구절에서는 네 개의 미래시제가 사용되었는데 이들은 자기중심 자신감을 서술한다 (Vlachos 152). 시간, 장소, 활동 기간, 그리고 사업과 수익이 자신들의 통제 영역안에 있음을 표현한다.

[단어분해]

Ἄγε νῦν 이제 오너라. 혹은 이제 들어라 (PNTC 201). 5:1에 다시 나타난다. 가상의 적대자들에게 논증을 소개할 때 사용되는 하나의 관용어 표현으로서 '이제 들어라." 라는 의미를 가지기도 한다. 여기서 이 동사는 단수로 사용되었지만 그 다음에 나오는 동사는 복수 (λέγοντες) 로 사용되었다. 이 구가 명령으로 사용되었다기 보다는 독자들의 주의를 끌기 위한 하나의 수사학적 기법으로 사용되었다. 이 동사는 "화로다"라는 단어

와 같은 의미를 가지고 있지만 길 떠나는 상인들에게 저주하기보다는 회개를 촉구하는 의미로 사용되었다.

῎Αγε (동, 령, 현, 능, 2, 단) ἄγω 이끌다, 인도 (안내) 하다. 현재 시제 일반적 명령. 현재 전면 현저성.

νῦν (부) νῦν 지금. 이 구절에서는 긴급성을 표현한다.

οἱ λέγοντες 교회내의 상인들.

οἱ (관, 주, 남, 복) ὁ 그.

λέγοντες (분, 현, 능, 주, 남, 복) λέγω 말하다. 일반적으로 순간적 현재이지만 이 본문에서는 습관적 혹은 반복적 현재이다. 현재 전면 현저성.

σήμερον (부) σήμερον 오늘.

ἤ (등접) ἤ 혹은.

αὔριον (부) αὔριον 다음 날.

πορευσόμεθα (동, 직, 미, 중간, 1, 복) πορεύομαι 가다.

εἰς (대, 전) εἰς (장소) ~로.

τήνδε τὴν πόλιν εἰς 다음에 오는 대격.

τήνδε (지대, 대, 녀, 단) ὅδε 이것. 어느 (이름도 없고 특정되지 않은).

τὴν (관, 대, 녀, 단) ὁ 그.

πόλιν (명, 대, 녀, 단) πόλις 시.

καὶ (등접) καί 그리고.

ποιήσομεν (동, 직, 미, 능, 1, 복) ποιέω 소비하다. (이 문맥에서는) 시간을 보내다.

ἐκεῖ (부) ἐκεῖ 거기에.

ἐνιαυτὸν (명, 대, 남, 단) ἐνιαυτός 한 해, 일 년. 시간 확장 대격.

καὶ (등접) καί 그리고.

ἐμπορευσόμεθα (동, 직, 미, 중간, 1, 복) ἐμπορεύομαι 사업하다. 간접 중간태.

καὶ (등접) καί 그리고.

κερδήσομεν (동, 직, 미, 능, 1, 복) κερδαίνω 얻다, 획득하다. 이 동사는 계획의 최종 목표를 표현한다.

4:14 οἵτινες οὐκ ἐπίστασθε τὸ τῆς αὔριον ποία ἡ ζωὴ ὑμῶν· ἀτμὶς γάρ ἐστε ἡ πρὸς ὀλίγον φαινομένη, ἔπειτα καὶ ἀφανιζομένη.

너희는 내일 일을 알지 못한다. 너희 생명은 무엇인가? 이렇게 묻는 이유는 너희는 잠깐 나타났다가 사라져 버리는 안개와 같기 때문이다.

개역개정 : 내일 일을 너희가 알지 못하는도다 너희 생명이 무엇이냐 너희는 잠깐 보이다가 없어지는 안개니라

[명제 관계]

14a	대조	**οἵτινες οὐκ ἐπίστασθε τὸ τῆς αὔριον** 너희는 내일 일을 알지 못한다.
14b	질문	**ποία ἡ ζωὴ ὑμῶν·** 너희 생명은 무엇인가?
14c	이유	**ἀτμὶς γάρ ἐστε** 이렇게 묻는 이유는 너희는 안개이기 때문이다.
14d	확인	**ἡ πρὸς ὀλίγον φαινομένη,** 잠시동안 온
14e	확인	**ἔπειτα καὶ ἀφανιζομένη.** 그리고 그 이후에는 사라지는

[설명]

1. 하나님 없이 계획을 세우고자 하는 유혹에 굴복하는 어리석음을 서술한다. 그 이유는 인간의 생명은 인간의 통제하에 있지 않기 때문이다.

2. 14b는 문제를 제기한다.

3. 14e는 대조 명제이기도 하다.

[단어분해]

οἵτινες (관대, 주, 남, 복) ὅστις 누구든지. 부정 관계 대명사이며, 13절의 οἱ λέγοντες· 와 주격 동격 관계에 있다. 이 관계 대명사는 여러 해석을 가진다. 이 부정 관계 대명사는 일반적으로 3인칭 동사를 가지는데 이 문장에서 2인칭 동사를 가진다. Adam (86) 은 "여러분은 누구이든지 간에 당신은 모릅니다."라고 번역하였다. ESV는 양보 분사로 번역하였다 (R 961) : 그러나 내일 무슨 일이 일어날지 당신은 모릅니다.

οὐκ (부) οὐ 아닌.

ἐπίστασθε (동, 직, 현, 중간, 2, 복) ἐπίσταμαι 중요성을 이해하다.

현재 전면 현저성.

τὸ (관, 대, 중, 단) ὁ 그. ἐπίστασθε 의 대격 직접 목적어.

τῆς (관, 속, 녀, 단) ὁ 그.

αὔριον (부) αὔριον 다음 날.

ποία (의대, 주, 녀, 단, 원) ποῖος 어떤 종류의 것? 어느 것? 무엇? 주격 술어.

ἡ ζωὴ 주어 주격.

ἡ (관, 주, 녀, 단) ὁ 그.

ζωὴ (명, 주, 녀, 단) ζωή 생명.

ὑμῶν (인대, 속, 복) σύ 너, 당신. 주어적 속격.

ἀτμὶς……ἡ……φαινομένη καὶ ἀφανιζομένη 나타났다가 사라지는 안개: 명사+관사+분사의 구조를 가지는 제 3 한정 분사.

ἀτμὶς (명, 주, 녀, 단) ἀτμίς 증기. 주격 술어.

γάρ (등접) γάρ (원인, 이유) 왜냐하면.

ἐστε (동, 직, 현, 능, 2, 복) εἰμί 이다.

ἡ (관, 주, 녀, 단. ὁ 그. 관계 대명사적 관사.

πρὸς ὀλίγον 잠시동안.

πρὸς (대,전) πρός (시간) 동안.

ὀλίγον (보형, 대, 중, 단, 원) ὀλίγος 거의 없는, 작은. πρὸς 다음에 오는 대격.

φαινομένη (분, 현, 중/수, 주, 녀, 단) φαίνω 빛나다. 한정 분사 주격. 현재 전면 현저성.

ἔπειτα (부) ἔπειτα 그 이후에.

καὶ (부) καί 역시.

ἀφανιζομένη (분, 현, 수, 주, 녀, 단) ἀφανίζω 사라지다. 한정분사. 부사적 분사 주격. 현재 전면 현저성.

4:15 ἀντὶ τοῦ λέγειν ὑμᾶς· ἐὰν ὁ κύριος θελήσῃ καὶ ζήσομεν καὶ ποιήσομεν τοῦτο ἢ ἐκεῖνο.

대신에, 너희는 이렇게 말해야 한다, “주께서 원하시면 우리가 살 것이고, 또 이런 일이나 저런 일을 할 것이다”

개역개정 : 너희가 도리어 말하기를 주의 뜻이면 우리가 살기도 하고 이것이나 저것을 하리라 할 것이거늘

[명제 관계]

15a 대체 **ἀντὶ τοῦ λέγειν ὑμᾶς·**
대신에, 너희는 이렇게 말해야 한다,

15b 조건 **ἐὰν ὁ κύριος θελήσῃ**
만약에 주께서 원하시면

15c 결과 **καὶ ζήσομεν καὶ ποιήσομεν τοῦτο ἢ ἐκεῖνο.**
우리가 살 것이고, 또 이런 일이나 저런 일을 할 것이다

[설명]

1. 이 구절은 13절과의 대조로서, 13절의 “오늘이나 내일….” 이라고 말하는 대신에, 여러분은 이렇게 말해야 한다라는 의미를 가진다.

2. 15절은 14절에서 제기된 문제의 해결이다.

3. 15b 는 조건문으로서 하나님께서 사람들의 일상생활을 완전히 통제하심을 서술하고있다 (예문들, 마 7:21; 26:42; 요 4:34; 행 18:21; 고전 1:1).

4. ESV, NET, NIV등은 위와 같이 번역하였다. 그러나 “ ‘주께서 원하시면 우리가 살 것이고, 또 이런 일이나 저런 일을 할 것이다’” 라고 여러분이 말하는 대신에” 라는 번역도 나올 수 있다.

[단어분해]

ἀντὶ (속, 전) ἀντί 대신에, 오히려.

τοῦ (관, 속, 중, 단) ὁ 그.

λέγειν (정, 현, 능) λέγω 말하다. 명령 부정사. 현재 전면 현저성.

ὑμᾶς (인대, 대, 복) σύ 너, 당신. 부정사 λέγειν 의 대격 주어.

ἐὰν (종접) ἐάν 만약. 제삼 조건절.

ὁ κύριος θελήσῃ 의 주어 주격. 하나님 아버지를 지칭한다.

ὁ (관, 주, 남, 단) ὁ 그.

κύριος (명, 주, 남, 단) κύριος 주, 소유주.

θελήσῃ (동, 가, 부과, 능, 3,단) θέλω 원하다. 부정과거 배경 현저성.
καὶ (등접) καί 그리고.
ζήσομεν (동, 직, 미, 능, 1, 복) ζάω 살다.
καὶ (등접) καί 그리고.
ποιήσομεν (동, 직, 미, 능, 1, 복) ποιέω 생산하다.
τοῦτο ἢ ἐκεῖνο ποιήσομεν 의 대격 직접 목적어.
τοῦτο (지대, 대, 중, 단) οὗτος 이것.
ἢ (등접) ἤ 혹은.
ἐκεῖνο (지대, 대, 중, 단) ἐκεῖνος 저것.

4:16 νῦν δὲ καυχᾶσθε ἐν ταῖς ἀλαζονείαις ὑμῶν· πᾶσα καύχησις τοιαύτη πονηρά ἐστιν.

그런데 지금 너희의 오만과 관련하여 너희는 자랑하고 있다. 모든 그런 자랑은 악한 것이다.

개역개정 : 이제도 너희가 허탄한 자랑을 자랑하니 그러한 자랑은 다 악한 것이라

[명제 관계]

16a	근거	**νῦν δὲ καυχᾶσθε ἐν ταῖς ἀλαζονείαις ὑμῶν·** 그런데 지금 너희의 오만과 관련하여 너희는 자랑하고 있다.
16b	결과	**πᾶσα καύχησις τοιαύτη πονηρά ἐστιν.** 그런 자랑은 악한 것이다.

[설명]

1. 16a는 양보, 16b는 반전 명제 역할을 하기도 한다.

2. 이 구절은 상인들의 오만한 자랑을 서술하는데 이는 3:14-16 에서 나타난 세상적인 지혜의 핵심을 서술한다. 이런 오만한 자랑은 악에 속한다.

3. 대체 번역 : 여러분은 오만하게 자랑하고 있습니다.

4. 야고보서의 독자들중에는 하나님을 향하여 오만한 자랑을 하는 어떤 사람들도 있다. 심지어는 이들은 계획을 세울 때 하나님의 뜻을 무시하고 실제로는 그들의 성공에 대한 확신을 자랑하기도 한다.

5. "자랑하다" καυχᾶσθε 는 중간태 동사로서 자랑하는 사람을 강조한다.

[단어분해]

νῦν (부) νῦν 지금, 실제로는.

δὲ (등접) δέ 그러나.

καυχᾶσθε (동, 직, 현, 중간, 2, 복) καυχάομαι 자랑하다. 습관적 현재. 현재 전면 현저성.

ἐν ταῖς ἀλαζονείαις ὑμῶν (매너) 거만한 태도로. 혹은 (부사) 거만하게, 참조 : 거만에 관하여 (Adam 88), (원인) 거만 때문에, (목적) 거만을. 관사+명사+소유 속격에서 명사가 강조된다 (Vlachos 154).) καυχάομαι 다음에 오는 ἐν 은 자랑하는 대상이나 내용을 소개한다: 관하여 (WBC 167).

ἐν (여, 전) ἐν (참조) ~관련하여, (매너) 의하여 (원인) 때문에, (목적) ~을.

ταῖς ἀλαζονείαις ἐν 다음에 오는 여격.

ταῖς (관, 여, 녀, 복) ὁ 그.

ἀλαζονείαις (명, 여, 녀, 복) ἀλαζονεία 오만, 거만. 복수는 반복적으로 행해지는 거만한 행동.

ὑμῶν (인대, 속, 복) σύ 너, 당신. 주어적 속격, 혹은 소유 속격.

πᾶσα καύχησις τοιαύτη ἐστιν 주어 주격

πᾶσα (부형, 주, 녀, 단, 원) πᾶς 모든.

καύχησις (명, 주, 녀, 단) καύχησις 자랑.

τοιαύτη (지형, 주, 녀, 단, 원) τοιοῦτος 그런 종류.

πονηρά (보형, 주, 녀, 단, 원) πονηρός 악한. 주격 술어.

ἐστιν (동, 직, 현, 능, 3, 단) εἰμί 이다.

4:17 εἰδότι οὖν καλὸν ποιεῖν καὶ μὴ ποιοῦντι, ἁμαρτία αὐτῷ ἐστιν.

그러므로 좋은 것을 행하는 것을 알고 행하지 않는 사람에게, 그에게 그것은 죄이다.

개역개정 : 그러므로 사람이 선을 행할 줄 알고도 행하지 아니하면 죄니라

[명제 관계]

17a 양보 **εἰδότι οὖν καλὸν ποιεῖν**
그러므로 좋은 것을 행하는 것을 아는 사람에게

17b 반전 **καὶ μὴ ποιοῦντι,**
그리고 행하지 않는 사람에게

17c 결론 **ἁμαρτία αὐτῷ ἐστιν.**
그에게 그것은 죄이다.

[설명]

1. 17c와 같은 구조는 칠십인역 신 15:9와 24:15에서 미래시제를 사용하여 나타난다.

2. 이 문장은 정확한 번역을 하는 데 있어서 문법적으로 어렵다. 후반부에 나타나는 αὐτῷ 의 선행사를 발견해야 한다. 이를 위해서 가장 적당한 것은 분사 εἰδότι 가 실명사이여야 한다. 이를 간주하면, "그러므로 행해야 할 좋은 것을 알고 행하지 않는 사람에게, 그에게 그것은 죄다"

3. 16절에서는 2인칭이 사용되었지만 여기서는 3인칭이 사용되었다. 이는 야고보가 2:13과 3:18에서처럼 아주 잘 알려진 금언을 인용하였을 가능성이 많다 (NIGTC 174, UBSH 163).

4. 좋은 것이란 일반적으로 미래에 계획을 위해서 하나님의 뜻을 고려하는 것이지만, 2장에서 언급한 가난한 사람을 돌보는 것도 포함됨을 배제할 수 없다. 해야 할 것을 행하지 않는 것도 죄이다.

[단어분해]

εἰδότι (분, 완, 능, 여, 남, 단) οἶδα 알다. 참조 여격. 주어로 사용된 대격 분사. 현재적 완료. 강조. 완료 최전면 현저성.

οὖν (등접) οὖν 그러므로.

καλὸν (보형, 대, 중, 단, 원) καλός 아름다운, 좋은. ποιεῖν 의 대격 직접 목적어.

ποιεῖν (정, 현, 능) ποιέω 행하다. 현재 전면 현저성.

καὶ (등접) καί 그리고.

μὴ (계) μή 아닌.

ποιοῦντι (분, 현, 능, 여, 남, 단) ποιέω 생산하다. 참조 여격. 현재 전면 현저성.

ἁμαρτία αὐτῷ ἐστιν. 그에게 그것은 죄다. 이와 같은 구조는 칠십인역 신 15:9 와 24:15 에서 미래시제를 사용하여 나타난다.

ἁμαρτία (명, 주, 녀, 단) ἁμαρτία 죄. 주격 술어. 강조.

αὐτῷ (인대, 여, 남, 단) αὐτός 그. 손해 여격.

ἐστιν (동, 직, 현, 능, 3, 단) εἰμί 이다. 의도된 주어는 "좋은 것을 행하지 않는 것" 혹은 하나님의 뜻을 고려함이 없이 계획을 세우는 것" 을 지칭한다.

헬라어 신약 주석 안내서

야고보서

5장

5:1 Ἄγε νῦν οἱ πλούσιοι, κλαύσατε ὀλολύζοντες ἐπὶ ταῖς ταλαιπωρίαις ὑμῶν ταῖς ἐπερχομέναις.

부자들은 들으라. 닥쳐올 너희의 비참함 때문에 슬퍼하며 소리 내서 울어라

개역개정 : 들으라 부한 자들아 너희에게 임할 고생으로 말미암아 울고 통곡하라

[명제 관계]

1a 감탄 **Ἄγε νῦν οἱ πλούσιοι,**
부자들은 들으라.

1b 명령 **κλαύσατε**
울어라

1c 매너 **ὀλολύζοντες ἐπὶ ταῖς ταλαιπωρίαις ὑμῶν**
너희의 비참한 일들 때문에

1d 확인 **ταῖς ἐπερχομέναις.**
닥쳐올

[설명]

1. 이 구절은 임박한 최후를 대비하여 부자들에게 울 것을 요구한다. 이를 통하여 야고보가 의도한 목적은 회개이다.

2. "울다" κλαύσατε 는 부정과거 명령으로서 긴급성을 표현한다.

3. "소리내서 우십시오" ὀλολύζοντες 는 현재 부대 상황 분사로서 명령으로 이해될 수 있다. 이 단어는 κλαύσατε 보다 더 강한 의미를 가진다.

[단어분해]

Ἄγε νῦν οἱ πλούσιοι 부자들은 들으라. 돈호법 αποστροπηε 으로서 참석하지 않는 사람에게 말하는 수사학적 기법이다.

Ἄγε νῦν (문자적 의미) 지금 오너라. 지금 들으라. 4:13 을 보라.

Ἄγε (동, 령, 현, 능, 2, 단) ἄγω 이끌다, 인도 (안내) 하다. 현재 전면 현저성.

νῦν (부) νῦν 지금, 실제로는.

οἱ πλούσιοι 호격 주격. 4:13을 보라.

οἱ (관, 주, 남, 복) ὁ 그. 총칭 관사.

πλούσιοι (보형, 주, 남, 복, 원) πλούσιος 부자의, 부유한.

κλαύσατε (동, 령, 부과, 능, 2, 복) κλαίω 한탄하며 슬퍼하다. 진입

적 부정과거. 부정과거는 명령은 감탄사 혹은 긴급 명령으로 사용되는데 여기서는 마지막 심판의 사건을 예고하기에 명령보다는 감탄사 역할을 한다 (Vlachos 158). 부정과거 배경 현저성.

ὀλολύζοντες (분, 현, 능, 주, 남, 복) ὀλολύζω 소리내어 울다. 대성통곡하다. 의성어로서 우는 소리를 의미함. 매너 분사 : 신음 소리 내면서 울어라. 혹은 부대 상황 분사로서 명령으로 해석한다 : 울으라 신음소리 내면서 울으라. 부사적 분사 주격. 지속적 현재 혹은 반복적 현재. 현재 전면 현저성.

ἐπὶ (여, 전) ἐπί (원인) 때문에. 감정 동사 다음에 오는 ἐπὶ + 여격은 근거를 표현한다 (BDAG 6.c)

ταῖς ταλαιπωρίαις 전치사 ἐπί 다음에 오는 여격.

ταῖς (관, 여, 녀, 복) ὁ 그.

ταλαιπωρίαις (명, 여, 녀, 복) ταλαιπωρία 비참함.

ὑμῶν (인대, 속, 복) σύ 너, 당신. 주어적 속격 혹은 소유 속격..

ταῖς ἐπερχομέναις 오는 것들. 이는 전치사 ἐπί 다음에 오는 여격.

ταῖς (관, 여, 녀, 복) ὁ 그.

ἐπερχομέναις (분, 현, 중간, 여, 녀, 복) ἐπέρχομαι 오다. ἐπέρχομαι는 ἔρχομαι 의 강세형이다. 현재 분사는 급박성을 표현한다. 현재 전면 현저성.

5:2 ὁ πλοῦτος ὑμῶν σέσηπεν καὶ τὰ ἱμάτια ὑμῶν σητόβρωτα γέγονεν,

너희 재물은 썩었고, 너희 옷들은 좀 먹었다.

개역개정 : 너희 재물은 썩었고 너희 옷은 좀 먹었으며

[명제 관계]

2a 일반화 **ὁ πλοῦτος ὑμῶν σέσηπεν**
너희 재물은 썩었고,

2b 특수화 **καὶ τὰ ἱμάτια ὑμῶν σητόβρωτα γέγονεν,**
그리고 너희 옷들은 좀먹었다.

[설명]

1. 야고보는 가장 강조하기 위해서 세 동사들(썩다, 좀 먹다, 녹슬다)의 완료시제를 사용하여 부자들에 최후의 심판을 선포한다. 완료시제는

동사의 시제 가운데서 가장 강조된다. 이 완료시제는 예언적 완료로서 미래에 일어날 것이 확실하므로 미리 일어난 것처럼 서술한다.

2. 이 문장은 5:1의 울어야 하는 첫 이유를 설명한다. 그것은 부가 일시적이라는 것이다. 구체적으로는 5:1c의 비참한 일들을 설명한다. 이는 또한 야고보가 부자들을 비난하는 네개의 비난 가운데 첫째이다 (4, 5, 6절).

3. 두 개의 완료 동사들 "썩다" σέσηπεν 와 (좀먹다) "되다" γέγονεν 는 예언적으로 사용되었으며 물질적인 부는 아무런 소용이 없음을 표현한다.

[단어분해]

ὁ πλοῦτος σέσηπεν 의 주어 주격.

ὁ (관, 주, 남, 단) ὁ 그.

πλοῦτος (명, 주, 남, 단) πλοῦτος 부, 재산.

ὑμῶν (인대, 속, 복) σύ 너, 당신. 소유 속격.

σέσηπεν (동, 직, 완, 능, 3, 단) σήπω 썩다. 강조적 완료 혹은 미래적 완료. 완료 최전면 현저성.

καὶ (등접) καί 그리고.

τὰ ἱμάτια γέγονεν 의 주어 주격.

τὰ (관, 주, 중, 복) ὁ 그.

ἱμάτια (명, 주, 중, 복) ἱμάτιον 겉옷.

ὑμῶν (인대, 속, 복) σύ 너, 당신. 소유 속격.

σητόβρωτα (보형, 주, 중, 복, 원) σητόβρωτος 좀 먹은. 주격 술어.

γέγονεν (동, 직, 완, 능, 3, 단) γίνομαι 되다, 태어나다. 강조적 완료 혹은 미래적 완료. 완료 최전면 현저성.

5:3 ὁ χρυσὸς ὑμῶν καὶ ὁ ἄργυρος κατίωται καὶ ὁ ἰὸς αὐτῶν εἰς μαρτύριον ὑμῖν ἔσται καὶ φάγεται τὰς σάρκας ὑμῶν ὡς πῦρ. ἐθησαυρίσατε ἐν ἐσχάταις ἡμέραις.

너희의 금과 은은 녹슬었다. 그리고 그들의 녹은 너희에게 불리한 증거가 될 것이다. 그리고 불과 같이 너희의 살을 파괴할 것이다. 너희는 마지막 날에도 재물을 쌓았다.

개역개정 : 너희 금과 은은 녹이 슬었으니 이 녹이 너희에게 증거가 되며 불 같이 너희 살을 먹으리라 너희가 말세에 재물을 쌓았도다

[명제 관계]

3a 특수화 ὁ χρυσὸς ὑμῶν καὶ ὁ ἄργυρος κατίωται
너희의 금과 은은 녹슬었다.

3b 결과 καὶ ὁ ἰὸς αὐτῶν εἰς μαρτύριον ὑμῖν ἔσται
그리고 그 녹은 너희에게 불리한 증거가 될 것이다.

3c 확장 καὶ φάγεται τὰς σάρκας ὑμῶν ὡς πῦρ.
그리고 불과 같이 그 녹은 너희의 살을 파괴 할 것이다

3d 반전 ἐθησαυρίσατε ἐν ἐσχάταις ἡμέραις.
너희는 마지막 날에도 재물을 쌓았다.

[설명]

1. 3c는 양보 명제, 3d는 반전명제에 해당한다.

2. 5:1c의 비참한일들을 두 번째로 설명한다. 이는 5:1a의 가장 큰 이유이다. 부자들은 심판받을 것이고, 자신들의 임시적인 재물을 자신들의 유익만을 위해서 사용한 것에 대해서 정죄를 받을 것이다. 녹은 이 부자들에 대한 증거가 될 것이다.

3. 녹슬다 κατίωται 는 완료시제로서 동사 가운데 가장 강조된다.

[단어분해]

ὁ χρυσὸς ὑμῶν καὶ ὁ ἄργυρος κατίωται 의 주어 주격.

ὁ (관, 주, 남, 단) ὁ 그. 총칭 관사.

χρυσὸς (명, 주, 남, 단) χρυσός 금.

ὑμῶν (인대, 속, 복) σύ 너, 당신. 소유 속격.

καὶ (등접) καί 그리고.

ο (관, 주, 남, 단) ὁ 그.

ἄργυρος (명, 주, 남, 단) ἄργυρος 은.

κατίωται (동, 직, 완, 수, 3, 단) κατιόω 녹슬다. 강조적 혹은 미래적 완료. 접미어 κατ 는 κατα 약어로서 강조를 표현한다 : 모든 부분이 다 녹슬었다를 의미한다. 완료 최전면 현저성.

καὶ (등접) καί 그리고.

ὁ ἰὸς αὐτῶν ἔσται 의 주어 주격.

ὁ (관, 주, 남, 단) ὁ 그.

ἰὸς (명, 주, 남, 단) ἰός 녹, 독 (3:8).

αὐτῶν (인대, 속, 남, 복) αὐτός 그. 소유 속격.

εἰς μαρτύριον 주격 술어로 사용되었다.

εἰς (대,전) εἰς (목적) 위하여. 이는 셈족어 영향으로 εἰς +대격은 ἔσται 의 주격 술어가 된다.

μαρτύριον (명, 대, 중, 단) μαρτύριον 증인, 증명. εἰς 다음에 오는 대격.

ὑμῖν (인대, 여, 복) σύ 너, 당신. 손해 여격.

ἔσται (동, 직, 미, 중간, 3, 단) εἰμί 이다.

καὶ (등접) καί 그리고.

φάγεται (동, 직, 미, 중간, 3, 단) ἐσθίω 먹다.

τὰς σάρκας φάγεται 의 대격 직접 목적어.

τὰς (관, 대, 녀, 복) ὁ 그.

σάρκας (명, 대, 녀, 복) σάρξ 살, 몸, 육신.

ὑμῶν (인대, 속, 복) σύ 너, 당신. 소유 속격.

ὡς (종접) ὡς 처럼.

πῦρ (명, 주, 중, 단) πῦρ 불.

ἐθησαυρίσατε (동, 직, 부과, 능, 2, 복) θησαυρίζω 저축 하다. 미래적 혹은 확인적 부정과거. 부정과거 배경 현저성.

ἐν (여, 전) ἐν (시간) 안에 (대부분의 영어성경), (목적) 을 위하여 (NRSV).

ἐσχάταις ἡμέραις ἐν 다음에 오는 여격.

ἐσχάταις (보형, 여, 녀, 복, 원) ἔσχατος 마지막의, 끝의, 최후의.

ἡμέραις (명, 여, 녀, 복) ἡμέρα 날, 시대.

5:4 ἰδοὺ ὁ μισθὸς τῶν ἐργατῶν τῶν ἀμησάντων τὰς χώρας ὑμῶν ὁ ἀπεστερημένος ἀφ' ὑμῶν κράζει, καὶ αἱ βοαὶ τῶν θερισάντων εἰς τὰ ὦτα κυρίου σαβαὼθ εἰσεληλύθασιν.

보아라. 밭들에서 일한 일꾼들을 위한 임금이, 너희들에 의해서 도둑질 된 그 임금이, 계속소리지르고 있다. 그래서 추수한 자들의 아우성이 만군의 주의 귀에 들어갔다.

개역개정 : 보라 너희 밭에서 추수한 품꾼에게 주지 아니한 삯이 소리 지르며 그 추수한 자의 우는 소리가 만군의 주의 귀에 들렸느니라

[명제 관계]

4a 행위 **ἰδοὺ ὁ μισθὸς τῶν ἐργατῶν τῶν ἀμησάντων**
보아라. 밭들에서 일한 일꾼들의 임금이,

4b 대조 **ὁ ἀπεστερημένος ἀφ' ὑμῶν κράζει,**
너희에 의해서 도둑질 된 그 임금이 계속
소리지르고 있다,

4c 효과 **καὶ αἱ βοαὶ τῶν θερισάντων εἰς τὰ ὦτα κυρίου σαβαὼθ εἰσεληλύθασιν.**
그래서 추수한 자들의 아우성이 만군의 주의
귀에 들어갔다.

[설명]

1. 4a-b는 원인, 4c는 효과 명제이기도 하다.

2. 야고보의 둘째 비난이다. 부자들의 임금 착취 죄가 서술되었고 억압당하는 노동자들을 하나님께서 보시고 하나님께서는 그들이 처한 상황을 돌보신다는 위로를 서술한다.

3. "약탈하다" ἀπεστερημένος 는 완료형이다. 최전면 현저성 시제이며 약탈당한 채로 남아 있는 것을 표현한다.

4. "들어가다" εἰσεληλύθασιν. 는 완료형이다. 하나님께서 이미 이들의 불평을 들으셨고 지금은 하나님께서는 심판을 대기하고 계신다. 그렇기 때문에 성도들은 복수하는 하나님의 역할을 대신하지 말 것을 경고한다.

[단어분해]

ἰδοὺ (감) ἰδού 보다.

ὁ μισθὸς ..... ὁ ἀπεστερημένος 강탈당한 임금.

ὁ μισθὸς κράζει 의 주어 주격.

ὁ (관, 주, 남, 단) ὁ 그.

μισθὸς (명, 주, 남, 단) μισθός 지급, 급료.

τῶν ἐργατῶν 소유 속격.

τῶν (관, 속, 남, 복) ὁ 그.

ἐργατῶν (명, 속, 남, 복) ἐργάτης 일꾼.

τῶν (관, 속, 남, 복) ὁ 그.

ἀμησάντων (분, 부과, 능, 속, 남, 복) ἀμάω 풀 베다. 부정과거 배경 현저성.

τὰς χώρας ἀμησάντων 대격 직접 목적어.

τὰς (관, 대, 녀, 복) ὁ 그.

χώρας (명, 대, 녀, 복) χώρα 시골, 땅, 들판.

ὑμῶν (인대, 속, 복) σύ 너, 당신. 소유 속격.

ὁ (관, 주, 남, 단) ὁ 그.

ἀπεστερημένος (분, 완, 수, 주, 남, 단) ἀποστερέω 약탈하다, 강도질을 하다. 한정 분사로서 μισθὸς 를 수식한다. 완료 최전면 현저성. 이 완료는 불의가 존재한다는 것을 의미한다.

ἀφ' (속, 전) ἀπό (대행) 의해서. 일반적으로 이 전치사는 근원을 표시한다.

ὑμῶν (인대, 속, 복) σύ 너, 당신.

κράζει (동, 직, 현, 능, 3, 단) κράζω 소리치다, 울부짖다. 지속적 현재. 현재 전면 현저성.

καὶ (등접) καί 그리고.

αἱ βοαὶ εἰσεληλύθασιν 의 주어 주격.

αἱ (관, 주, 녀, 복) ὁ 그.

βοαὶ (명, 주, 녀, 복) βοή 외침.

τῶν θερισάντων 주어적 속격.

τῶν (관, 속, 남, 복) ὁ 그.

θερισάντων (분, 부과, 능, 속, 남, 복) θερίζω 베어들이다, 거둬들이다, 수확하다. 부정과거 배경 현저성.

εἰς (대, 전) εἰς (장소, 방향) ~로 향하여.

τὰ ὦτα εἰς 다음에 오는 대격.

τὰ (관, 대, 중, 복) ὁ 그.

ὦτα (명, 대, 중, 복) οὖς 귀.

κυρίου (명, 속, 남, 단) κύριος 주, 소유주.

σαβαὼθ (명, 속, 남, 복, 고명) Σαβαώθ 전능자.

εἰσεληλύθασιν (동, 직, 완, 능, 3, 복) εἰσέρχομαι 오다. 강조 완료 : 전능하신 주님의 귀에 울부짖음이 남아 있고 부장에 대한 심판이 이미 시작되었다 (WBC 179). 완료 최전면 현저성.

5:5 ἐτρυφήσατε ἐπὶ τῆς γῆς καὶ ἐσπαταλήσατε, ἐθρέψατε τὰς καρδίας ὑμῶν ἐν ἡμέρᾳ σφαγῆς,

너희는 이 땅 위에서 사치하였고 쾌락을 누렸고, 살육이 시작된 날에 너희 마음들을 살찌게 하였다.

개역개정 : 너희가 땅에서 사치하고 방종하여 살륙의 날에 너희 마음을 살찌게 하였도다

[명제 관계]

5a 행위 **ἐτρυφήσατε ἐπὶ τῆς γῆς καὶ ἐσπαταλήσατε,**
너희는 이 땅 위에서 사치스럽게 살았고
쾌락을 누렸다

5b 확장 **ἐθρέψατε τὰς καρδίας ὑμῶν ἐν ἡμέρᾳ σφαγῆς,**
살육이 시작된 날에 너희 마음을 너희는 살찌게 하였다.

[설명]

1. 부자들에 대한 야고보의 세 번째 비난이다. 짐승이 도살을 준비하여 살찌워지는 것처럼 심판의 날에 부자들은 더 큰 죄악에 물든다.

2. 세 동사는 부정과거이다. 이 부정과거는 부자들의 생활상을 요약한 것이다.

[단어분해]

ἐτρυφήσατε (동, 직, 부과, 능, 2, 복) τρυφάω 즐거움을 위해서 살다. 확인적 부정과거. 부정과거 배경 현저성.

ἐπὶ (속, 전) ἐπί (장소) 위에.

τῆς (관, 속, 녀, 단) ὁ 그.

γῆς (명, 속, 녀, 단) γῆ 흙, 지구, 땅.

καὶ (등접) καί 그리고.

ἐσπαταλήσατε (동, 직, 부과, 능, 2, 복) σπαταλάω 호화스럽게 살다. 확인적 부정과거. 부정과거 배경 현저성.

ἐθρέψατε (동, 직, 부과, 능, 2, 복) τρέφω 부양하다, 식사하다. 확인적 부정과거. 부정과거 배경 현저성.

τὰς καρδίας ἐθρέψατε 대격 직접 목적어.

τὰς (관, 대, 녀, 복) ὁ 그.

καρδίας (명, 대, 녀, 복) καρδία 마음.

ὑμῶν (인대, 속, 복) σύ 너, 당신.

ἐν ἡμέρᾳ σφαγῆς 살육의 날에, 살육이 시작된 날에, 심판날에.
ἐν (여, 전) ἐν (시간) 안에.
ἡμέρᾳ (명, 여, 녀, 단) ἡμέρα 날, 시대. ἐν 다음에 오는 여격.
σφαγῆς (명, 속, 녀, 단) σφαγή 도살. 서술 속격.

5:6 κατεδικάσατε, ἐφονεύσατε τὸν δίκαιον, οὐκ ἀντιτάσσεται ὑμῖν.

너희는 의인을 정죄하였고 죽였다. 그는 너희에게 대항하지 않았다.

개역개정 : 너희는 의인을 정죄하고 죽였으나 그는 너희에게 대항하지 아니하였느니라

명제 관계]

6a	행위	**κατεδικάσατε,** 너희는 정죄하였고
6b	확장	**ἐφονεύσατε τὸν δίκαιον,** 너희는 의인을 죽였다.
6c	대조	**οὐκ ἀντιτάσσεται ὑμῖν.** 그는 너희에게 대항하지 않았다.

[설명]

1. 야고보의 네 번째 비난이다. 야고보의 비난은 여기서 최고조에 이른다. 이유는 정죄하고 살인하다는 동사 때문이다. "정죄하다" κατεδικάσατε 는 법정용어이다. 이는 부자들이 자신들의 유익을 위해서 법체계를 장악하였다는 것이다.

2. 6a-b는 양보, 6c는 반전 명제 역할을 하기도 한다.

3. 대항하다 ἀντιτάσσεται 는 현재 중간태이다. 현재시제는 지속적 현재이며 그리고 간접 중간태로서 스스로를 위하여라는 의미를 가진다. 이 문맥에서는 그는 자신을 위해서 지속적으로 대항하지 않았다는 의미이다.

[단어분해]

κατεδικάσατε (동, 직, 부과, 능, 2, 복) καταδικάζω 유죄 판결을 내리다, 선고하다. 사역능동태. 확인적 부정과거. 부정과거 배경 현저성.

ἐφονεύσατε (동, 직, 부과, 능, 2, 복) φονεύω 살인하다. 이 문장에서는 문자적으로, 법적으로 그리고 경제적으로 죽이다 (Vlachos 165). 부정과

거 배경 현저성. 살인이란 법정살인을 뜻한다. 부자 지주가 경제적으로 가난한 빚진 사람들을 법정으로 데리고 가서 이들의 땅을 빼앗고 수입의 근원을 갈취한다. 유대인들은 사람의 수입원을 빼앗는 것을 살인과 같은 것으로 간주하였다 (ZECNT 225).

τὸν δίκαιον κατεδικάσατε ἐφονεύσατε 의 대격 직접 목적어.

τὸν (관, 대, 남, 단) ὁ 그.

δίκαιον (보형, 대, 남, 단, 원) δίκαιος 곧은, 정직한, 올바른, 공정한.

οὐκ (부) οὐ 아닌.

ἀντιτάσσεται (동, 직, 현, 중간, 3, 단) ἀντιτάσσω 반대하다. 현재 전면 현저성.

ὑμῖν (인대, 여, 복) σύ 너, 당신. 손해 여격. ἀντιτάσσεται 의 여격 직접 목적어.

5:7 **Μακροθυμήσατε οὖν, ἀδελφοί, ἕως τῆς παρουσίας τοῦ κυρίου. ἰδοὺ ὁ γεωργὸς ἐκδέχεται τὸν τίμιον καρπὸν τῆς γῆς μακροθυμῶν ἐπ' αὐτῷ ἕως λάβῃ πρόϊμον καὶ ὄψιμον.**

그러므로 형제들이여, 주님께서 오실 때까지 참고 견디라. 보라, 농부는 그 땅이 이른 비와 늦은 비를 가질 때까지, 열매 때문에 인내하면서, 땅의 귀한 열매를 기다린다.

개역개정 : 그러므로 형제들아 주께서 강림하시기까지 길이 참으라 보라 농부가 땅에서 나는 귀한 열매를 바라고 길이 참아 이른 비와 늦은 비를 기다리나니

[명제 관계]

7a	명령	**Μακροθυμήσατε οὖν, ἀδελφοί,** 그러므로 형제들이여, 참고 견뎌라
7b	상황	**ἕως τῆς παρουσίας τοῦ κυρίου.** 주님께서 오실 때까지
7c	행위	**ἰδοὺ ὁ γεωργὸς ἐκδέχεται τὸν τίμιον καρπὸν τῆς γῆς** 보라 농부는 땅의 귀한 열매를 기다린다.
7d	매너	**μακροθυμῶν ἐπ' αὐτῷ** 열매 때문에 인내하면서
7e	상황	**ἕως λάβῃ πρόϊμον καὶ ὄψιμον.** 그 땅이 이른 비와 늦은 비를 가질 때까지

[설명]

1. 7a는 명령 명제 7c는 이유 명제에 해당하기도 한다.

2. 마지막 심판 날에 부자들은 정죄를 당하기 때문에 그리스도인들은 이 세상에서 가져야 할 태도와 오는 심판에 대비해서 그리스도인들이 가져야 할 태도를 설명한다. 이 구절에서는 2회나 사용되었는데 그것은 인내해야 한다 (Μακροθυμήσατε 와 μακροθυμῶν) 이다. 8절 10절 그리고 11절에서 각 1회 사용되었다.

3. 7a에서 Μακροθυμήσατε 란 단어를 사용하여 야고보는 그의 서신에서 전투적 인내를 서술하고 있다. 이 전투적 인내는 Tamez 의 용어로서 수동적이며 복종적인 태도가 아니라 능동적인 개념을 가진다 이다 (ZECNT 226 에서 재인용). 이는 말씀과 믿음과 행동의 일치를 위해서 능동적으로 행동하는 것을 의미한다. 이 구절에서는 이 단어는 행동해야 할 그 순간을 기다리면서 인내하라는 의미를 포함하고 있다. 가난한 자들이 주의 오심을 알고 있기 때문에 인내하고 포기하지 않아야 한다.

4. 이 문장은 인내하라는 첫 번째 권고와 그 이유는 주님이 오시기 때문이라는 설명으로 구성되었다.

[단어분해]

Μακροθυμήσατε οὖν, ἀδελφοί 그러므로 형제들이여, 참고 견디라. 5:7-11 에서 나타나는 첫 번째 권고.

Μακροθυμήσατε (동, 령, 부과, 능, 2, 복) μακροθυμέω 인내를 가지다. 긴급 명령. 부정과거 명령은 일반적인 명령이 아니라 그의 독자들을

향한 특수 명령이다. 종말적인 상황에서도 그들은 인내하라는 명령이다 (Adam 96). 부정과거 배경 현저성.

οὖν (등접) οὖν 그러므로.

ἀδελφοί (명, 호, 남, 복) ἀδελφός 형제. 단순 호격.

ἕως (속, 전) ἕως (시간) 까지.

τῆς (관, 속, 녀, 단) ὁ 그. 유일 관사.

παρουσίας (명, 속, 녀, 단) παρουσία 도래.

τοῦ κυρίου. 주어적 속격 혹은 소유 속격.

τοῦ (관, 속, 남, 단) ὁ 그. 특별 관사.

κυρίου (명, 속, 남, 단) κύριος 주, 소유주.

ἰδοὺ (감) ἰδού 보다.

ὁ γεωργὸς ἐκδέχεται 의 주어 주격.

ὁ (관, 주, 남, 단) ὁ 그. 총칭 관사.

γεωργὸς (명, 주, 남, 단) γεωργός 농부.

ἐκδέχεται (동, 직, 현, 중간, 3, 단) ἐκδέχομαι 기다리다. 격언적 현재. 현재 전면 현저성.

τὸν τίμιον καρπὸν ἐκδέχεται 의 대격 직접 목적어.

τὸν (관, 대, 남, 단) ὁ 그.

τίμιον (보형, 대, 남, 단, 원) τίμιος 값비싼, 귀한.

καρπὸν (명, 대, 남, 단) καρπός 열매.

τῆς γῆς 근원 속격: 땅으로부터 나오는; 혹은 생산 속격: 땅이 생산하는.

τῆς (관, 속, 녀, 단) ὁ 그.

γῆς (명, 속, 녀, 단) γῆ 흙, 지구, 땅.

μακροθυμῶν (분, 현, 능, 주, 남, 단) μακροθυμέω 인내를 가지다. 지속적 현재. 부대상황 분사. 부사적 분사 주격. 현재 전면 현저성.

ἐπ' (여, 전) ἐπί 때문에. 감정동사와 함께 사용되어서 동기 이유를 표현한다 (Smyth §1689.2.c).

αὐτῷ (인대, 여, 남, 단) αὐτός 그. 열매를 지칭한다. ἐπ' 다음에 오는 여격.

ἕως (종접) ἕως (시간) 까지.

λάβῃ (동, 가, 부과, 능, 3, 단) λαμβάνω 받다, 얻다. 암시된 주어는

땅 (NJB, Vlachos 171), 농부 (KJV), 열매 (NRSV, Adam 96) 이다. 신 11:14 에 의하면 "그 땅" 이 주어가 되는 것이 더 타당하다. 미래적 부정과거. 부정과거 배경 현저성.

πρόϊμον καὶ ὄψιμον λάβῃ 의 대격 직접 목적어. 70 인역에 자주 등장하는 문구이다 (신 11:14; 렘 5:24; 호 6:3; 엘 2:23; 스 10:1).

πρόϊμον (보형, 대, 남, 단, 원) πρόϊμος 이른, 이른 비.

καὶ (등접) καί 그리고.

ὄψιμον (보형, 대, 남, 단, 원) ὄψιμος 늦은, 늦은 비.

5:8 μακροθυμήσατε καὶ ὑμεῖς, στηρίξατε τὰς καρδίας ὑμῶν, ὅτι ἡ παρουσία τοῦ κυρίου ἤγγικεν.

너희 역시 참아라. 너희 마음을 굳게 하여라. 왜냐하면 주님께서 오실 때가 가까왔기 때문이다.

개역개정 : 너희도 길이 참고 마음을 굳건하게 하라 주의 강림이 가까우니라

[명제 관계]

8a 명령 **μακροθυμήσατε καὶ ὑμεῖς,**
너희 역시 참아라.

8b 명령 **στηρίξατε τὰς καρδίας ὑμῶν,**
너희 마음들을 굳게 하여라.

8c 근거 **ὅτι ἡ παρουσία τοῦ κυρίου ἤγγικεν.**
왜냐하면 주님께서 오실 때가 가까왔기 때문이다.

[설명]

1. 7절에서처럼 이 구절 역시 기독교인들은 인내해야 한다. 이는 능동적인 기다림이며 앞에서 언급한 전투적 인내이다. 이는 마음을 굳게 하라는 권고에서 표현된다.

2. "가까이 오다" ἤγγικεν 는 완료형으로서 최전면 현저성, 가장 강조되는 동사의 시제를 사용하여 가까이 와 있음을 강조하고 있다.

3. 이 문장은 너희도 인내하라는 두 번째 권고와 그 이유는 주님이 가까이 오셨기 때문이라는 설명으로 구성되었다.

[단어분해]

μακροθυμήσατε (동, 령, 부과, 능, 2, 복) μακροθυμέω 인내를 가지다. 부정과거 명령은 일반적인 명령이 아니라 그의 독자들을 향한 특수 명령이다. 종말적인 상황에서도 그들은 인내하라는 명령이다 (7절 참조). 부정과거 배경 현저성.

καὶ (부) καί 또한.

ὑμεῖς (인대, 주, 복) σύ 너, 당신. μακροθυμήσατε 의 주어 주격.

στηρίξατε (동, 령, 부과, 능, 2, 복) στηρίζω 굳게 하다. 5절의 살찌게 하다와 대조. 부정과거 배경 현저성.

τὰς καρδίας στηρίξατε 대격 직접 목적어.

τὰς (관, 대, 녀, 복) ὁ 그.

καρδίας (명, 대, 녀, 복) καρδία 마음.

ὑμῶν (인대, 속, 복) σύ 너, 당신. 소유 속격.

ὅτι (종접) ὅτι (원인 이유) 때문에.

ἡ παρουσία ἤγγικεν 의 주어 주격

ἡ (관, 주, 녀, 단) ὁ 그.

παρουσία (명, 주, 녀, 단) παρουσία 도래.

τοῦ κυρίου 주어적 속격.

τοῦ (관, 속, 남, 단) ὁ 그.

κυρίου (명, 속, 남, 단) κύριος 주, 소유주.

ἤγγικεν (동, 직, 완, 능, 3, 단) ἐγγίζω 가까이 오다. 강조 완료. 완료 최전면 현저성.

5:9 μὴ στενάζετε, ἀδελφοί, κατ' ἀλλήλων ἵνα μὴ κριθῆτε· ἰδοὺ ὁ κριτὴς πρὸ τῶν θυρῶν ἕστηκεν.

형제들아, 서로 원망하지 마라. 그 목적은 너희가 심판받지 않기 위함이다. 보라, 심판자가 문 앞에서 서 계신다.

개역개정 : 형제들아 서로 원망하지 말라 그리하여야 심판을 면하리라 보라 심판주가 문 밖에 서 계시니라

[명제 관계]

9a 금지 **μὴ στενάζετε, ἀδελφοί, κατ' ἀλλήλων**
형제들아, 서로 대항하여 원망하지 마라.

9b 목적 **ἵνα μὴ κριθῆτε·**
그 목적은 너희가 심판받지 않기 위함이다.

9c 상황 **ἰδοὺ ὁ κριτὴς πρὸ τῶν θυρῶν ἕστηκεν.**
보라, 심판자가 문 앞에서 서 계신다.

[설명]

1. 9a는 결과 명제 9c는 상황 명제에 해당되어지기도 한다.

2. 원망하지 말라는 권고와 그 이유는 심판을 피하기 위해서 그리고 심판자가 문 앞에 서있기 때문이라는 설명으로 구성되었다. 원망은 핍박과 가난 속에서 자연스레 발생되어질 수 있기 때문에 이를 금지하라고 권고한다.

3. 본문 4:1－3, 4:11-12에서 야고보의 수신자들은 말다툼하고 있었지만 여기서는 서로 서로 원망과 불평하지 말라고 권고한다. 그 이유는 말다툼은 불평에서 시작되기도 하기 때문이다.

4. "서 계신다"ἕστηκεν는 완료형으로 가장 강조되는 시제로 표현되었다.

[단어분해]

μὴ στενάζετε 현재 금지: 이미 시작된 행동을 중단하라 (원망하고 있는 것을 중단하라). 혹은 현재 금지는 "시작하지 하지 않는 사건은 항상 금지하라"는 의미도 가지고 있다 (Burton 165). 본문은 문맥상 전자가 더 타당하다.

μὴ (계) μή 아닌.

στενάζετε (동, 령, 현, 능, 2, 복) στενάζω 불평하다. 현재 전면 현저성.

ἀδελφοί (명, 호, 남, 복) ἀδελφός 형제. 단순 호격.

κατ' (속, 전) κατά (반대) 대항하여.

ἀλλήλων (상대, 속, 남, 복) ἀλλήλων 서로.

ἵνα (종접) ἵνα (목적) 하기 위하여.

μὴ (계) μή 아닌.

κριθῆτε (동, 가, 부과, 수, 2, 복) κρίνω 심판하다. 삼판자는 하나님 (4:12) 혹은 재림시의 예수님이시다 (5:7-8). 대부분의 주석가들은 예수님이라고 주장한다. 부정과거 배경 현저성.

ἰδοὺ (감) ἰδού 보다. 이는 왜냐하면으로 번역되는 γάρ 보다 더 강한 의미를 가진다.

ὁ κριτὴς ἕστηκεν 의 주어 주격.

ὁ (관, 주, 남, 단) ὁ 그. 특급 관사.

κριτὴς (명, 주, 남, 단) κριτής 재판관, 판사.

πρὸ τῶν θυρῶν 문 앞에.

πρὸ (속, 전) πρό 앞에.

τῶν (관, 속, 녀, 복) ὁ 그.

θυρῶν (명, 속, 녀, 복) θύρα 문. 복수는 여러 개의 출입문을 가진 도성 혹은 여러 개의 출입구를 가진 하나의 문을 지칭할 수 있다.

ἕστηκεν (동, 직, 완, 능, 3, 단) ἵστημι 두다, 놓다. 강조 완료. 완료 최전면 현저성.

5:10 ὑπόδειγμα λάβετε, ἀδελφοί, τῆς κακοπαθίας καὶ τῆς μακροθυμίας τοὺς προφήτας οἳ ἐλάλησαν ἐν τῷ ὀνόματι κυρίου.

형제들아! 주의 이름으로 말씀을 전한 예언자들을 고난과 인내의 모델로 삼으라.

개역개정 : 형제들아 주의 이름으로 말한 선지자들을 고난과 오래 참음의 본으로 삼으라

[명제 관계]

10a 명령 **ὑπόδειγμα λάβετε, ἀδελφοί, τῆς κακοπαθίας καὶ τῆς μακροθυμίας τοὺς προφήτας**
형제들아, 예언자들을 고난과 인내의 본보기로 삼으라

10b 확인 **οἳ ἐλάλησαν ἐν τῷ ὀνόματι κυρίου.**
주의 이름으로 말씀을 전한

[설명]

1. 인내에 대한 세 번째 권고로서 이를 설명하기 위해서 두 예들을 사용하는데 여기서는 일반적인 예로서 구약의 예언자들을 예로 들었다. 이들의 인내는 지속적이며 예언적이어야 한다. 따라서 야고보는 순교자적인 인내를 가질 것을 독자들에게 권하고 있다.

2. “삼으라” λάβετε 는 부정과거 명령으로서 이는 결정적이며 단호한

무조건적인 명령이다.

[단어분해]

ὑπόδειγμα (명, 대, 중, 단) ὑπόδειγμα 모델, 예시. τοὺς προφήτας 와 함께 하는 이중 대격 구조에서 목적 보어. 강조 위치.

λάβετε (동, 령, 부과, 능, 2, 복) λαμβάνω 받다, 얻다. 부정과거 명령은 결정적인 단호한 행동을 서술한다. 이 동사는 이중 대격을 취하며 그 번역은 가를 나로 취한다. 부정과거 배경 현저성.

ἀδελφοί (명, 호, 남, 복) ἀδελφός 형제. 단순 호격.

τῆς κακοπαθίας καὶ τῆς μακροθυμίας 목적어적 속격.

τῆς (관, 속, 녀, 단) ὁ 그. 선행 조응 관사.

κακοπαθίας (명, 속, 녀, 단) κακοπάθεια 고통, 괴로움.

καὶ (등접) καί 그리고.

τῆς (관, 속, 녀, 단) ὁ 그. 선행 조응 관사.

μακροθυμίας (명, 속, 녀, 단) μακροθυμία 인내.

τοὺς προφήτας λάβετε 의 대격 직접 목적어.

τοὺς (관, 대, 남, 복) ὁ 그.

προφήτας (명, 대, 남, 복) προφήτης 선지자. ἐλάλησαν 이 부정과거시제이기 때문에 이는 구약의 선지자들이다.

οἳ (관대, 주, 남, 복) ὅς 누구. ἐλάλησαν 의 주어 주격.

ἐλάλησαν (동, 직, 부과, 능, 3, 복) λαλέω 말하다. 확인적 부정과거. 부정과거 배경 현저성.

ἐν (여, 전) ἐν (수단 혹은 매너) 의해서.

τῷ ὀνόματι ἐν 다음에 오는 여격.

τῷ (관, 여, 중, 단) ὁ 그.

ὀνόματι (명, 여, 중, 단) ὄνομα 이름.

κυρίου (명, 속, 남, 단) κύριος 주, 소유주. 소유 속격.

5:11 ἰδοὺ μακαρίζομεν τοὺς ὑπομείναντας· τὴν ὑπομονὴν Ἰὼβ ἠκούσατε καὶ τὸ τέλος κυρίου εἴδετε, ὅτι πολύσπλαγχνός ἐστιν ὁ κύριος καὶ οἰκτίρμων.

보라, 인내한 사람을 우리는 복되다고 생각한다. 너희는 욥의 인내를 들었다. 또 너희는 주님께서 (욥에게) 주신 그 결과를 보았다. 그것은 주께서는 동정적이시며 자비가 많으시다는 것이다.

개역개정 : 보라 인내하는 자를 우리가 복되다 하나니 너희가 욥의 인내를 들었고 주께서 주신 결말을 보았거니와 주는 가장 자비하시고 긍휼히 여기시는 이시니라

[명제 관계]

11a 행위 **ἰδοὺ μακαρίζομεν τοὺς ὑπομείναντας·**
보라, 인내한 사람을 우리는 복되다고 생각한다.

11b 이유 **τὴν ὑπομονὴν Ἰὼβ ἠκούσατε**
너희는 욥의 인내를 들었다.

11c 결과 **καὶ τὸ τέλος κυρίου εἴδετε,**
또 너희는 주님께서 (욥에게) 주신 그 결과를 보았다.

11d 확인 **ὅτι πολύσπλαγχνός ἐστιν ὁ κύριος καὶ οἰκτίρμων.**
그것은 주께서는 동정적이시며 자비가 많으시다는 것이다.

[설명]

1. 본문 5:10-11절은 5:7-8절의 내용을 재설명한다. 이 구절은 인내를 설명하기 위해서 두 예들을 사용하는데 여기서는 특수한 예로서 욥의 인내를 언급한다.

2. 욥은 인내로서 시험의 기간을 극복한 대표적인 인물이다.

3. 하나님의 큰 동정심을 볼 때까지 그리스도인들은 믿음으로 인내해야 한다.

4. ὅτι 절은 욥의 인내만이 아니라 5:7-11절에 대한 설명이며 기독교인들이 인내해야하는 신학적 이유이기도 하다.

5. "복 받았다고 고려하다" μακαρίζομεν 는 일반적인 사실을 서술한다.

[단어분해]

ἰδοὺ (감) ἰδού 보다. 문맥에서는 기억하라는 의미를 가질 수 있다.

μακαρίζομεν (동, 직, 현, 능, 1, 복) μακαρίζω 복 받았다고 (행복하다고) 고려하다. 비시간적 현재. 현재 전면 현저성.

τοὺς ὑπομείναντας μακαρίζομεν 의 대격 직접 목적어.

τοὺς (관, 대, 남, 복) ὁ 그.

ὑπομείναντας (분, 부과, 능, 대, 남, 복) ὑπομένω 인내하다. 확인적 부정과거. 부정과거 배경 현저성.

τὴν ὑπομονὴν ἠκούσατε 의 대격 직접 목적어.

τὴν (관, 대, 녀, 단) ὁ 그.

ὑπομονὴν (명, 대, 녀, 단) ὑπομονή 인내.

᾿Ιὼβ (명, 속, 남, 단, 고명) ᾿Ιώβ 욥. 주어적 속격 혹은 소유 속격.

ἠκούσατε (동, 직, 부과, 능, 2, 복) ἀκούω 듣다. 완료적 부정 과거. 부정 과거 배경 현저성.

καὶ (등접) καί 그리고.

τὸ τέλος εἴδετε 의 대격 직접 목적어.

τὸ (관, 대, 중, 단) ὁ 그.

τέλος (명, 대, 중, 단) τέλος 결말, 종국, 결론, 목적.

κυρίου (명, 속, 남, 단) κύριος 주, 소유주.

εἴδετε (동, 직, 부과, 능, 2, 복) ὁράω 보다. 진술 부정과거. 부정과거 배경 현저성.

ὅτι (종접) ὅτι (설명적 절). 이는 τὸ τέλος κυρίου 를 설명하는 절을 소개한다.

πολύσπλαγχνός ... οἰκτίρμων 술어 형용사.

πολύσπλαγχνός (보형, 주, 남, 단, 원) πολύσπλαγχνος 동정적인.

ἐστιν (동, 직, 현, 능, 3, 단) εἰμί 이다.

ὁ κύριος ἐστιν 의 주어 주격.

ὁ (관, 주, 남, 단) ὁ 그.

κύριος (명, 주, 남, 단) κύριος 주, 소유주.

καὶ (등접) καί 그리고.

οἰκτίρμων (보형, 주, 남, 단, 원) οἰκτίρμων 자비로운, 온정적인.

5:12 Πρὸ πάντων δέ, ἀδελφοί μου, μὴ ὀμνύετε μήτε τὸν οὐρανὸν μήτε τὴν γῆν μήτε ἄλλον τινὰ ὅρκον· ἤτω δὲ ὑμῶν τὸ ναὶ ναὶ καὶ τὸ οὒ οὔ, ἵνα μὴ ὑπὸ κρίσιν πέσητε.

그러나 나의 형제들이여! 무엇보다도 먼저 맹세하지 마라. 하늘을 두고서도 하지 마라 땅을 두고서도 하지 마라, 다른 어떤 맹세를 두고서도 하지 마라. 그러나 너희의 "맞습니다" 는 맞습니다 그리고 너희의 "아닙니다" 는 아닙니다 라고 해라. 그 목적은 너희가 심판을 받지 않기 위함이다.

개역개정 : 내 형제들아 무엇보다도 맹세하지 말지니 하늘로나 땅으로나 아무 다른 것으로도 맹세하지 말고 오직 너희가 그렇다고 생각하는 것은 그렇다 하고 아니라고 생각하는 것은 아니라 하여 정죄 받음을 면하라

[명제 관계]

12a 금지 **Πρὸ πάντων δέ, ἀδελφοί μου, μὴ ὀμνύετε**
그러나 나의 형제들이여! 무엇보다도 먼저
맹세하지 마라.

12b 수단 **μήτε τὸν οὐρανὸν**
하늘을 두고서도 하지마라

12c 수단 **μήτε τὴν γῆν**
땅을 두고서도 하지마라,

12d 수단 **μήτε ἄλλον τινὰ ὅρκον·**
다른 어떤 맹세를 두고서도 하지 마라.

12e 긍정 **ἤτω δὲ ὑμῶν τὸ ναὶ ναὶ καὶ τὸ οὒ οὔ,**
그러나 너희의 "맞습니다" 는 맞습니다 그리고
너희의 "아닙니다" 는 아닙니다 라고 해라.
(너희들이 할 수 있는 것은 "예" 해야 할 경우에는
오직 "예"이고, "아니오" 해야 할 경우에는 오직
"아니오" 이다.)

12f 목적 **ἵνα μὴ ὑπὸ κρίσιν πέσητε.**
그 목적은 너희가 심판을 받지 않기 위함이다.

[설명]

1. 12a는 5:7-12에서 가장 중요한 명령이다 (UBSH 187). 유대사회에서 최선의 방침은 무조건 맹세를 하지 않는 것이다 (WBC 204).

2. 기독교인들은 비 현실적인 약속을 하는 유혹 즉 지킬 수 없는 맹세를 해서는 안된다고 주장한다. 맹세하지 마라고 한 것은 혀의 통제하지

못하는 능력을 표현한다.

3. "맹세하지 말라" μὴ ὀμνύετε 는 현재 금지이다. 지금 행하고 있는 맹세를 중단하라 혹은 지금 맹세를 하지 않고 있다면 (앞으로) 맹세하지 말라는 것을 의미한다.

[단어분해]

Πρὸ πάντων 무엇보다도 먼저, 더 중요한 것은.

Πρὸ (속, 전) πρό 이전에.

πάντων (부형, 속, 중, 복, 원) πᾶς 모두, 각각.

δέ (등접) δέ 그러나. 새로운 주제를 시작한다.

ἀδελφοί (명, 호, 남, 복) ἀδελφός 형제. 단순 호격.

μου (인대, 속, 단) ἐγώ 나.

μὴ ὀμνύετε 현재 금지: 정직성을 보장하기 위해서 매일의 대화에서 맹세하는 습관을 금한다.

μὴ (계) μή 아닌.

ὀμνύετε (동, 령, 현, 능, 2, 복) ὀμνύω 맹세하다, 선서하다. 초대교회 당시에 유대인들은 맹세하는 것이 금지되었다. 특히 에센파에서는 이 파에 들어가기 위한 맹세와 법정에서의 맹세는 허용되었지만 이 외에서의 맹세는 완전히 금지되었다. 현재 전면 현저성.

μήτε (등접) μήτε 그리고...아니다.

τὸν οὐρανὸν ὀμνύετε 의 대격 직접 목적어.

τὸν (관, 대, 남, 단) ὁ 그.

οὐρανὸν (명, 대, 남, 단) οὐρανός 하늘.

μήτε (등접) μήτε 그리고...아니다.

τὴν γῆν ὀμνύετε 의 대격 직접 목적어.

τὴν (관, 대, 녀, 단) ὁ 그.

γῆν (명, 대, 녀, 단) γῆ 땅.

μήτε (등접) μήτε 그리고...아니다.

ἄλλον τινὰ ὅρκον 어떤 종류의 맹세를 두고서도. ὀμνύετε 의 대격 직접 목적어.

ἄλλον (부형, 대, 남, 단, 원) ἄλλος 다른.

τινὰ (부형, 대, 남, 단, 원) τὶς 무엇이든, 어떤.

ὅρκον (명, 대, 남, 단) ὅρκος 맹세, 서약. 맹세 대격.
ἤτω (동, 령, 현, 능, 3, 단) εἰμί 이다.
δὲ (등접) δέ 오히려, 대신에.
ὑμῶν (인대, 속, 복) σύ 너, 당신. 강조. 주어적 속격.
τὸ ναὶ ἤτω 의 주어 주격.
τὸ (관, 주, 중, 단) ὁ 그. 계사를 주어 역할을 하도록 한다.
ναὶ (계) ναί 예.
ναὶ (계) ναί 예. 술어. 관사가 없는 계사는 술어이다.
καὶ (등접) καί
τὸ οὔ 암시 동사 ἤτω 의 주어 주격.
τὸ (관, 주, 중, 단) ὁ 그.
οὔ (부) οὐ 아닌.
οὔ (부) οὐ 아닌.
ἵνα (종접) ἵνα (목적) 하기 위하여.
μὴ (계) μή 아닌.
ὑπὸ (대, 전) ὑπό (종속) ~ 아래에.
κρίσιν (명, 대, 녀, 단) κρίσις 판단. ὑπὸ 다음에 오는 대격.
πέσητε (동, 가, 부과, 능, 2, 복) πίπτω 넘어지다. 부정과거 배경 현저성.

5:13 Κακοπαθεῖ τις ἐν ὑμῖν, προσευχέσθω· εὐθυμεῖ τις, αλλέτω·
너희 가운데 누가 고난을 받는가? 그는 기도하여라. 누가 즐거워하는가? 그는 찬송하여라.
개역개정 : 너희 중에 고난 당하는 자가 있느냐 그는 기도할 것이요 즐거워하는 자가 있느냐 그는 찬송할지니라

[명제 관계]

13a 질문 **Κακοπαθεῖ τις ἐν ὑμῖν,**
너희 가운데 누가 고난을 받는가?

13b 명령 **προσευχέσθω·**
그는 기도하여라.

13c 질문 **εὐθυμεῖ τις,**
누가 즐거워하는가?

13d 명령 **ψαλλέτω·**
그는 찬송하여라

[설명]

1. 13a와 13c는 조건 명제, 13b와 13d는 결과 명제이기도 하다.

2. 12절에 금지된 맹세 대신 다른 방법으로 13절은 하나님과 소통하는 방법이 있음을 서술한다. 그것은 기도와 찬송이다.

3. 야고보는 부와 가난으로 오는 시련을 서술하였고, 여기서 부터는 질병과 죄로 인한 시련을 서술한다.

4. 13-14절은 교회에서 세 경우들, 고난, 행복, 그리고 질병을 만날 때 야고보는 기도하고 찬양드리고 그리고 장로를 청하여 기도하라고 권고한다.

5. 복수가 아닌 단수들이 사용되었는데 개적인 행위 혹은 책임을 강조한다.

6. 13 절은 기독교인들은 인생에서 일어나는 모든 상황을, 고난이든 행복하든, 기도로써 대응해야 함을 서술하고 있다.

7. 현재 시제로 표현된 "기도하다" προσευχέσθω 와 찬송하다 ψαλλέτω 는 반복적 상황을 서술한다.

8. 여러분 가운데 ἐν ὑμῖν 의 복수는 공동체와 함께 하는 기도를 의미한다.

[단어분해]

Κακοπαθεῖ (동, 직, 현, 능, 3, 단) κακοπαθέω 역경을 견디다. 반복적 현재. 대부분의 영어 성경은 의문문으로 번역하였다. 현재 전면 현저성.

τις (부대, 주, 남, 단) τὶς 어떤. Κακοπαθεῖ 의 주어 주격.

ἐν ὑμῖν 너희 가운데. 복수는 개적인 기도와 관련된 것이 아니라 공동체와 함께 하는 기도와 관련됨을 서술한다.

ἐν (여, 전) ἐν (장소) 사이에.

ὑμῖν (인대, 여, 복) σύ 너, 당신. ἐν 다음에 오는 여격.

προσευχέσθω (동, 령, 현, 중간, 3, 단) προσεύχομαι 기도하다. 하나님에게 말하다란 의미를 가진다. 반복적 현재. 현재 전면 현저성.

εὐθυμεῖ (동, 직, 현, 능, 3, 단) εὐθυμέω 즐거워하다. 반복적 현재. 현재 전면 현저성.

τις (부대, 주, 남, 단) τὶς 어떤. εὐθυμεῖ 의 주어 주격.

ψαλλέτω (동, 령, 현, 능, 3, 단) ψάλλω 노래하다, 찬양하다. 반복적 현재. 현재 전면 현저성

5:14 ἀσθενεῖ τις ἐν ὑμῖν, προσκαλεσάσθω τοὺς πρεσβυτέρους τῆς ἐκκλησίας καὶ προσευξάσθωσαν ἐπ' αὐτὸν ἀλείψαντες [αὐτὸν] ἐλαίῳ ἐν τῷ ὀνόματι τοῦ κυρίου.

너희 가운데 누가 아픈가? 그는 교회의 장로들을 청하여라 그리고 주님의 이름으로 그에게 기름을 바른 후에 그를 위하여 그들이 기도하도록 하여라.

개역개정 : 너희 중에 병든 자가 있느냐 그는 교회의 장로들을 청할 것이요 그들은 주의 이름으로 기름을 바르며 그를 위하여 기도할지니라

[명제 관계]

14a 조건 **ἀσθενεῖ τις ἐν ὑμῖν,**
너희 가운데 누가 아픈가?

14b 결과 **προσκαλεσάσθω τοὺς πρεσβυτέρους τῆς ἐκκλησίας**
그는 교회의 장로들을 청하여라.

14c 명령 **καὶ προσευξάσθωσαν ἐπ' αὐτὸν**
그리고 그들이 그를 위하여 기도하도록 하여라.

14d 매너 **ἀλείψαντες [αὐτὸν] ἐλαίῳ ἐν τῷ ὀνόματι τοῦ κυρίου.**
그리고 주님의 이름으로 그에게 기름을 바른 후에

[설명]

1. 14b는 명령, 14c는 목적 명제 역할을 하기도 한다.
2. 13a는 일반화이며 14a는 특수화 명제에 해당하기도 한다.
3. 13절에 이어서 이 구절에서는 세 번째 상황, 질병과 관련이 있다.
4. '장로들이 기도하다'가 본동사이며 '기름을 바르다'는 분사로 구성되

어서 동사의 매너를 표현한다.

5. "부르다" προσκαλεσάσθω 는 부정과거 명령으로서 긴급성을 표현한다.

6. "기도하다" προσευξάσθωσαν 는 부정과거 명령으로서 긴급성을 표현한다.

[단어분해]

ἀσθενεῖ (동, 직, 현, 능, 3, 단) ἀσθενέω 아프다, 약하다, 필요하다. 육신적 질병을 지칭한다. 현재 전면 현저성.

τις (부대, 주, 남, 단) τìς 어떤 ἀσθενεῖ 의 주어 주격.

ἐν (여, 전) ἐν (장소) 안에.

ὑμῖν (인대, 여, 복) σύ 너, 당신. ἐν 다음에 오는 여격.

προσκαλεσάσθω (동, 령, 부과, 중간, 3, 단) προσκαλέομαι 초청하다, 부르다. 진입적 부정과거. 긴급 명령. 부정과거 배경 현저성. 중간태는 장로를 초청하는데 있어서 환자의 의사를 강조.

τοὺς πρεσβυτέρους προσκαλεσάσθω 의 대격 직접 목적어.

τοὺς (관, 대, 남, 복) ὁ 그.

πρεσβυτέρους (보형, 대, 남, 복, 비) πρεσβύτερος 나이 먹은, 늙은, (공무) 장로.

τῆς ἐκκλησίας 부분 속격.

τῆς (관, 속, 녀, 단) ὁ 그.

ἐκκλησίας (명, 속, 녀, 단) ἐκκλησία 교회.

καὶ (등접) καί 그리고.

προσευξάσθωσαν (동, 령, 부과, 중간, 3, 복) προσεύχομαι 기도하다. 부정과거 배경 현저성.

ἐπ' (대, 전) ἐπί (장소) 위에. 이 구절에서는 기도 대상자를 직접적으로 향하여 기도하는 것을 혹은 안수를 표현할 수 도 있다 (NIGTC 193).

αὐτὸν (인대, 대, 남, 단) αὐτός 그. ἐπ' 다음에 오는 대격.

ἀλείψαντες (분, 부과, 능, 주, 남, 복) ἀλείφω 머리에 기름을 붓다 혹은 신체 부위에 기름을 비비는 것을 말한다. 부대 상황 분사. 부사적 분사 주격. 부정과거 배경 현저성. 여기서 기름이란 올리브 오일을 지칭한다. 기름을 바르다는 상징적, 치유목적, 의식적 등 여러가지 용법가운데 하나로서 사용되었을 가능성이 있지만 기름을 사용한 목적이 명확하지가 않

다. 이 부정과거는 기도 이전의 행동을 표시한다.

[αὐτὸν] (인대, 대, 남, 단) αὐτός 그. ἀλείψαντες 대격 직접 목적어.

ἐλαίῳ (명, 여, 중, 단) ἔλαιον 올리브 기름. 재료 여격.

ἐν (여, 전) ἐν (도구) ~을 사용하여.

τῷ ὀνόματι ἐν 다음에 오는 여격.

τῷ (관, 여, 중, 단) ὁ 그.

ὀνόματι (명, 여, 중, 단) ὄνομα 이름.

τοῦ (관, 속, 남, 단) ὁ 그.

κυρίου (명, 속, 남, 단) κύριος 주, 소유주.

5:15 καὶ ἡ εὐχὴ τῆς πίστεως σώσει τὸν κάμνοντα καὶ ἐγερεῖ αὐτὸν ὁ κύριος· κἂν ἁμαρτίας ᾖ πεποιηκώς, ἀφεθήσεται αὐτῷ.

그리고 믿음의 기도는 아픈 사람을 낫게 할 것이다. 그리고 주께서 그를 일으켜 주실 것이다. 또 만약 그가 죄들을 지은 것이 있으면, 그에게 죄는 용서되어질 것이다.

개역개정 : 믿음의 기도는 병든 자를 구원하리니 주께서 그를 일으키시리라 혹시 죄를 범하였을지라도 사하심을 받으리라

[명제 관계]

15a	조건	**καὶ ἡ εὐχὴ τῆς πίστεως** 그리고 믿음의 기도는
15b	결과	**σώσει τὸν κάμνοντα** 아픈 사람을 낫게 할 것이다.
15c	확장	**καὶ ἐγερεῖ αὐτὸν ὁ κύριος·** 그리고 주께서 그를 일으켜 주실 것이다.
15d	조건	**κἂν ἁμαρτίας ᾖ πεποιηκώς,** 또 만약 그가 죄들을 지은 것이 있으면,
15e	결과	**ἀφεθήσεται αὐτῷ.** 그에게 죄는 용서되어질 것이다.

[설명]

1. 14절의 기도의 결과를 서술한다.
2. 15b-c와 15e는 약속 명제이기도 하다.

3. 믿음의 기도와 주님의 능력은 질병을 치유할 것이며, 죄로 인해서 발병된 경우에는 용서가 주어질 것이다.

4. 질병을 가진 자는 회개해야 한다.

[단어분해]

καὶ (등접) καί 그리고. 기도의 결과를 소개하는 접속사이다 (BDAG b.z).

ἡ εὐχὴ σώσει 의 주어 주격..

ἡ (관, 주, 녀, 단) ὁ 그.

εὐχὴ (명, 주, 녀, 단) εὐχή 기도.

τῆς πίστεως 근원 속격 : 믿음으로부터 나오는, 혹은 서술 속격 : 장로들의 믿음으로 특징되는.

τῆς (관, 속, 녀, 단) ὁ 그.

πίστεως (명, 속, 녀, 단) πίστις 믿음.

σώσει (동, 직, 미, 능, 3, 단) σῴζω 구하다. 여기서는 물리적인 치료를 의미한다 (Vlachos 187).

τὸν κάμνοντα σώσει 의 대격 직접 목적어.

τὸν (관, 대, 남, 단) ὁ 그.

κάμνοντα (분, 현, 능, 대, 남, 단) κάμνω 아프다, 병들다. 현재 전면 현저성.

καὶ (등접) καί 그리고.

ἐγερεῖ (동, 직, 미, 능, 3, 단) ἐγείρω 일어나다.

αὐτὸν.(인대, 대, 남, 단) αὐτός 그 ἐγερεῖ 의 대격 직접 목적어.

ὁ κύριος ἐγερεῖ 의 주어 주격. 여기서는 예수님을 지칭한다.

ο (관, 주, 남, 단) ὁ 그.

κύριος (명, 주, 남, 단) κύριος 주, 소유주.

κἂν (등접) 와 (종접) καί+ ἐάν 그리고 만약. 제삼 조건절.

ἁμαρτίας (명, 대, 녀, 복) ἁμαρτία 죄. ᾖ πεποιηκώς 의 대격 직접 목적어. 강조. 복수는 반복적으로 지은 죄들을 의미한다.

ᾖ πεποιηκώς 우언적 분사 구조는 완료의 정적 상태를 강조한다 (Adam 102). 이는 현재의 상태에 영향을 미치는 과거의 죄를 의미한다.

ᾖ (동, 가, 현, 능, 3, 단) εἰμί 이다.

πεποιηκώς (분, 완, 능, 주, 남, 단) ποιέω 생산하다. 우언적 분사와

주격. 완료 최전면 현저성.

ἀφεθήσεται (동, 직, 미, 수, 3, 단) ἀφίημι 용서하다. 함축된 주어는 "죄"이다.

αὐτῷ (인대, 여, 남, 단) αὐτός 그. ἀφεθήσεται 의 보충 여격.

5:16 ἐξομολογεῖσθε οὖν ἀλλήλοις τὰς ἁμαρτίας καὶ εὔχεσθε ὑπὲρ ἀλλήλων ὅπως ἰαθῆτε. Πολὺ ἰσχύει δέησις δικαίου ἐνεργουμένη.

그러므로 너희는 서로에게 죄들을 고백하여라, 그리고 서로를 위해 너희는 기도하여라. 그 목적은 너희들이 치유되어지기 위함이다. 의인의 효과적인 기도는 큰 힘을 낸다.

개역개정 : 그러므로 너희 죄를 서로 고백하며 병 낫기를 위하여 서로 기도하라 의인의 간구는 역사하는 힘이 큼이니라

[명제 관계]

16a 명령 **ἐξομολογεῖσθε οὖν ἀλλήλοις τὰς ἁμαρτίας**
그러므로 너희는 서로에게 죄들을 고백하여라,

16b 명령 **καὶ εὔχεσθε ὑπὲρ ἀλλήλων**
그리고 서로를 위해 너희는 기도하여라.

16c 목적 **ὅπως ἰαθῆτε.**
그 목적은 너희들이 치유되어지기 위함이다.

16d 근거 **Πολὺ ἰσχύει δέησις δικαίου ἐνεργουμένη.**
의인의 효과적인 기도는 큰 힘을 낸다..

[설명]

1. 16a는 추론 명제이기도 하다.

2. 16d는 16abc 의 근거 명제이기도 하다.

3. 15절에서는 장로를 초청하여 환자를 위해서 기도하라고 서술하였고 이 구절에서는 교회 구성원이 서로를 위해서 기도하고 서로에게 죄를 고백하라고 서술하고 있다.

4. 죄의 용서는 고백해야만 얻을 수 있다.

5. 공동체적 죄의 고백은 공동체를 위해서 아주 중요하다.

6. "자백하다" 혹은 "고백하다" ἐξομολογεῖσθε 는 현재 명령 중간태이다. 현재 시제는 고백하는 습관을 가져라는 의미이며 중간태는 자신을 위

해서 고백하라는 의미이다. 고백하는 자를 강조한다.

7. "기도하다" εὔχεσθε 는 현재 명령 중간태이다. 현재 시제는 서로를 위해서 기도하는 습관을 가져라는 의미이며 중간태는 자신을 위해서 기도하라는 의미이다. 기도자를 강조한다.

[단어분해]

ἐξομολογεῖσθε (동, 령, 현, 중간, 2, 복) ἐξομολογέω 고백하다. 접두사 ἐξ 는 강조를 위한 것으로서 이 동사는 충분히 그리고 공개적으로 고백하다는 의미를 가진다 (Vlachos 188). 현재 명령은 공동체에서 회개하는 습관을 가져라는 의미이다. 현재 전면 현저성.

οὖν (등접) οὖν 그러므로.

ἀλλήλοις (상대, 여, 남, 복) ἀλλήλων 서로. ἐξομολογεῖσθε 의 여격 간접 목적어. 이는 직접목적어 보다 앞에 위치하여 강조되어진다.

τὰς ἁμαρτίας ἐξομολογεῖσθε 의 대격 직접 목적어.

τὰς (관, 대, 녀, 복) ὁ 그. 소유 속격: 여러분의.

ἁμαρτίας (명, 대, 녀, 복) ἁμαρτία 죄.

καὶ (등접) καί 그리고.

εὔχεσθε (동, 령, 현, 중간, 2, 복) εὔχομαι 기도하다. 현재 명령은 습관을 가져라는 의미이다. 현재 전면 현저성.

ὑπὲρ (속, 전) ὑπέρ 위하여.

ἀλλήλων (상대, 속, 남, 복) ἀλλήλων 서로.

ὅπως (종접) ὅπως (목적절) ~하기 위하여.

ἰαθῆτε (동, 가, 부과, 수, 2, 복) ἰάομαι 치료하다. 물리적 치유 (Vlachos 189), 혹은 영적인 치유를 의미한다 (ZECNT 245) 신적수동태. 부정과거 배경 현저성.

Πολὺ (부) 혹은 (보형, 대, 중, 단, 원) πολύς 많은. 강조.

ἰσχύει (동, 직, 현, 능, 3, 단) ἰσχύω 권력을 가지다, 유능하다, 할 수 있다. 현재 전면 현저성.

δέησις (명,주,녀,단) δέησις 기도. ἰσχύει 의 주어 주격. 긴급한 요구.

δικαίου (보형, 속, 남, 단, 원) δίκαιος 곧은, 청렴(강직)한, 정직한. 주어적 속격.

ἐνεργουμένη (분, 현, 중간, 주, 녀, 단) ἐνεργέω 일하다, 실행하다, 완수하다. 현재 전면 현저성. 이 동사는 크게 세 종류의 번역을 만든다

(Vlachos 189-190, WBC 212, NIGTC 196-97). 첫 번째는 이 동사가 수동태일 경우에는 하나님의 역할을 강조한다. 이 경우의 번역은 " '기도가 성령에 의해서 행해질 때' 의인의 기도는 … ." 이 된다. 둘째 번역은 이 동사가 중간태일 경우에 " '기도가 효과적일 때' 의인의 기도는…. (혹은 '기도가 하나님에게 도달 될 때' 의인의 기도는…..)" 가 된다. 이는 죄 때문에 발생한 환자가 치유될 수 있는 길로 직접적인 접근 가능성을 강조한다. 세 번째 번역은 이 분사가 형용사로 간주될 경우, 이 분사는 기도라는 단어를 수식하여 "효과적인 기도 δέησις ἐνεργουμένη 가 된다 (BDAG 1.b). 이 경우의 번역은 "의인의 효과적인 기도는…." 가 된다. 부사적 분사 주격.

5:17 Ἠλίας ἄνθρωπος ἦν ὁμοιοπαθὴς ἡμῖν, καὶ προσευχῇ προσηύξατο τοῦ μὴ βρέξαι, καὶ οὐκ ἔβρεξεν ἐπὶ τῆς γῆς ἐνιαυτοὺς τρεῖς καὶ μῆνας ἕξ·

엘리야는 우리와 같은 본성을 가신 사람이나. 그리고 그는 비가 못 오도록 하기 위하여 기도로써 기도하였다 (집중적으로 기도하였다). 그 결과는 삼 년 육개월 동안이나 땅에 비가 오지 않았다.

개역개정 : 엘리야는 우리와 성정이 같은 사람이로되 그가 비가 오지 않기를 간절히 기도한즉 삼 년 육 개월 동안 땅에 비가 오지 아니하고

[명제 관계]

17a 비교 **Ἠλίας ἄνθρωπος ἦν ὁμοιοπαθὴς ἡμῖν,**
엘리야는 우리와 같은 본성을 가진 사람이다.

17b 이유 **καὶ προσευχῇ προσηύξατο τοῦ μὴ βρέξαι,**
그리고 그는 비가 못 오도록 하기 위하여
집중적으로 기도하였다

17c 결과 **καὶ οὐκ ἔβρεξεν ἐπὶ τῆς γῆς ἐνιαυτοὺς τρεῖς καὶ μῆνας ἕξ·**
그 결과는 삼 년 육개월 동안이나 땅에 비가
오지 않았다.

[설명]

1. 17b-c는 반전이다.

2. 야고보가 16절에서 언급한 의인의 기도는 능력이 있다는 내용에 대해서 엘리야의 예를 들어 설명한다.

[단어분해]

Ἡλίας (명, 주, 남, 단, 고명) Ἡλίας 엘리야. ἦν 의 주어 주격.

ἄνθρωπος ..... ὁμοιοπαθὴς 주격 술어.

ἄνθρωπος (명, 주, 남, 단) ἄνθρωπος 사람, 인간.

ἦν (동, 직, 미완, 능, 3, 단) εἰμί 이다.

ὁμοιοπαθὴς (보형, 주, 남, 단, 원) ὁμοιοπαθής 같은 본성을 가진.

ἡμῖν (인대, 여, 복) ἐγώ 나. 비교 형용사와 함께 사용된 여격 (R 530).

καὶ (등접) καί 그리고.

προσευχῇ προσηύξατο 이의 문자적 번역은 "기도로써 기도하였다" 이다. 이 구조는 동사를 강조하든지 (그는 집중적으로 기도하였다) 혹은 명사를 강조한다 (그는 기도이외는 하지 않았다). 대부분의 번역 성경은 전자를 취하였다 (Vlachos 191). 이는 히브리어 절대적 부정사와 비슷한 구조를 가졌다.

προσευχῇ (명, 여, 녀, 단) προσευχή 기도. 매너 여격 혹은 동족 여격.

προσηύξατο (동, 직, 부과, 중간, 3, 단) προσεύχομαι 기도하다. 부정과거 배경 현저성.

τοῦ μὴ βρέξαι 기도의 목적 (NJB) 혹은 기도의 내용 (ESV, NET, NIV, NRSV). 명령, 말하기 동사 다음에는 목적절이 오기 때문에 후자가 문맥에 타당하다 (Vlachos 191).

τοῦ (관, 속, 중, 단) ὁ 그.

μὴ (계) μή 아닌.

βρέξαι (정, 부과, 능) βρέχω 비오다. 부정과거 배경 현저성.

καὶ (등접) καί 그리고. 엘리야의 기도의 결과를 소개하는 접속사이다.

οὐκ (부) οὐ 아닌.

ἔβρεξεν (동, 직, 부과, 능,3,단) βρέχω 비오다. 부정과거 배경 현저성.

ἐπὶ (속, 전). ἐπί 위에.

τῆς γῆς ἐπὶ 다음에 오는 속격.

τῆς (관, 속, 녀, 단) ὁ 그.

γῆς (명, 속, 녀, 단) γῆ 땅.

ἐνιαυτοὺς τρεῖς καὶ μῆνας ἕξ 시간 확장 대격.

ἐνιαυτοὺς (명,대,남,복) ἐνιαυτός 해, 년. 이 단어는 기간을 강조한다.

τρεῖς (기형, 대, 남, 복, 원) τρεῖς 셋.

καὶ (등접) καί 그리고.

μῆνας (명, 대, 남, 복) μήν 달, 개월, (축제) 새로운 달.

ἕξ (기형, 대, 남, 복, 원) ἕξ 여섯.

5:18 καὶ πάλιν προσηύξατο, καὶ ὁ οὐρανὸς ὑετὸν ἔδωκεν καὶ ἡ γῆ ἐβλάστησεν τὸν καρπὸν αὐτῆς.

그리고 다시 그는 기도하였다. (그 결과) 하늘이 소낙비를 내렸다. 그리고 식물들이 자라서 열매를 맺었다.

개역개정 : 다시 기도하니 하늘이 비를 주고 땅이 열매를 맺었느니라

[명제 관계]

18a 이유 **καὶ πάλιν προσηύξατο,**
그리고 다시 (비가 오도록) 그는 기도하였다.

18b 결과 **καὶ ὁ οὐρανὸς ὑετὸν ἔδωκεν**
그리고 (그 결과) 하늘이 소낙비를 내렸다,

18c 확장 **καὶ ἡ γῆ ἐβλάστησεν τὸν καρπὸν**
그리고 땅이 그 열매를 맺었다.

[설명]

1. 18a는 17bc의 대조 명제에 해당하기도 한다.
2. 그리고 καὶ 는 결과를 표현한다.

[단어분해]

καὶ (등접) καί 그리고나서, 그 후에.

πάλιν (부) πάλιν 다시. 강조 위치.

προσηύξατο (동, 직, 부과, 중간, 3, 단) προσεύχομαι 기도하다. 부정과거 배경 현저성.

καὶ (등접) καί 그리고.

ὁ οὐρανὸς ἔδωκεν 의 주어 주격.

ὁ (관, 주, 남, 단) ὁ 그. 유일 관사.

οὐρανὸς (명, 주, 남, 단) οὐρανός 하늘. 유대 사상에서 이 단어는 하나님을 지칭한다.

ὑετὸν (명, 대, 남, 단) ὑετός 비, 소낙비 (Vlachos 192). ἔδωκεν 의 대

격 직접 목적어.

ἔδωκεν (동, 직, 부과, 능, 3, 단) δίδωμι 주다. 부정과거 배경 현저성.

καὶ (등접) καί 그리고.

ἡ γῆ ἐβλάστησεν 의 주어 주격.

ἡ (관, 주, 녀, 단) ὁ 그.

γῆ (명, 주, 녀, 단) γῆ 땅.

ἐβλάστησεν (동, 직, 부과, 능, 3, 단) βλαστάνω 생산하다, 발아하다. 확인적 부정과거. 부정과거 배경 현저성.

τὸν καρπὸν ἐβλάστησεν 의 대격 직접 목적어.

τὸν (관, 대, 남, 단) ὁ 그. 총칭 관사.

καρπὸν (명, 대, 남, 단) καρπός 열매.

αὐτῆς (인대, 속, 녀, 단) αὐτός 그. 소유 속격.

5:19 Ἀδελφοί μου, ἐάν τις ἐν ὑμῖν πλανηθῇ ἀπὸ τῆς ἀληθείας καὶ ἐπιστρέψῃ τις αὐτόν,

나의 형제들이여, 만약 너희 가운데 진리를 떠나 그릇된 길을 가는 사람이 있다면, 그리고 누구든지 그를 돌아서게 한다면,

개역개정 : 내 형제들아 너희 중에 미혹되어 진리를 떠난 자를 누가 돌아서게 하면

[명제 관계]

19a	조건	**Ἀδελφοί μου, ἐάν τις ἐν ὑμῖν πλανηθῇ ἀπὸ τῆς ἀληθείας** 나의 형제들이여, 만약 너희 가운데 진리를 떠나 그릇된 길을 가는 사람이 있다면,
19b	결과	**καὶ ἐπιστρέψῃ τις αὐτόν,** 그리고 누구든지 그를 돌아서게 한다면,

[설명]

1. "나의 형제들이여" Ἀδελφοί μου 는 2:1에서처럼 문장 첫 머리에 나타난다. 이는 새로운 문단의 시작을 의미한다.

2. 19b는 명령 명제 (돌아서게 해라)에 해당하기도 하다.

[단어분해]

'Αδελφοί (명, 호, 남, 복) ἀδελφός 형제. 단순 호격. 강조 위치.

μου (인대, 속, 단) ἐγώ 나.

ἐάν (종접) ἐάν 만약. 제삼 조건절.

τις (부대, 주, 남, 단) τὶς 누군가, 어떤. πλανηθῇ 의 주어 주격.

ἐν (여, 전) ἐν (장소) 안에.

ὑμῖν (인대, 여, 복) σύ 너, 당신. ἐν 다음에 오는 여격.

πλανηθῇ (동, 가, 부과, 수, 3, 단) πλανάω 길을 잃다, 잘못하다, 타락하다. 디포넌트 동사로서 형식은 수동태이지만 능동태 의미를 가진다. 가정법 부정과거는 본동사의 시제 이전에 일어난 사건을 서술한다. 부정과거 배경 현저성.

ἀπὸ (속, 전) ἀπό (분리) ~부터.

τῆς (관, 속, 녀, 단) ὁ 그.

ἀληθείας (명, 속, 녀, 단) ἀλήθεια 진리.

καὶ (등접) καί 그리고.

ἐπιστρέψῃ (동, 가, 부과, 능, 3, 단) ἐπιστρέφω (반대쪽으로) 방향을 바꾸다. 부정과거 배경 현저성.

τις (부대, 주, 남,단) τὶς 누군가,누구,어떤. ἐπιστρέψῃ 의 주어 주격.

αὐτόν (인대, 대, 남, 단) αὐτός 그. ἐπιστρέψῃ 의 대격 직접 목적어.

5:20 γινωσκέτω ὅτι ὁ ἐπιστρέψας ἁμαρτωλὸν ἐκ πλάνης ὁδοῦ αὐτοῦ σώσει ψυχὴν αὐτοῦ ἐκ θανάτου καὶ καλύψει πλῆθος ἁμαρτιῶν.

(이 사실을) 너는 알아 두어라. 그의 그릇된 길에서 죄인을 돌아서게 하는 사람은 그 죄인의 영혼이 죽음에서 구해지도록 할 것이고, 또 (그 죄인이 지은) 죄들의 많은 부분이 덮어 지도록 할 것이다.

개역개정 : 너희가 알 것은 죄인을 미혹된 길에서 돌아서게 하는 자가 그의 영혼을 사망에서 구원할 것이며 허다한 죄를 덮을 것임이라

[명제 관계]

20a 명령 **γινωσκέτω**
(이 사실을) 너는 알아 두어라.

20b 조건 **ὅτι ὁ ἐπιστρέψας ἁμαρτωλὸν ἐκ πλάνης ὁδοῦ**
그의 그릇된 길에서 죄인을 돌아서게 하는 사람은

20c 결과 **σώσει ψυχὴν αὐτοῦ ἐκ θανάτου**
죽음에서 죄인의 영혼이 구해지도록 그가 할 것이고,

20d 결과 **καὶ καλύψει πλῆθος ἁμαρτιῶν.**
또 (그 죄인이 지은) 죄들의 많은 부분이
덮어지도록 그가 할 것이다.

[설명]

1. 20절은 19절의 결과이다.

2. 20b는 명령 명제 역할을 하기도 한다.

3. "구할 것이다" σώσει 와 "덮을 것이다" καλύψει 는 사역능동태이며 이 문장에서 이 사용 능동태는 "이는 그가 ~이 되도록 할 것이다" 란 의미를 가진다. 죄인이 회개하도록 권할 것이며, 하나님께서 그 회개를 보시고서 용서할 것이라는 의미이다.

4. 헬라어 "그의 영혼" ψυχὴν αὐτοῦ 에서 이는 누구의 것인가? 돌아오게 하는 자의 영혼인가 아니면 죄인의 영혼인가? NICNT (459) 는 "그의" αὐτοῦ 가 두 번 사용되었는데 두 번 다 같은 사람을 지칭한다고 주장한다. 그래서 여기서는 죄인의 영혼을 의미한다 (Adam 107, NIGTC 201).

5. 덮어지는 죄는 누구인 것인가? 죄인에 대한 돌아서게 하는 사람의 목회의 두 번째 결과는 죄인의 죄를 덮는 것이다 (Adam 108, NICNT 460, NIGTC 201).

[단어분해]

γινωσκέτω (동, 령, 현, 능, 3, 단) γινώσκω 알다. 결과절을 소개한다 (Burton §269). 현재 전면 현저성.

ὅτι (종접) ὅτι (보충절).

ὁ ἐπιστρέψας σώσει 의 주어 주격. 강조 위치.

ὁ (관, 주, 남, 단) ὁ 그. 총칭 관사.

ἐπιστρέψας (분, 부과, 능, 주, 남, 단) ἐπιστρέφω (반대 쪽으로) 방향을 바꾸다, (본래 장소로) 되돌아오다. 부정과거 배경 현저성.

ἁμαρτωλὸν (보형, 대, 남, 단, 원) ἁμαρτωλός 죄 있는, 죄 많은, 죄스러운. ἐπιστρέψας 의 대격 직접 목적어.

ἐκ (속, 전) ἐκ 이는 모음앞에서 ἐξ 가 된다. (분리) ~부터.

πλάνης ὁδοῦ 이 두 명사들은 모두가 다 속격이다. 그래서 이 구조는 두 종류의 번역을 가질 수 있다. 1) ὁδοῦ 가 머리 명사인 경우: 미혹의 길로 부터, 2) πλάνης 가 머리 명사인 경우: 길의 (생활의) 미혹으로부터 (NIV, WBC). 칠십인역에 의하면 ὁδός 가 머리 명사인 경우에는 이 단어가 먼저 나타난다 (욥 24:13; 시 118:29; 잠 2:12). 따라서 이 문맥에서는 후자의 경우가 타당하다.

πλάνης (명, 속, 녀, 단) πλάνη 진리의 길로 부터 방황, 잘못, 실수, 틀림, 미혹, 기만, 사기, 속임.

ὁδοῦ (명, 속, 녀, 단) ὁδός 길.

αὐτοῦ (인대, 속, 남, 단) αὐτός 그.

σώσει (동, 직, 미, 능, 3, 단) σῴζω 구하다. 사역 능동태로서 "그로 하여금 영혼이 구원받도록 할 것이다" 란 의미를 가진다. 구하시는 분은 하나님이시다.

ψυχὴν (명, 대, 녀, 단) ψυχή 영혼, 생명. σώσει의 대격 직접 목적어.

αὐτοῦ (인대, 속, 남, 단) αὐτός 그. 소유 속격. 이 속격이 무엇을 수식하는 가에 대해서 논란이 있다. 그러나 대부분은 이 속격은 ψυχὴν 을 수식한다고 주장한다.

ἐκ (속, 전) ἐκ 이는 모음앞에서 ἐξ 가 된다. (분리) ~부터.

θανάτου (명, 속, 남, 단) θάνατος 죽음. Vlachos (227) 는 ἐκ θανάτου αὐτοῦ 로 간주하여 "죽음 자체로부터"라고 번역하기도 한다.

καὶ (등접) καί 그리고. 결과절을 소개한다.

καλύψει (동, 직, 미, 능, 3, 단) καλύπτω 어떤 사람을 완전히 덮다 (씌우다, 싸다), 덮어 가리다, 덮다. 사역 능동태로서 "그는 그의 죄가 용서되도록 할 것이다" 란 의미를 가진다. 용서하시는 분은 하나님이 이시다.

πλῆθος (명, 대, 중, 단) πλῆθος 양, 많은 수, 다수. καλύψει 의 대격 직접 목적어.

ἁμαρτιῶν (명, 속, 녀, 복) ἁμαρτία 죄. 부분 속격, 혹은 척도 속격 혹은 내용 속격. 이 속격은 돌아오게 한 자의 죄들인가 아니면 죄인의 죄들인가에 대해서도 서로 다른 주장들이 있다.

부록

1. 야고보서에 나타난 중간태 동사들
2. 야고보서에 나타난 명령법 동사들

1. 야고보서에 나타난 중간태 동사들

1.1 중간태

중간태 동사는 영어나 한글 문법에 없기 때문에 쉽게 설명되어질 수 없다. 중간태동사는 동사에 의한 행위에 주어가 참여하도록 하는 특성을 가진다. 일반적으로 중간태는 주어의 의도적인 역할을 강조하는 특성을 가진다 . 여기서는 이 중간태의 몇 용법이 간략이 서술되어질 것이다. 더 상세한 것은 문법서를 참조하기를 바란다.

직접 중간태 : 이는 주어 + 동사의 문장에서 동사에 의해서 행해지는 주어의 행위가 주어 자신에게 직접적으로 영향을 미친다. 마치 동사와 재귀 대명사와 같이 사용된 것과 같은 역할을 한다.

예: 그는 스스로 목매어 죽었다 (마 27:5). (중간태 동사 ἀπάγχω).

간접 중간태 : 주어 + 동사의 문장에서 동사에 의해서 행해지는 주어의 행위가 주어 자신을 위한 행위이다.

예: 하나님께서는 우리를 자신을 위해서 선택하셨다 (엡 1:4). (중간태 동사 ἐξελέξατο ἡμᾶς)

사역 중간태 : 주어가 자신을 위해서 행해진 어떤 것을 가지도록 하는 중간태이다. 중간태이므로 원인와 결과에 주어가 참여한다.

예: 그는 자신을 위해서 밭을 사도록 했다 (밭을 사는 원인을 제공 했다) (행 1:18). (중간태 동사 ἐκτήσατο χωρίον)

허가 중간태 : 주어가 자신을 위해서 어떤 것을 행해지도록 허가한다.

예: 너희는 너희 자신들이 씻겨지도록 허락하였다 (고전 6:11) (중간태 동사 ἀπελούσασθε,)

1.2 야고보서에 나타난 중간태 동사들

여기에 있는 동사들은 모두가 다 중간태이다. 야고보가 이 동사들을 사용한 이유는 일반적으로 이 동사의 행위에 있어서 주어의 의도적 역할을 강조하기 위함이다.

1:2	ἡγήσασθε	간주하여라.
1:3	κατεργάζεται	생산하다.
1:4	λείπεται	부족하다.
1:6	διακρινόμενος	의심하다. (2회 사용)
1:7	οἰέσθω	생각하다.
1:7	λήμψεταί	받다, 얻다.
1:9	Καυχάσθω	자랑하다.
1:10	παρελεύσεται	사라지다.
1:11	ἀπώλετο	사라지다
1:12	γενόμενος	되다.
1:12	λήμψεται	받다.
1:12	ἐπηγγείλατο	약속하다.
1:20	κατεργάζεται	이루다, 성취하다, 완성하다.
1:21	ἀποθέμενοι	제거하다, 치우다.
1:21	δέξασθε	가지다, 받다. 순종하다.
1:21	δυνάμενον	할수 있다.
1:22	Γίνεσθε	되다.
1:22	παραλογιζόμενοι	속이다.
1:24	ἐπελάθετο	잊다, 망각하다.
1:25	γενόμενος	되다.
1:25	ἔσται	이다.
1:27	ἐπισκέπτεσθαι	돌보다.
2:3	κάθου	앉다. (2회 사용됨)
2:4	ἐγένεσθε	어떤 것이 되다.
2:5	ἐξελέξατο	선택하다.
2:5	ἐπηγγείλατο	약속하다.
2:9	ἐργάζεσθε	이행하다.
2:13	κατακαυχᾶται	이겨내다.

2:14	δύναται	할수 있다.
2:15	λειπόμενοι	부족하다.
2:16	θερμαίνεσθε	따뜻한 상태에 있다, 따뜻한 상태로 간직하다
2:16	χορτάζεσθε	채우다.
2:25	ὑποδεξαμένη	받다, 환영하다.
3:1	γίνεσθε	되다.
3:1	λημψόμεθα	가지다.
3:4	βούλεται	바라다.
3:8	δύναται	할수 있다.
3:9	καταρώμεθα	저주하다.
3:10	ἐξέρχεται	밖으로 나가다.
3:10	γίνεσθαι	되다.
3:12	δύναται	할수 있다.
3:14	κατακαυχᾶσθε	자랑하다.
3:14	ψεύδεσθε	거짓말하다.
3:15	κατερχομένη	내려오다.
4:1	στρατευομένων	싸우다.
4:2	δύνασθε	할수 있다.
4:2	μάχεσθε	다투다.
4:3	αἰτεῖσθε	구하다.
4:6	ἀντιτάσσεται	반대하다.
4:7	φεύξεται	달아나다.
4:12	δυνάμενος	할수 있다.
4:13	πορευσόμεθα	가다.
4:13	ἐμπορευσόμεθα	사업하다.
4:14	ἐπίστασθε	중요성을 이해하다.
4:16	καυχᾶσθε	자랑하다.
5:2	ἐπερχομέναις	오다.
5:6	ἀντιτάσσεται	반대하다.
5:7	ἐκδέχεται	기다리다.

5:13 ἔσται 이다.
5:13 φάγεται 먹다.
5:13 προσευχέσθω 기도하다.
5:14 προσκαλεσάσθω 초청하다, 부르다.
5:14 προσευξάσθωσαν 기도하다. 부정과거 배경 현저성.
5:16 ἐξομολογεῖσθε 고백하다.
5:16 εὔχεσθε 기도하다.
5:16 ἐνεργουμένη 일하다, 실행하다, 완수하다.
5:17 προσηύξατο 기도하다.
5:18 προσηύξατο 기도하다.

2. 야고보서에 나타난 명령법 동사들

명령법은 상황에 따라서 명령, 간구, 허가, 그리고 금지로 분류되어진다.

2.1 현재 시제 명령들

현재 시제 명령 혹은 현재 명령 다음과 같이 두 종류로 나누어 진다. 특수한 상황에서의 현재 명령은 진행을 강조하거나, 순간적인 행동에 대한 명령, 혹은 어떤 행동에 관련을 맺어라는 시도적인 명령이다. 일반적인 상황에서의 현재 명령은 지속성 혹은 계속성을 가진다. 번역은 "~을 하는 것을 너의 습관으로 만들어라" 로 되어진다. 일반적인 명령은 주로 현재 시제로 표현된다.

2.1.1 야고보서에 나타난 현재 시제 명령들

1:4 ἐχέτω (인내가 완전한 효과를) 가지도록 해라.
1:5,6 αἰτείτω 구하라.
1:9 Καυχάσθω 자랑하라.

1:19	ἔστω	(듣는 데는 빨리) 하라, (말하는데 천천히) 하라, (성내는 데 더디) 하라.
1:22	Γίνεσθε	(도를 행하는 자가) 되어라.
2:3	κάθου	앉아라 (2회 사용됨).
2:12	λαλεῖτε	말하라.
2:12	ποιεῖτε	행동하라.
2:16	ὑπάγετε	가라.
2:16	θερμαίνεσθε	따뜻하게 해라.
2:16	χορτάζεσθε	배를 채우라.
4:13	Ἄγε	들어라.
5:1	Ἄγε	들어라.
5:12	ἤτω	(예라고) 해라 그리고(아니오라고) 해라.
5:13	προσευχέσθω	기도해라.
5:13	ψαλλέτω	찬송해라.
5:16	ἐξομολογεῖσθε	고백해라.
5:16	εὔχεσθε	기도해라.
5:20	γινωσκέτω	알아라.

2.2 현재 시제 금지들

이는 진행중에 있는 행동을 중단하라. 혹은 시작하지 않는 사건은 항상 금지하라는 의미를 가지고 있다.

2.2.1 야고보서에 나타난 현재 금지들

1:7	μὴ … οἰέσθω	(받을 것을) 생각하지 마라.
1:13	Μηδεὶς … λεγέτω	시험을 받는다 말하지 마라.
1:16	Μὴ πλανᾶσθε	더 이상 속지 않도록 해라.
1:22	Γίνεσθε … μὴ … … ἀκροαται	(단지) 듣는 자가 되지 마라

2:1	μὴ ……ἔχετε	(믿음을 편파적으로) 가지지 마라.
3:1	Μὴ … γίνεσθε	(많은 사람은 선생이) 되지마라.
3:14	μὴ κατακαυχᾶσθε	자랑하지 마라.
3:14	μὴ ψεύδεσθε	거짓말을 하지 마라. (헬라어 본문에서는 μὴ 가 μὴ κατακαυχᾶσθε καὶ ψεύδεσθε 의 구조로 사용되었다
4:11	Μὴ καταλαλεῖτε	서로 비방하지 마라.
5:9	μὴ στενάζετε	원망하지 마라.
5:12	μὴ ὀμνύετε	맹세하지 마라.

2.3 부정과거 명령들

특수한 상황에서는 주로 부정과거 명령이 사용된다. 예를 들면 매일 매일의 결정이나 경고를 위해서 사용하는 명령이다.

일반적인 상황에서 주어진 부정과거 명령은 다음과 같다.

1) 배분적인 명령 : 복수의 청자들이지만 각 개인에게 주는 명령 효과를 가진다.
2) 진입적 명령 : 시작하라는 명령.
3) 완성적 명령 : 성취를 강조하는 명령.
4) 진술적 명령 : 요약적인 내용으로 하는 명령. 특히 이 경우에는 긴급성을 요한다.

2.3.1 야고보서에 나타난 부정과거 명령들

1:2	ἡγήσασθε	(온전한 기쁨이라고) 간주하여라.
1:21	δέξασθε	(심겨진 말씀을)받아라
2:3	στῆθι	서 있어라.

2:5	'Ακούσατε	들어라.
2:18	δεῖξόν	보여라.
3:13	δειξάτω	보여라.
4:7	ὑποτάγητε	복종하여라.
4:7	ἀντίστητε	대적하라.
4:8	ἐγγίσατε	가까이 하라.
4:8	καθαρίσατε	깨끗이 하라.
4:8	ἁγνίσατε	순결해라.
4:9	ταλαιπωρήσατε	슬퍼하여라.
4:9	πενθήσατε	애통하여라.
4:9	πενθήσατε	울어라.
4:9	μετατραπήτω	(웃음을 슬픔으로) 바꾸어라.
4:9	μετατραπήτω	(기쁨을 근심으로) 바꾸어라. 헬라어 본문에서는 이 동사가 생략되었지만 문맥상 명령을 가진다.
4:10	ταπεινώθητε	낮추어라.
5:1	κλαύσατε	울어라.
5:7	Μακροθυμήσατε	참고 견디라.
5:8	μακροθυμήσατε	참고 견디라
5:8	στηρίξατε	(마음을) 굳게 하여라
5:10	άβετε	(본을) 삼아라
5:14	προσκαλεσάσθω	초대하여라
5:14	προσευξάσθωσαν	기도하게 하여라

2.4 완료 명령

완료 명령은 완성되어져서 계속 유지해라는 명령이다. 이명령은 신약에서 4회 발견되어진다 (막 4:39; 행 15:29; 엡 5:5; 약 1:19).

1:19	"Ιστε	알아라 (직설법으로 보는 경우도 있다. NIGTC 82)

2.5 (부대상황) 분사 명령

부대상황 분사는 명령 동사앞에 위치하여 독립문장으로 명령으로 이해되어진다.

1:21 ἀποθέμενοι 버려라. (부정과거 부대상황 분사)

3. 참고 문헌들

Adam, A. K. M. (2013). James: A Handbook on the Greek Text. (M. M. Culy, Ed.). Waco, TX: Baylor University Press.

Adamson, J. B. (1976). The Epistle of James. NICNT. Grand Rapids: Eerdmans.

BDAG: Arndt, W., Danker, F. W., Bauer, W., & Gingrich, F. W. (2000). A Greek-English lexicon of the New Testament and other early Christian literature (3rd ed.). Chicago: University of Chicago Press.

BDF: Blass, F., and Debrunner, A. (1961). A Greek Grammar of the New Testament and Other Early Christian Writings. Translated and edited by Robert W. Funk. Chicago: University of Chicago Press.

BG: Zerwick, M. (1963). Biblical Greek illustrated by examples (English ed., adapted from the fourth Latin ed., Vol. 114). Rome: Pontificio Istituto Biblico.

Burton, E. D. W. (1920). A critical and exegetical commentary on the Epistle to the Galatians. New York: C. Scribner's Sons.

CEB: Common English Bible. (2010). Nashville: Common English Bible.

ESJ: Greenlee, J. H. (2008). An Exegetical Summary of James (2nd ed.). Dallas, TX: SIL International.

ESV: The Holy Bible: English Standard Version. (2016). Wheaton: Standard Bible Society.

Friberg, T., Friberg, B., & Miller, N. F. (2000). Analytical lexicon of the Greek New Testament (Vol. 4). Grand Rapids, MI: Baker Books.

ICC: Ropes, J. H. (1916). A critical and exegetical commentary on the Epistle of St. James. New York: C. Scribner's Sons.

Johnson, L. T. (1995). The Letter of James: A New Translation with Introduction and Commentary. Anchor Bible. New York: Doubleday.

KJV: Authorized Version (KJV).

Laws, S. (1980). The Epistle of James. Black's New Testament Commentary. Peabody, Mass.: Hendrickson.

Lenski, R. C. H. (1938). The interpretation of the Epistle to the Hebrews and of the Epistle of James. Columbus, OH: Lutheran Book Concern.

LN: Louw, J. P., & Nida, E. A. (1996). Greek-English lexicon of the New Testament: based on semantic domains (electronic ed. of the 2nd edition.). New York: United Bible Societies.

Mayor, J. B. (Ed.). (1913). The Epistle of St. James the Greek text with introduction, notes and comments, and Further studies in the Epistle of St. James. London: Macmillan and co., ltd.

Moulton, J. H. (1895). An introduction to the study of New Testament Greek. London: Charles H. Kelly.

NASB: New American Standard Bible: 1995 update. (1995). La Habra, CA: The Lockman Foundation.

NET: The NET Bible (2005). Biblical Studies Foundation.

NICNT: McKnight, S. (2011). The Letter of James. Grand Rapids, MI; Cambridge, UK: William B. Eerdmans Publishing Company.

NIGTC: Davids, P. H. (1982). The Epistle of James: a commentary on the Greek text. Grand Rapids, MI: Eerdmans.

NIV: The New International Version. (2011). Grand Rapids, MI: Zondervan.

NJB: New Jerusalem Bible. (1985). Edited by Henry Wansbrough. Darton, Longman & Todd Limited and Doubleday.

NKJV: The New King James Version. (1982). Nashville: Thomas Nelson.

NLT: The New King James Version. (1982). Nashville: Thomas Nelson.

NRSV: The Holy Bible: New Revised Standard Version. (1989). Nashville: Thomas Nelson Publishers.

PNTC: Moo, D. J. (2000). The letter of James. Grand Rapids, MI; Leicester, England: Eerdmans; Apollos.

R: Robertson, A. T. (2006). A Grammar of the Greek New Testament in the Light of Historical Research. Logos Bible Software.

Richardson, K. A. (1997). James (Vol. 36). Nashville: Broadman & Holman Publishers.

RSV: The Revised Standard Version. (1971). Oak Harbor, WA: Logos Research Systems, Inc.

Smyth, H. W. (1920). A Greek Grammar for Colleges. New York; Cincinnati; Chicago; Boston; Atlanta: American Book Company.

Trench, R. C. (1947). Synonyms of the New Testament. Grand Rapids: Eerdmans.

USBH: Loh, I.-J., & Hatton, H. (1997). A handbook on the Letter from James. New York: United Bible Societies.

Vlachos: Vlachos, C. A. (2013). James (Exegetical Guide to the Greek New Testament). Nashville: B&H Pub.

Wallace, D. B. (1996). Greek Grammar beyond the Basics: An Exegetical Syntax of the New Testament. Grand Rapids, MI: Zondervan.

WBC: Martin, R. P. (1998). James (Vol. 48). Dallas: Word, Incorporated.

Winer, G. B. (1882). A Treatise on the Grammar of New Testament Greek: Regarded as a Sure Basis for New Testament Exegesis. Edinburgh: T&T Clark.

ZECNT: Blomberg, C. L., & Kamell, M. J. (2008). James (Vol. 16). Grand Rapids, MI: Zondervan.

MEMO